HOTEL SERVICE AND MANAGEMENT

TEACHING CASES

酒店服务与管理

教学案例集

胡桦鑫　叶挺◎主编

浙江工商大学出版社

ZHEJIANG GONGSHANG UNIVERSITY PRESS

·杭州·

图书在版编目(CIP)数据

酒店服务与管理教学案例集 / 胡桦鑫，叶挺主编．—杭州：浙江工商大学出版社，2024.3

ISBN 978-7-5178-5922-2

Ⅰ．①酒… Ⅱ．①胡… ②叶… Ⅲ．①饭店—商业服务—教案(教育)—中等专业学校②饭店—商业管理—教案(教育)—中等专业学校 Ⅳ．①F719.2

中国国家版本馆 CIP 数据核字(2024)第001886号

酒店服务与管理教学案例集

JIUDIAN FUWU YU GUANLI JIAOXUE ANLI JI

胡桦鑫 叶 挺 主编

责任编辑 厉 勇
责任校对 林莉燕
封面设计 胡 晨
责任印制 包建辉
出版发行 浙江工商大学出版社
(杭州市教工路198号 邮政编码310012)
(E-mail:zjgsupress@163.com)
(网址:http://www.zjgsupress.com)
电话:0571-88904980,88831806(传真)
排 版 杭州朝曦图文设计有限公司
印 刷 浙江全能工艺美术印刷有限公司
开 本 787 mm×1092 mm 1/16
印 张 11.75
字 数 252千
版 印 次 2024年3月第1版 2024年3月第1次印刷
书 号 ISBN 978-7-5178-5922-2
定 价 52.00元

前言

这是一本汇集了酒店各种服务实际案例的教材，旨在帮助读者更好地理解并掌握酒店服务行业的各项知识和技能。它包含“前厅服务与管理”“餐饮服务与管理”“客房服务与管理”以及“综合服务与数字化运营”四章内容，每章内容下均设“新手上路篇”“老将出马篇”和“精益求精篇”。胡桦鑫、叶挺、张丹颖、闻世、徐菁滢、毛陈、史春成、朱洁君、沈晔、林宇杰、周斌等老师参与了本书的编写，案例由浅入深，层层递进，帮助读者更好地理解案例内容，符合学习规律。

在本书中，读者将阅读到许多酒店服务与管理方面的真实案例，这些案例均来自一线工作实践，具有很高的实用价值。通过阅读这些案例，读者将深入了解酒店服务行业的各个方面，包括前厅、餐饮、客房等服务的流程以及数字化管理技术的应用。

“新手上路篇”部分适合刚进入酒店行业的新手阅读。此部分详细介绍酒店服务行业的基本知识和技能，帮助新手迅速掌握工作要领。

“老将出马篇”部分为有经验的酒店服务人员提供一些实用的经验和技巧，旨在帮助酒店从业人员提升工作能力和服务质量。

“精益求精篇”部分则对酒店从业人员提出更高的服务要求，要求他们在掌握基础知识和技能的前提下，能灵活应对各种突发情况。

每节内容都邀请了资深酒店管理人员对每个案例进行深入分析和点评，为酒店从业人员提供更加专业的指导和建议。

希望本书能成为您学习酒店服务知识的良师益友，同时也能帮助您提升工作技能和应对各种挑战的能力。希望您在阅读过程中能够认真思考，结合自己的工作实践，不断探索，努力成为一名优秀的酒店从业人员。

编　者

2023年9月

目 录

第一章 前厅服务与管理 …… 1
第一节 新手上路篇 ………… 3
第二节 老将出马篇 ………… 23
第三节 精益求精篇 ………… 40

第二章 餐饮服务与管理 …… 61
第一节 新手上路篇 ………… 63
第二节 老将出马篇 ………… 77
第三节 精益求精篇 ………… 94

第三章　客房服务与管理 …… 107

第一节　新手上路篇 …… 109

第二节　老将出马篇 …… 123

第三节　精益求精篇 …… 136

第四章　综合服务与数字化运营 …… 147

第一节　新手上路篇 …… 149

第二节　老将出马篇 …… 161

第三节　精益求精篇 …… 175

参考文献 …… 182

前厅服务与管理

第一节

新手上路篇

案例1 “一晚”还是“两晚”

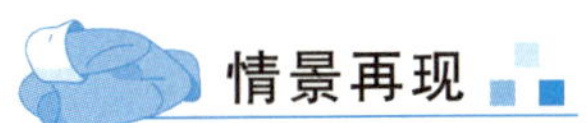

情景再现

1206房的刘先生下午3点从外面回到酒店，却怎么也打不开房门，便到前厅询问。当班的正好是昨天帮他办理入住手续的前厅新员工小李。小李告诉他：“因为您昨天办理入住登记时说是住一晚，因此，过了今天中午12点，房卡就会失效，所以打不开门。”客人刘先生不满地说：“昨天明明说的是住两晚。”小李也不示弱，强调自己昨天清楚地听到他说“住一晚”。两人为“一晚”还是“两晚”在大堂争执了起来。

大堂经理韩经理迅速赶到现场，了解了事情原委后，一方面让小李别再多说话，另一方面不断向刘先生道歉，承认是酒店的责任，并主动提出房费可给予八折优惠。在韩经理的调解下，刘先生接受了酒店的处理办法，准备拿房卡回房休息。没想到不再说话的小李此时明显不高兴地将新做好的房卡从台面推向客人，这使得本已消气的刘先生又被激怒了，任凭韩经理好话说尽，刘先生也不肯原谅。最后由驻店经理出面道歉，才让刘先生的怒火平息下来。

专家点评

本案例中前厅服务员小李和客人争辩对错，在大堂经理介入帮助处理后，还甩脸色给客人看，服务意识极度缺乏，具有此类性格的人并不适合继续在该岗位工作。在工作过程中，当客人表示是“入住两晚”时，小李应向客人表示歉意，回答“可能是我听错了”，并马上为客人办理续住手续，还可以向客人赠送迎宾酒券或水果以示歉意。

从实际工作来看，现实中有许多服务人员虽然知道“顾客总是对的”，但是如果发生纠纷，身临其境，却不能控制自己。也许在他们看来，顾客是人我也是人，为什么明明是客人不对，反而让我说“对不起”。这说明“顾客总是对的”只是贴在墙上、挂在嘴边，并没有真正进入心里。作为服务人员，不能事事与服务对象——为我们发工资的客人——明辨是非曲直，而应磨炼自己，要有一颗宽容之心，把“对”让给客人，不要与客人发生争执，要让顾客开开心心消费，高高兴兴离去。

从语言技巧来看，在此案例中，前厅服务人员如能在发生争执之前即刻道歉，说句“对不起，也许是我听错了”之类的话，完全可以大事化小、小事化了。

酒店可以通过培训让一线员工树立“顾客总是对的”观念，或在岗位安排时进行性格测评，对于不适合在一线服务岗位工作的员工应有其他安排。另外，通过有效的培训考核，加强语言技巧培训，改变或开除那些不适宜从事服务工作的员工。

案例 2　现在没有空房

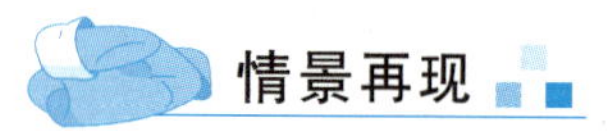

情景再现

一天下午，客人顾先生来到某高级酒店的前厅，服务员小霍起身迎接：“您好，先生。请问您是要住店吗？”“是的，我已经预订好房间了。”顾先生一边回答，一边将身份证递给服务员小霍。接过客人的身份证后，小霍开始操作电脑，查阅系统上的客房预订单，很快结果出来了，她对客人说：“顾先生，您预订了一间标间，但目前还没有空房。”“你没弄错吧，前几天接待单位就在酒店为我订好了房间，并且要求住三天，怎么现在却没空房呢？”顾先生听后脸色陡然一变，非常生气。小霍刚上班没多久，碰到这样的情况她也不知该怎么解释，仓促地说道：“这段时间酒店的客房非常紧张，客房部在推行超额预订，那天您的接待单位来订房时，我们就将情况说明了，他们也同意了。现在预订的那间房间客人还住着，所以没办法为您安排。您可以向接待单位反映。”

听完服务员的这番话，顾先生顿时火冒三丈：“你别管我向谁反映，也不要说什么超额预订，现在我只要求你赶快为我安排房间。”小霍的情绪有点失控，她对客人说：“酒店现在没空房，我也没办法。”见服务员这般态度，顾先生也不想再争论下去了，他气冲冲地找到大堂副理投诉。

大堂副理首先诚恳地表示歉意，接着耐心地倾听顾先生的意见，然后以抱歉的语气解释说：“现在是旅游旺季，客房确实比较紧张，所以酒店实行超额预订。出现这种状况主要是我们的工作没做好，没有跟您及时反映客房预订的状态，对此我代表酒店向您道歉，恳请您的原谅。”看大堂副理态度诚恳，顾先生渐渐平静下来，他问：“那你打算怎么解决我的住宿问题？”大堂副理回答说：“您看这样行不行，我为您安排一间套房，您先住着，房费就按标间价算，等标间有空房了再安排您入住。”顾先生觉得这办法合情合理，于是就同意了。

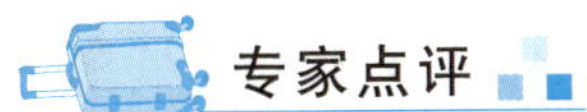

专家点评

显然，这是由“超额预订”所引起的一起投诉。实行超额预订，酒店应及时通知客人客房预订状况，尤其是在出现因“无空房”而无法满足超额预订时，更应提前告知客人，让客人做好相应的准备。当服务工作出现差错，引起客人的不满时，服务人员应想方设法安抚好客人，及时解决问题，而不是与客人争论辩解。从该案例中，我们可以总结出以下几点经验教训。

1. 热情接待客人

前厅是酒店的重要组成部分，它是联系客人与酒店的纽带。客人入住登记、结账离店的手续都在前厅办理，客人遇到困难寻求帮助，或感到不满投诉时，第一个想到的也是前厅。前厅代表着酒店的整体服务质量和服务水平，所以前厅服务人员的言谈举止将会给客人留下深刻的第一印象和最终印象，而客人对酒店的印象是极为重要的。如果前厅服务人员能以热情友好的态度待客，以娴熟的技巧为客人提供服务，及时有效地帮助客人解决难题，那么客人就会感到放心和满意；反之，客人就会感到不满，甚至投诉。

本案例中，小霍是一名新员工，缺乏服务经验和技巧，酒店没有空着的标间，她未能及时向客人解释清楚，反而对客人采取不礼貌的态度，最终惹怒客人，造成投诉。“客人至上”的服务理念，是酒店在对新员工进行培训时必须强调的，客人提出疑问，服务人员应该热情接待，并想方设法找到解决问题的办法。对于超额预订的客房，服务人员要给予足够的重视，避免出现差错，以免影响已预订的客人入住酒店。

2. 认真对待客人的投诉

面对客人的投诉，大堂副理先是主动承担责任，诚恳地表示歉意，稳定客人的情绪，这就为解决问题打下了基础。大堂副理把握住了客人希望得到重视、得到补偿的心理，耐心倾听客人的意见，待客人情绪缓和后，再提出让客人觉得合情合理的处理方案。当客人感到满意，问题得到解决时，酒店的服务工作就算是做到位了。

案例3　从评分提升到服务提升

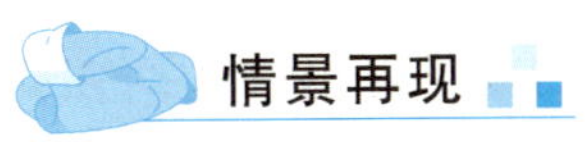

情景再现

3月20日15:20，一女士至前厅办理入住手续，前厅通过查询预订发现，该客人是通过携程预订的（预订的房间不含早餐），在入住登记时便为客人主动介绍酒店目前针对携程客户推出的“点评有礼”尊享活动，只需要在携程上给予5分好评，并截图给服务人员即可获赠免费早餐或客房水果或大堂吧赠饮一份，特别针对性地推荐了本酒店的早餐。该客人表示，需体验后再根据实际情况给予好评。前厅立即将该客人的房间号和信息在“酒店OTA好评群”内进行公布，由客房接力跟进做好增值服务。客房部经理在得知讯息后，安排主管准备欢迎水果送至客房，并欢迎客人入住，使客人感受到酒店对她的关注。次日早晨，因为有早餐需求，该客人来到餐厅。通过接待、引位、收银等获知了该客人身份信息，便再次为宾客介绍和推荐了“点评有礼”的活动，此时该女士欣然给出了5分好评，后来到餐厅享用早餐。

注：OTA，全称为Online Travel Agency，即在线旅行社，是旅游电子商务行业的专业词语。

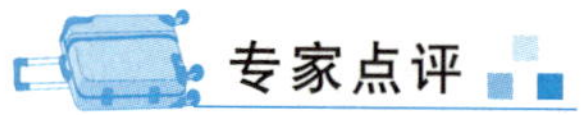

专家点评

随着各种在线平台的不断扩张与发展，做好OTA的销售渠道，目前已经是酒店的一条常用措施。一家酒店在OTA平台上的排名、评分、点评等，对酒店的经营也有着重大的影响。此案例是酒店为提升在携程上的评分而进行的服务增值。分析来看，单个环节都不难也比较稀松平常，但成功的关键就在于针对性服务的一贯性和一致性。很多酒店经常强调服务要做得多么有特色才能让宾客铭记，但很少有酒店认识到如果能做到整体服务的一贯性和一致性，也就是和别的酒店的最大差异，同样能够达到一定的服务效果。

分析客人可能的需求，并有针对性地提供客人想要的服务，才能提升客人的体验感。从“要好评”的本意转化成“OTA尊享活动”，从阶段性的OTA提升方案转化成酒店本身的服务习惯的培养，是OTA提升活动背后带来的启示和作用。

案例4　我预订的房间呢?

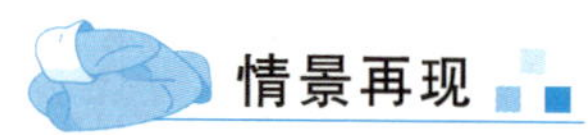

情景再现

凌晨2点，某世界500强公司预订了房间的客人张先生到前厅要求办理入住手续，因客房已满，前厅未能安排客人入住。张先生对此非常不满，称自己作为酒店的常客，未有预订而不到的不良记录。对于晚到而不为他保留房间，张先生表示很失望。

经了解，张先生的订单上显示确认最晚到达时间为18:00，而当晚亦有较多的未预订客人要求入住，直至23:53，在一位无预订客人的一再要求下，接待员小李将张先生预订的房间安排给了该客人。

大堂副理韩经理向张先生表示歉意，此时恰好有一间商务套房的客人在前厅办理退房手续，韩经理请客房部员工马上跟进房间卫生。20分钟后，张先生入住了该房。

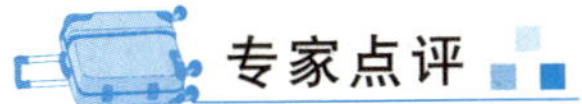

专家点评

此案例中，员工有过错吗？采用质量管理体系的服务框架，对本案例的分析如下：酒店主要失误在于预订部没有根据酒店开房率情况，要求客人提供房费担保。建议如下：

（1）预订部：在旺季或高开房率时期，预订部应要求订房客人提供房费担保，并请客人提供联系方式（手机号、微信号、电子邮箱）。

（2）接待员：在此案例中，客人是大公司的员工，他事先有非保证性预订，但他到酒店时间比房间预留时间晚了几个小时。在此期间，多次有无预订的客人要求入住，接待员一直为其保留房间，直到近24:00，才将房间给了强烈要求入住的无预订客人。接待员为酒店争取收益最大化的出发点没有错，但应及时与管理人员沟通，查看客人过往预订记录、分析客人抵店可能性，并协助管理人员做好满房状态下的应急处理。

（3）管理人员：在满房的情况下，管理人员应该主动、积极地与接待组做好沟通工作，了解实时开房率，查看未到客人资料（过往入住史、订房途径及担保情况等），关注天气预报情况，做好无房时预订客人抵店的应急预案。

在沟通方面酒店方还可以做得更好。预订组在接客人订房时，需提醒客人在开房率高的时期，要提供房费担保，否则不接受订房（或房间只保留到18:00）；另外，请客人留下有效、便捷的联系方式，以保证沟通渠道的畅通。在旺季，前厅、客房部与销售部三方沟通要更加紧密，客房部要提前将维修房知会销售部。

案例5　今日没有机场班车

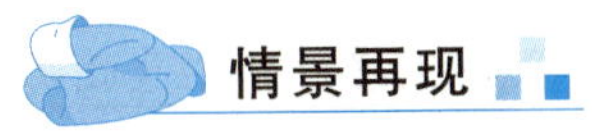

情景再现

2月19日，2318房间客人吴女士早上6点50分在前厅退完房后到礼宾部准备乘坐机场班车到机场，却被礼宾员告知“今日没有机场班车”，宾客很是不满。

事情的经过是这样的。吴女士2月18日办理入住后到礼宾部咨询过机场班车，礼宾值台告知客人第二天早上7点有班车。客人早上来乘坐时发现没有班车，前一天询问时未被告知需提前一天预订。客人由于赶航班，要求酒店给予解决。酒店及时安排专车送客人离开。

专家点评

当客人咨询酒店服务产品时，员工不能总以自身熟悉产品的固定思维去答复，因为对客人而言，他很可能没有这么了解这些服务限制或条件。不能因为客人没问，服务人员就不主动告知需提前预订。在服务过程中，多站在客人的立场和角度，多为客人着想，酒店有义务告知客人产品的某些特殊性。

当客人不满时，一味地解释、争辩而没有从客人立场出发立即提出有效的解决方案，只会让不满继续扩散，甚至从此损失一位客人。发生投诉抱怨无法得到解决的客人回宿率是24%，但发生投诉及时得到妥善解决的客人回宿率可以达到72%左右。员工服务意识需要再提升，在客人咨询产品和服务时，要考虑到宾客咨询的需求到底何在，主动热情进行全方位沟通和交流，是酒店对于员工基础的销售准则要求和品质服务要求。对于员工处理抱怨、投诉要进行再培训，主动把“对”让给客人，解决问题才是一切的根本。

案例6　房卡还没退还

情景再现

客人魏先生早早地把行李收拾好，他要乘坐下午1点的航班返回上海。为了不耽误时间，他在早上8点多就到前厅提前办完了退房手续。退房时，魏先生没有将房卡一起退掉，他认为中午12点以前客房的使用权仍是属于自己的，况且行李挺重的，不方便携带，只能放在房间内。于是，他要求保留房卡，离店时再将房卡退还。服务员同意了魏先生的要求，然后在电脑上将客房标注为“已退”状态。

退房后，魏先生到商场买了一些当地的特产，准备带回家去。一个多小时后，魏先生回到酒店，因为房卡还没有到期，所以他还可以用房卡打开房门。刚把房门打开，他就听见房内有人在说话，询问后才知道他们是刚住进来的客人。魏先生心里有些不悦，但更让他生气的是，此时自己的行李却没了踪影。于是，他立即找楼层服务员了解情况，原来他的行李已被送到前厅了，服务员还向他抱怨：“为什么结账时没和楼层联系，不然也不会出现这种状况。”魏先生听后非常生气，立刻到前厅向大堂副理投诉：“为什么我还没离开酒店，而且我的行李还放在房间，你们却安排其他人入住？”大堂副理了解了事情的经过后向客人表示歉意，并让前厅人员取出客人的行李，请其检查行李件数是否有误。检查后，魏先生发现行李齐全，也没出现损坏，此时已快11点了，他要立刻赶往机场，没有时间再追究下去。于是，他交还房卡后，便提上行李，临走时他非常气愤地说了一句：“如果下次再来这座城市，我绝对不会选择住在这里。”

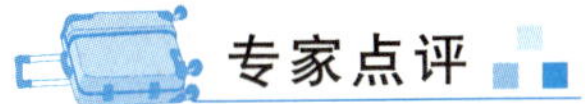

专家点评

客人提前结账，在规定退房时间之前，是可以要求保留房卡，待离店时再将房卡交还的。前厅服务员按照客人的要求，将房卡交由客人保管使用，这样比较方便。因为客人结账后，还可以返回客房休息、提拿行李等，也省去了中午排队退房的麻烦。案例中，客人已对酒店在自己未离店就将客房安排给其他人感到非常不满，加之楼层服务员的指责抱怨，客人肯定非常生气，投诉自然是在所难免的了。出现这种状况，说明该酒店的客房服务程序存在漏洞。

首先，客人要求先退房后交房卡，前厅服务员要在电脑上将房态标注为“封门”或“无卡注销”，而不是“已退”，这样就可以避免其他服务员将还在使用的客房安排出去。客人来到前厅结账时，前厅服务员要及时与楼层服务员联系，告知客人并不马上离店，可暂缓对客房进行清扫整理。将未重新清扫整理的客房安排给新的客人，这显然也是错误的，是对客人的不尊重。其次，楼层服务员应事前对将要到期的客房有所掌握，主动联系客人，询问客人是否需要帮忙搬运行李，这样也可以提醒客人按时退房，以免超过规定的退房时间而多付房费。案例中，楼层服务员抱怨客人没有与其联系说明，而直接到前厅结账，将责任归咎于客人，这一做法是不对的。因为酒店的服务理念是“客人永远是对的”，服务员应主动把“错”揽下来，而将“对”让给客人。服务员将客人的行李存在前厅，应该在客人回来后第一时间告知客人，或者在房间内留下提醒的字条，这样客人就不会因找不到行李而气恼了。

案例7　被跳过的行李寄存手续

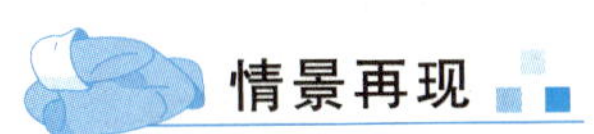

情景再现

中午12点，客人许先生来到行李房寄存行李，当班行李员小胡热情地招呼客人，收下行李。许先生问：“是不是要办个手续？”小胡爽快地表示：“不用了，咱们是老熟人了，下午直接找我取就行了。”下午4点30分，忙碌了一天的小胡把手里的工作交给接班的小童后便下班回家了。下午4点50分，许先生赶到行李房，不见小胡，便对小童说：“你好，我的一个行李交给小胡了，可他不在，请你取出来。”小童说：“请您出示行李牌。”许先生说：“小胡是我朋友，当时他说不用办手续，所以……你看……”小童说：“对不起！小胡下班时没交代过。他现在正在回家的路上，无法联系上。”许先生急了：“那怎么办？我还要赶

6点多的飞机回家呀!”行李员小胡有何不对之处?如果你是小童,又该如何处理呢?

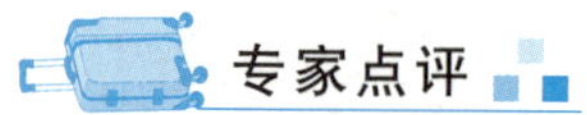

专家点评

行李员小胡的做法违反了行李寄存管理制度。客人要求寄存行李时:首先,要确认客人的身份;其次,要检查行李。行李员要检查行李是否上锁,并告诉客人不能放入贵重物品或易燃易爆物品等。在此案例中,小胡由于与客人很熟,而跳过了行李寄存的手续,显然是不对的。而且,在交接班的过程中,小胡也没有向下一班的同事说明情况,给客人带来了麻烦。因此,行李员在为客人办理行李寄存和提取业务时,一定要按规定的手续办理,绝不可因为与客人“熟”而省略必要的手续。

小童在找不到小胡核实的情况下,可以询问许先生行李里面有没有能证实自己身份的物件,比如说身份证、工作证、护照等,如果没有,可以让许先生说出寄存行李的颜色、形状,里面都有些什么物件。如果基本吻合,小童可以将行李拿给许先生,但必须要求许先生出示身份证件,登记证件号,并写行李领取证明。与此同时,要与小胡联系,向其确认情况是否属实。

案例8　丢失在停车场的衣服

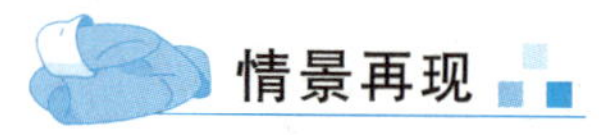

情景再现

行李员小王接到前厅主管通知帮客人换房。因为客人不愿意住在四星级的酒店副楼,他要求换房去五星级的酒店主楼。

行李员小王接到通知后,与礼宾部领班说了一声,就去楼层帮客人换房了。之后,用行李车把客人的行李送往100米以外的主楼。约5分钟之后,大堂副理接到停车场保安报告说在停车场捡到一件衣服,不清楚是谁的,但上面的袋子上有酒店的洗衣单。大堂副理马上过去调查,后来得知所丢失的衣服正是行李员小王所换房的客人的。而且,大堂副理查到行李员小王帮客人换房时客人并不在房间,这种情况也就是平时所说的DEAD MOVE。行李员没有通知大堂副理就私自帮客人将行李物品搬往主楼客房,而且该行李员还将客人的衣服丢失在停车场而不自知,幸好被酒店保安捡到,否则必将招致客人的投诉。大堂副理第一时间通知礼宾部此事,要求礼宾部调查,并答复处理结果。

此案例中,行李员在操作过程中,有哪几处是错误的?请说明。结合此案例,假设你是礼宾部管理人员,应该怎样处理?

注:DEAD MOVE,即客人不在场时的换房处理。

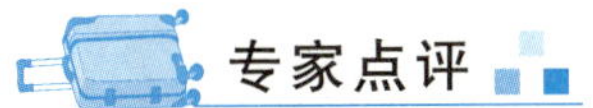

专家点评

接到“客人不在场时的换房处理”请求后，需要填写换房单，记录换房理由，如果行李未包装，则返回到前厅并通知礼宾部。行李员小王在帮客人换房时，明知道客人不在房间，也没有按部门规定程序通知大堂副理，并和客房部一起处理，而是一个人私自处理，此第一错；行李员小王在使用行李车时没有按部门规定程序严格遵守行李车只推不拉的原则，避免撞坏其他物品或行李破损或遗失，此第二错。发生此事主要是因为行李员操作失误，不按部门规定程序进行操作。礼宾部调查之后答复大堂副理：第一，要求此员工重新阅读一次部门所有操作规程。第二，要求员工写出整个事情的经过及反省心得。第三，该员工经手的这单认定为轻微过失单。在部门培训例会上，礼宾部可将此作为服务案例拿出来分析，供礼宾部员工讨论学习，以加深员工的印象，避免类似事情发生。

案例9　破损的行李箱

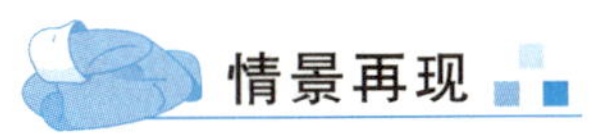

情景再现

1210号房间的客人收拾好行李准备退房离店，于是打电话到前厅要求前厅派一名行李员到房间搬运行李。行李员小武随即推着行李车来到客房，然后将客房内的三件行李放在行李车上摆好，随后陪同客人来到前厅。客人办理退房手续，小武站在一旁等候。待客人结完账后，小武便推着行李车走在客人后面来到酒店门外。小武把行李卸下，请客人清点，客人看了看，发现其中一只拉杆箱的侧边裂开了一道小口子，于是很不高兴地对小武说：“你看这里破损了，是不是你刚才装行李时不小心弄坏的？”小武听了非常委屈，因为他为客人装行李的时候都非常小心，从来没有损坏过客人的行李，于是急忙辩解道：“您这箱子本来就是坏的，怎么能说是我弄的呢？”客人一听非常生气：“我这箱子一直都是好好的，肯定是你弄坏的，你不承认是吧，那我找你们领导投诉。”

大堂副理江女士看到行李员在和客人争论，立刻赶了过来。江副理耐心地倾听客人的投诉，并连忙向客人道歉，查看完箱子后，她对客人说：“先生，您的箱子破损了，我们会赔偿损失，请您提出具体赔偿要求。”客人听她这样说，心里开始思索些什么，江副理接着说道：“是我们的工作失误，给您造成了损失，我代表酒店向您表示歉意。”客人此时觉得没必要为了一件小事而耽误自己的时间，于是说道：“算了算了，我不追究了。”随后，江副理便和行李员一起把行李装进出租车的后备厢，然后与客人握手道别。

专家点评

作为一名服务员，在服务客人的过程中要时刻小心谨慎、认真仔细，遇到问题时要冷静处理。在为客人搬运行李时，行李员要对客人的行李进行检查，发现任何疑问都要及时请客人确认，然后再把行李装入行李车。注意行李要摆放合理，重的行李一般要放在下面，行李还要摆放紧凑、整齐。本案例中，行李员小武在把客人的行李装入行李车的时候，没有对三件行李进行仔细的检查，从而留下了隐患。客人发现行李破损后，将责任推给行李员小武，面对指责小武没有保持冷静，而是急于辩解，撇清责任，还与客人争论不休，这使得客人难以接受，表示要找酒店领导投诉。由于处理方式欠妥，结果导致事态恶化，行李员小武对此要做深刻的检讨。面对这种情况，行李员要礼貌地向客人解释清楚，或者对破损的部位进行检查，及时查明原因，给客人一个合理的交代。

大堂副理的做法是比较明智的。了解到行李员装运行李时，未按照工作程序查看行李是否完好无损，而且也没有请客人当场检查行李。为了避免矛盾激化，大堂副理先是查看了一下行李破损处，随即主动向客人表示店方承担责任。这种主动把“错”揽下的做法有助于缓和气氛，有利于问题的解决。如果大堂副理也头脑发热，和客人争个面红耳赤，即使最终免于赔偿，也会因此永远失去一位客人。客人越是“对”，酒店的服务就越能使客人满意，这才是酒店真正需要的待客之道。

案例10 “It will do”与“It won't do”的错位

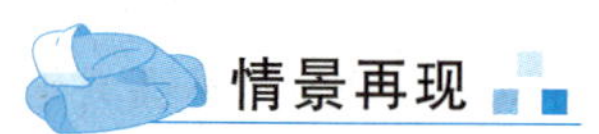

情景再现

一天，某酒店一位美国客人到前厅登记住宿，顺便用英语询问接待服务员小杨：“贵店的房费是否包含早餐(指欧式计价方式)?”小杨英语才达到C级水平，他没有听明白客人的意思便随口回答了个“It will do”(行得通)。次日早晨，客人去西式餐厅用自助餐，出于细心，又向服务员小贾提出了同样的问题。不料小贾的英语水平亦欠佳，他只得疲于应付，慌忙中又回答了“It will do”(行得通)。

几天以后，美国客人离店前到前厅结账。服务员把账单递给客人，客人一看大吃一惊，账单上他的每顿早餐一笔不漏！客人越想越糊涂：明明前厅和餐厅服务员两次答“It will do”，怎么结果变成了“It won't do”(行不通)了呢？他百思不得其解。经再三追问，前厅服务员告诉他：“我们的房费历来不包含早餐。”客人将初来时两次获得“It will do”答复的原委告诉前厅服务员，希望早餐能得到兑现，但遭到拒绝。客人无奈只得付了早餐费，然后怒气冲冲地向酒店投诉。

最后，酒店重申了总台的意见，加上早餐收款已录入电脑账户，不便更改，就没有同意退款。美国客人心里不爽，怀着一肚子怒气离开了酒店。

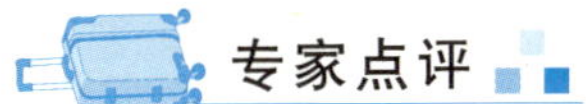

专家点评

随着我国旅游业的迅速发展，越来越多的外国客人入住我国酒店。本案例反映了某酒店两名服务员外语水平不过关，将“It won't do”答成“It will do”，给客人造成了困惑和麻烦，直接影响了酒店的服务质量。实际上这在我国整个酒店业中有一定的代表性和普遍意义，值得反思。酒店部门特别是前厅服务、管理层强化外语培训，非常重要。否则，语言不通，翻译软件不硬，将会极大影响酒店涉外顾客的住店体验。

本案例中，总台和酒店对客人申诉和投诉的处理也是不妥当的。诚然，该酒店确实是“房费历来不包含早餐”的，但是，既然酒店前厅、餐厅服务员已两次答复客人房费包含早餐费——“It will do”，就代表酒店对客人做了承诺。这时，以错为对，满足客人的要求，才是弥补服务员工“It will do”与“It won't do”错位的正确做法。

案例11 如此草率行事

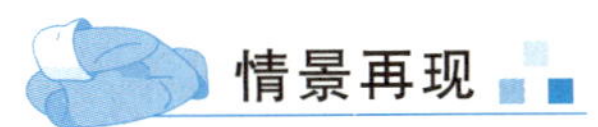

情景再现

一天傍晚，某星级酒店前厅服务员小卢在值班，此时电话响起，她马上接起了电话：“您好，这里是酒店前厅，请问有什么可以帮忙的吗？”电话里传来男子的声音，他说：“你好，是这样的，我有一位朋友刚从美国回来，他就住在你们酒店，我准备去拜访他，但我不知道他住在哪间客房，你能帮我查查吗？”小卢迅速在电脑上查了相关资料，过了一会儿，就向对方报出了几位客人的名字，这名男子很快就确认了其中的一位客人就是他的朋友。

小卢不假思索，就把客人的房号1815告诉了这名男子。几分钟后，小卢又接到了一个电话，对方自称是1815号房的住店客人，说等一下有一位朋友要过来，此时他正赶回酒店，请她先把房卡交给他的朋友，让他在房间等候，小卢满口答应“客人”的要求。不一会儿，一位身着西装的男子来到前厅，他告诉小卢他就是刚才打电话说要来拜访朋友的人，小卢未经过考虑，就把1815号房的房卡交给了他。

晚上，当真正的1815号房客人回到房间后，发现自己放在桌子上的上千美元不见了，几件贵重的首饰也同样不翼而飞了。于是，客人马上向大堂副理投诉。大堂副理立即向前厅询问白天是否有人进入1815号客房，小卢如实说了白天发生的事情，客人得知此事后非常生气。他愤怒地对大堂副理说:“你们酒店的服务员就是这样随便把客房的房卡交给别人的吗？你们做事这样草率,我实在不敢住在这里。”随后,客人要求酒店赔偿损失,并立即退房。

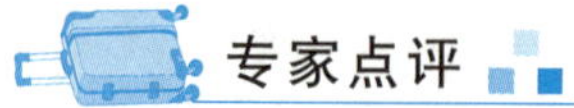

专家点评

本案例中,犯罪嫌疑人成功地骗过了服务员小卢,拿到房卡,进入客房行窃。他的诈骗手法并不高明,甚至非常拙劣,服务员只要稍微有点警惕性,严格按照酒店规章制度操作,就完全可以避免此事发生。为尊重住店客人的隐私,保障住店客人的安全,酒店规定要对客人姓名、房间号等信息进行严格的保密,在未得到客人允许的情况下,不能将这些信息泄漏出去。若有自称是客人的亲戚朋友打电话或到前厅询问客人的房间号,或者表示要来拜访客人,服务员不能立刻答应。正确的做法应该是:请来访者说出自己的姓名,然后打电话给客人,请其确认,询问客人是否同意拜访。如果客人不在房间里,可以让来访者留言或留下联系电话,由前厅向客人转达。这种做法既遵守了酒店的规章制度,保护了客人的隐私,又保障了客人与其熟人的联系。本案例中,打电话者连朋友的姓名都说不出来。在这种可疑的情况下,服务员小卢就应该拒绝对方的要求,而不是轻易将客人的房号告诉他。客人入住酒店时,前厅服务员应要求客人出示身份证、户口本、护照等有效证件,认真核对,无误后收取相关费用方可为其办理入住手续,最后将房卡交给客人。为保障客人的安全,除非客人本人当面提出要求,否则服务员绝不可以开第二张房卡给其他人,即使对方是客人的亲戚朋友,也要事先征得客人的同意。

本案例中,服务员小卢在没有确认对方是否为酒店入住客人的情况下,就轻易答应了“客人”的要求,当犯罪嫌疑人来领房卡时,小卢也没有确认和登记其信息,就将房卡交给了他。这严重违反了酒店的规章制度,导致客人财物被窃,既给客人带来损失,也给酒店的声誉造成了极其恶劣的影响。因此,在服务工作中,服务人员应严格按照酒店规章制度操作,处处小心谨慎,这样才能避免类似的事情发生。

案例12　客人拒付房费

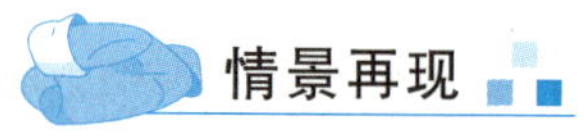

情景再现

某日,两位客人有说有笑地来到宾馆。他们一起登记住宿,一位入住1120房,另一位入住1116房。登记完毕后,前厅小姐礼貌地询问:“先生,请问您二位如何付账?”1120房客人回答道:“一起付。”于是前厅小姐填写了预付款单,全额3000元人民币,并在单子上注明“1116房客人账由1120房客人付”。然后对1120房客人说:“请签名确认。由于两间房统一付款,所以您要交3000元预付款。”客人签名交钱。

两天以后,中午12点,1120房的客人来结账,与前厅服务员发生了争执:“我没有看到预付单上写有‘1116房客人账由1120房客人付’字样,一定是我签名以后前厅小姐加上的。我们登记时说过各付各的账,我只结自己的账。”

然而1116房的客人已于今早离店,并未结账。

听到争吵,前厅部经理卓女士来到现场,对客人说:“您好！我是酒店的前厅部经理,有什么事我会想办法为你解决的。”客人先讲述,前厅服务员后讲述,卓经理看了看客人的预付账单,对事情的大概有了一个了解。为了安慰客人,卓经理转过身对客人说:“先生,您别急,我们一定会尽快查清,尽量给您满意的答复。您看能否先去用午餐,等用完餐再过来结账?”下午1点,客人用完午餐后来到结账处,不客气地问道:“事情怎么样了?我还要赶飞机呢！别人吃喝玩乐,我来帮他付账?那谁来帮我付账?我朋友很有钱,他肯定会付账,是不会要我替他付的。”

卓经理耐心地向客人解释道:“先生,我相信您的朋友肯定是会付账的,但他未结账就离店,肯定知道你们是一起付款的。按照我们酒店的常规,一间房客人入住1—2天,一般预付1000—2000元。您的预付款为3000元,表明前厅服务考虑了两个房间的预付款。另外,前厅规定,客人若未替其他客人付账而只是交预付款,是不需要在预付款单上签字的,单子上有客人签名,就说明1120房客人付1116房的账,这一点已得到客人认可。”

听到这儿,客人不以为然地说:“我怎么知道你们酒店有什么规定。”

卓经理仍然耐心地说:“您若不相信我,我可以当场给您看其他交预付款客人的单子。假如您能在上面看到客人签名,您就不用付这笔账了。”

至此,1120房的客人不吭声了,却仍硬撑着。小卓笑着道:“发生这样不愉快的事情,确实有我们做得不够好的地方,既给您添了麻烦,也让我们感到为难。您看我们能否想个两全其美的办法来解决这个问题呢?”

客人马上问道:“怎么解决?”

卓经理说:“我相信您说的,您的朋友肯定是会支付这笔账的,您能否给我留下他的地址、电话号码以便联系?同时请您帮个忙,先帮他付这笔账,我们及时与您的朋友联系,由酒店出面追回这笔款项,我们以酒店信誉担保,款一到马上退给您。您觉得如何?”

听到这里,客人顺水推舟地回答:“算了,算我倒霉,我付了就是。”

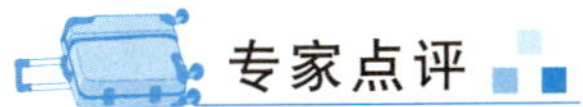

专家点评

拒付房费的客人在前厅部经理耐心的解释和主动“进攻”之后,终于付清了房费。明明知道自己不对,却提出各种无理要求,面对这样的客人,酒店更应该循循诱导,以情以理服人，这样才能真正解决问题，达到预期的效果。

案例13　住店客人碰到酒店消防演习

情景再现

一天，住店客人小明回到客房，他刚刚落座，准备休息片刻，突然听到警铃声和喧哗声。他感到非常困惑，不知道发生了什么事情。

小明立刻拨通了前厅电话，电话那头的前厅部工作人员解释说，为了保障客人的安全，酒店正在进行消防演习。尽管如此，小明仍然生气，毕竟他刚想要休息片刻。于是小明烦躁地抱怨着，毫不客气地向工作人员发泄自己的不满。工作人员耐心地听着，然后向小明道歉，并表示一切将尽快恢复正常。

演习很快结束，警报声停止，酒店很快恢复了往常的宁静。工作人员拨通了小明的房间电话，向他道歉，并邀请他去酒店的休息室享受免费的茶点。小明被这个诚挚的举动所打动，心情也渐渐好起来。

经过酒店前厅部查看，安排消防演习的三个楼层内确实有客人。虽然酒店每个房间都预先放置了消防演习的提醒牌，前厅在办理入住时也尽可能做到口头提示，但是难免大型消防演习会影响客人休息。关键是酒店往后如何把预防工作做好，尽最大努力降低对客人的影响。

专家点评

首先，季度、年度消防演习的安排要与酒店实际客情相结合，需安排在酒店本身客情较淡的日子，安全保障部提前制订计划并发布全酒店各部门知晓；其次，直接受到演习影响的三个楼层需提前进行锁房安排，在不影响客情的情况下，尽量避免在这些楼层安排住客，总台在演习日前一天就应该注意排房情况。

客房部根据演习计划表，制作温馨提醒放入每个房间。前厅根据演习计划表，制作提醒牌放于前厅显眼处，并将演习温馨提示加入C/I服务流程中，保证每一位入住客人都能知晓此事。消防演习当日开始前半小时，由客房部致电演习楼层的住房（若因客情无法避免直接受影响的楼层住客）再次进行通知并致歉。

案例14　无水景的水景房

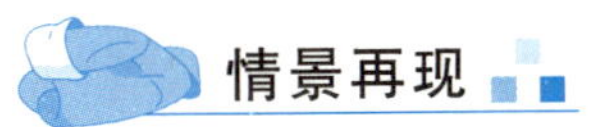

情景再现

吴先生抵店办理入住登记时，前厅服务人员没有详细跟他确认预订相关信息及要求。但第二日客人在携程网上给予酒店2分差评。评语主要内容为：房间看不到大面积水景，酒店水景湖水源稀少，房间价格与房型不符。

次日前厅部经理在查看网评时检索到此条差评。他详细复查吴先生所入住的房型，确实存在客人提及的相关问题。酒店豪华水景房号有3002、3006、3008、3010、3012、3016、3018、3020、3022、5002、5006、5008、5010，而3002、3006、3008、5002、5006五个房间确实只能看到酒店消防水池及湖景一角。

该度假酒店房间分两种房型，朝南房间为豪华山景房，朝北房间为豪华水景房。靠近北面有一个湖，所以相对来说水景房更受客人喜爱，不足的是有几个朝北房间只能看到湖景一角，部分对外房型与实际房型不符，前厅西软系统（一个酒店管理系统）需根据实际情况做相应房型的调整。

专家点评

前厅服务人员对酒店房型、房态不熟悉，应加强日常应知应会培训。酒店的每一个服务人员都应了解酒店产品，这样才能提供给客人更优质的服务。服务人员没有主动咨询客人意见，客人把抱怨及不满带回家了，前厅一线员工对每一位客人都应主动关心问候。OTA客人入住酒店后，大堂副理跟进不到位。当时第一时间解决客人的问题酒店也不至于收到差评。酒店得到差评的主要原因：对客人意见没有引起足够重视，没有主动关心客人在店期间的需求动态。

改进方向：

前厅西软系统根据实际情况做相应房型的调整，明确区分豪华山景房及水景房，不明确房型的做另行调整；关于调整后的房型对员工进行培训，让员工知晓；让员工意识到预订信息确认工作在各个服务环节的重要性；让员工意识到沟通的重要性：酒店服务人员多与客人沟通（案例中前厅从预订到C/I各服务环节实际上都在和客人沟通），了解宾客体验需求到底是什么，时时传递反馈信息至各部，做到对宾客体验感的精准把控和针对解决，提升每位宾客的满意率。

案例15　沟通不畅险误事

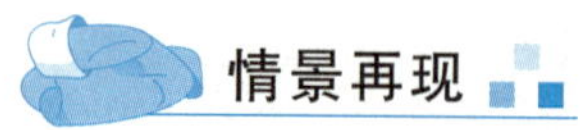

情景再现

一天上午10点，某酒店总机通知礼宾部小邹，当天下午汪总经理将陪同两位贵宾下榻酒店，他们乘坐的航班将于下午4点半抵达机场，届时需要安排商务车到机场接机。接到通知后，小邹立刻打电话与车队联系，但一直没人接听。考虑到此时离接机还有好几个小时，小邹打算下午再通知车队。下午2点，小邹准时到岗上班，立马将接机的事项通知到了车队。

下午4点20分，司机小俞开车抵达机场等候客人，可过了20多分钟也不见客人从机场出来，就在这时候他看见了酒店大堂副理小谭，于是便快步走上前去。"谭副理，您也在迎接客人吗?"小邹礼貌地问道。"是的，我在等候从南京来的客人。你是来接汪总和两位贵宾的吧？他们早已回酒店了。""什么？客人已经回酒店了？但我接到的通知说接机的时间是4点半啊。这是怎么回事儿?"小俞满脸疑惑地看着谭副理。"是这样的，我3点30分到了机场，因为南京的航班晚点，所以就一直在机场等候，快4点的时候，我看见汪总和两位贵宾，于是就安排车子先送他们回酒店了。""幸好谭副理您在机场，要不然可就出大问题了。"小俞满怀感激地说道。但小俞弄不明白到底是哪里出了问题。

回到酒店后，小俞才得知，汪总于昨天通知了总机安排接机，而今天中午汪总临时告知总机，他们改乘下午3点40分抵达的航班。可小邹没有接到总机的更改通知，所以就通知车队下午4点半到机场接机。酒店内部沟通不畅、不及时，导致小俞延误了接机时间，所幸的是当时大堂副理在机场，及时将汪总和客人送回了酒店。

专家点评

酒店业既属于服务性行业，也属于劳动密集型行业，这样的行业特性决定了在酒店的日常管理过程中，不仅要加强与客人及社会公众的外部沟通，更要加强酒店各部门之间的内部沟通。沟通，尤其是有效的内部沟通是加强酒店管理和提高服务质量的有效途径。

沟通的目的是给下一个环节更明确的指导，以减少重复劳动和准确地开展工作。但是，在实际的服务工作过程中，由于人为的疏忽，往往会把信息简化或进行加工，甚至延误后才传递给下一环节。如果沟通的有效性与准确性得不到保证，就会对酒店服务工作的开展造成阻碍。

酒店的服务工作是由多个部门相互配合、共同协作完成的。在相互配合的过程中，信息沟通非常频繁。信息沟通是否及时、准确、完整，都直接决定着服务工作的进度及其最终完成的质量。从客人的角度来分析，酒店的服务质量如何对客人来说是一个整体印象，酒店所提供的各种服务都是客人对本酒店服务质量的评判依据，任何一项服务出现失误都会严重影响到酒店整体的服务质量。所以，员工之间、部门之间必须保持信息沟通顺畅、及时、准确，并默契地协调配合。这样才能保证各项业务活动的正常进行，高质量地完成各种接待服务工作。

酒店总机是酒店的信息枢纽，是酒店内外信息的中转站。本案例中，总机通知礼宾部小邹下午4点半到机场接机，却没有及时将汪总经理“临时改乘”这一重要信息告知小邹，致使小邹虽然准确、完整地传递了信息，但因为所接到的信息是失效的，因而最终导致车队司机小俞出现服务过失。如果总机及时通知车队“临时改乘”这一信息，司机小俞在接收小邹的通知后就能考虑到“是不是接机的时间更改了”，接着再与总机确认就可以弄清汪总航班抵达机场的准确时间。如果每一环节都能弥补各自在信息沟通上的缺失，就可以在很大程度上避免类似的事情发生。

案例16 礼宾顺序不能乱

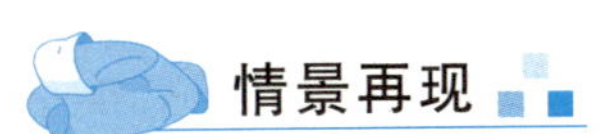

情景再现

一天上午，大堂副理李某受上级的指派前往机场迎接酒店的三位重要客人，他们分别是某大公司的董事长李先生、总经理王先生与董事长的秘书张小姐。早上8点30分，李某乘坐酒店双排座的接送车从酒店出发。9点15分接送车到达机场，9点40分酒店贵宾所乘坐的航班抵达机场。在同贵宾一番寒暄后，李某将贵宾带到了停车处。李某先让司机将贵宾的行李放在后备厢里，接着他非常绅士地打开副驾驶座一侧的门，请董事长李先生入座，然后打开轿车右侧的后门，请董事长的秘书张小姐坐在后排中座，最后请总经理王先生坐在后排右侧座位上。关好车门后，李某从车后绕到轿车左侧，打开后门，坐在后排左侧的座位上，关上车门，示意司机开车回酒店。

在返回酒店的途中，李某向贵宾介绍酒店的情况，还介绍了沿途的建筑和景观。到酒店后，贵宾受到了热烈的欢迎，行李由服务员分别送入他们的房间，李某则引领贵宾来到通向客房的电梯。电梯门开启后，李某先做了请的手势，然后进入电梯按住电梯按钮，三位贵宾则随后进入。当电梯到达贵宾入住的15层时，李某先从电梯走出，并按住电梯按钮，然后请三位贵宾走出电梯。接着李某走在客人的左前侧，引领贵宾先到董事长的房间。李某为客人打开房门，然后站在门边，请三位客人进入客房，并向三位客人简单地做了客房介绍。随后又安排张秘书、王总经理入住各自房间。一切安排妥当后，李某回到了酒店前厅。

专家点评

本案例中，酒店大堂副理李某负责接待重要客人，在这个过程中涉及几个方面的顺序礼仪，他的有些做法符合礼仪规范，有些做法却不正确。在接待过程中，酒店服务人员应遵循正确的礼宾主次顺序。通常按照先客人、后主人，先女宾、后男宾，先主要客人、后一般客人的礼遇顺序进行服务工作。

一、乘车的顺序

1. 轿车由专职司机驾驶(前排左座为驾驶座)

(1)双排五座轿车上的座次。车上的座位以后排右座为上座，后排左座次之，后排中座再次之，前排副驾驶座为末位。这时候，后排中座应尽量不安排乘客，更不要将女士安排在此座位。前排副驾驶座即为随员座，一般由车上的陪同人员或地位最低者就座。

(2)三排七座轿车上的座次。车上的座位以中排右座为上座，其余座位的尊卑依次为中排左座、后排右座、后排左座、后排中座、副驾驶座。

2. 轿车由主人亲自驾驶(前排左座为驾驶座)

(1)双排五座轿车上的座次。车上的座位以副驾驶座为上座，后排右座次之，后排左座再次之，后排中座为末位。

(2)双排七座轿车上的座次。车上的座位以副驾驶座为上座，其余座位的尊卑依次为后排右座、后排左座、后排中座、中排右座、中排左座。

四排以上的商务车，一般以前排驾驶员身后的第一排为尊，其他各排座位由前而后、由右而左依次递减。一般情况下，应请尊长、女士、来宾就座于上座，但需要注意的是，有时候客人并不清楚座次的差别，此时客人坐在哪里，哪里就是上座，不必提醒客人“您坐错了”，以体现对客人的尊重。与客人同坐面包车、中巴、大巴时，服务人员应坐副驾驶座位，或尽量往后排就座。

二、上下车的顺序

一般说来，应请尊者、女士、来宾先上车或后下车。如果由主人亲自驾车，为方便照顾客人，主人应后上车，先下车；如果由专职司机驾车，为方便照顾坐于后排的客人，坐前排位的人应后上车，先下车；如果主人与客人同坐后排，应请尊者、女士、来宾从右侧门先上车，自己再从车后绕过来照顾其他人上车。

三、出入电梯的顺序

1. 乘坐专人驾驶的电梯

服务人员应让客人先进电梯，自己随后进入。出电梯时，服务人员应让客人先走出电梯，自己随后出来。

2. 乘坐无人驾驶电梯

电梯开启后，服务人员应先进入电梯，然后按住电梯按钮，让客人随后进入电梯。出电梯时，服务人员应按住电梯按钮，让客人先走出电梯，自己随后走出电梯。

四、上下楼梯的顺序

一般情况下，在上楼或下楼时，服务人员都应让客人先行。若遇有穿短裙的女宾客，在与客人一起上楼时，服务人员则应主动走在客人的左前侧。上下楼时，尽量靠右行走，以方便有急事的人快速通过。

案例17　挂错行李寄存单

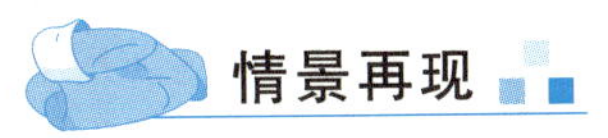

上午，酒店行李员小罗当班。此时，酒店大厅内有很多客人，他们有的在办理入住手续，有的则带着行李准备离开酒店。大概9点，一位韩国客人和一位新加坡客人同时要求寄存行李。两位客人的行李从外观上看差不多。小罗将两件行李放在柜台内，然后拿出两张行李寄存单分别交给客人填写。过了一会儿，两位客人填写好了寄存单，小罗将寄存单分别挂在客人的行李上。但由于粗心大意，小罗将两位客人的寄存单都挂错了，而当时他自己却没有意识到这一错误，结果给客人造成了不少的麻烦。小罗下班后，小辉接班，那位韩国客人来提取行李。小辉根据客人给的寄存单上的号码，再核对挂在行李上的寄存单，很快就找到了客人的行李。办理好领取手续后，小辉将行李交给韩国客人。这位客人提着行李立刻赶往机场，在机场安检时才发现手里的行李并不是自己的，于是连忙打电话到酒店查找行李，此时距离飞机起飞只剩50分钟了。

面对突发情况，大堂副理当即安慰客人，请客人放心，酒店一定尽力将行李送还，不耽误航班。挂断电话后，大堂副理马上找来小罗问清情况。小罗这才意识到自己工作出错了，他立即在柜台内查找，幸运的是新加坡的客人还没来取行李，韩国客人的行李还存放在柜台。大堂副理当机立断派小罗乘坐专车前往机场，及时将行李送还给了韩国客人。小罗诚恳地向客人道歉，然后带着新加坡客人的行李回到了酒店。

专家点评

为客人寄存行李或贵重物品是酒店的常规服务内容。行李员应严格按照程序操作办理，并做好详细记录。行李的寄存或提取并没有高难度的技术要求，其操作程序比较简单，行李员要细心认真，妥善保管好行李，并准确无误地将行李交给客人。如果寄存或提取时出现差错，不仅会给客人带来麻烦，而且会对酒店的形象造成不良的影响。

1. 行李寄存服务流程

（1）客人要求寄存行李物品时，确认客人身份，问清客人姓名、房号。

（2）了解行李物品的情况，问清客人是否有贵重、易碎或危险品。贵重、易碎物品应另行寄存，若客人坚持将其寄存在行李房，应向客人说明酒店不负任何责任，并请客人签字确认。拒收易燃、易爆等危险品，并向客人解释说明。

（3）填写寄存单。寄存前，确认行李件数，并做简单检查，发现破损应当面向客人说明。确认无误后，在行李寄存单上填写行李名称、客人姓名、房间号、行李件数、行李编号、办理人、办理日期、提取时间等内容。填写好寄存单后，请客人签名，上联挂在行李上，下联交给客人作为领取单据。

（4）一位客人寄存多件行李时，应用绳子将其行李拴在一起，并在每件行李上挂上寄存单，以免弄混取错。

（5）将行李放入行李房，在寄存行李记录本上做好登记备查。

2. 行李提取服务流程

（1）客人领取行李时，应请客人出示寄存单下联，核对无误后从行李房内将行李取出。

（2）请客人检查行李名称、件数等项目，确认无误后请客人在寄存行李登记本上签字；同时，行李员也要在寄存行李登记本上签字。

（3）行李发放后，将寄存单上下联装订在一起存档。

（4）若客人遗失了寄存单下联，则应立刻向上级反映。正确的做法：请客人出示有效证件，并复印留底备查，然后请客人在寄存单上联上签字确认，服务员将这份寄存单上联保存好，一切办妥后将行李发放给客人。

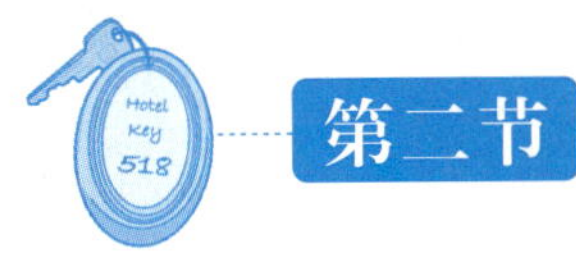

老将出马篇

案例1　总台“食言”以后……

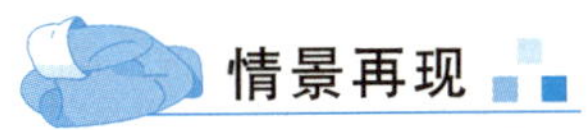

一天下午，一位香港客人来到上海一家酒店前厅问讯处，怒气冲冲地责问服务员：“你们为什么拒绝转交我朋友给我的东西？”当班的一名大学旅游系实习生小黄连忙查阅值班记录，不见上一班服务员留有有关此事的记载，便对客人说：“对不起，先生，请您先把这件事的经过告诉我好吗？”客人便讲述了此事的原委。原来他几天前住过这家酒店，前两天去杭州办事，离店前预订了今天的房间，并告诉前厅服务员，在他离店期间可能有朋友会将他的东西送来，希望酒店代为保管，服务员满口答应了，但这个服务员却未在值班簿上做记录。第二天当客人的朋友送来东西时，另一个当班服务员见没有上一班的留言交代，又见客人朋友送来的是衬衫，便拒绝接收，要求他自己亲手去交。当客人知道此事后十分恼火，认为酒店言而无信，是存心跟他过不去，于是便有了开头的场面。

小黄听了香港客人的陈述，弄清楚了事情的缘由后，很快就有了一个基本判断，马上对客人说：“很抱歉，先生，此事的责任在我们酒店。当时，值班服务员已经答应了您的要求，但他没有把此事记录在值班簿上，造成了与下一班服务员工作的脱节，这是我们工作中的第一个过失。另外，下一班服务员虽然未得到上一班服务员的交代，但也应该根据实际情况，收下您朋友带来的东西，这是我们工作中的第二个过失。实在对不起，请原谅。”说到这里，小黄又把话题一转，问道：“先生，您能否告诉我，您朋友送来让寄存的东西是何物？”“唔，是衬衫。”小黄听了后，马上以此为话题缓解矛盾：“先生，话又得说回来，那个服务员不肯收下您朋友的衬衫也不是没有一点道理的，因为衬衫一类物品容易被挤压而受损，为了对客人负责，我们一般是不转交的，而要求亲手交送，当然既然已经答应了您的事，就应该收下来，小心保存，再转交给您。不知眼下是否还需要我们转交，我们一定满足您的要求。”“不必啦，我已经收到朋友送来的衬衫了。”客人见小黄说得也有点道理，况且态度这么好，心情舒畅多了，随之也就打消了向酒店领导投诉的念头。

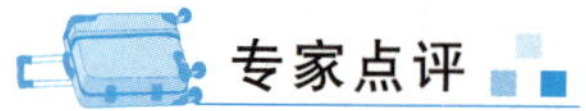

专家点评

本案例中，实习生小黄处理得很好，值得肯定，但由此暴露的酒店前厅工作脱节造成不良后果的教训更值得吸取。酒店前厅工作要避免此类事件的发生，员工应树立整体意识，各个岗位之间，上一班次与下一班次之间要做好协调工作，尤其是需要认真做好值班记录，相互衔接，环环相扣，从而保证整个酒店工作像工厂流水线那样顺利，并能正常运转。

案例2　忌讳14楼的石先生

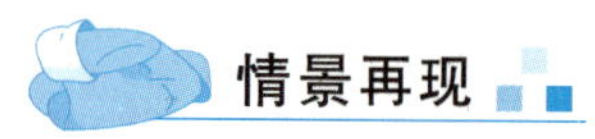

情景再现

石先生每次到这座城市，都下榻这家酒店，而且特别偏爱住10楼。他说，他的石姓与10楼谐音相同，有一种住在自家的心理满足感，而且他对10楼客房的陈设、布置、色调、家具都有特别的亲切感，它们会唤起他对一段美好而温馨往事的回忆，因此他对10楼情有独钟。

这次石先生来出差，又向前厅服务员预订了10楼的房间。作为常客，石先生与前厅的小张相识，小张便把10楼1015客房许诺订给石先生。不巧的是，销售公关部此前已接到一外国团队住宿的预订，在确定了客房类型并将团队安排在10楼同一楼层后，销售公关部开具了“来客委托书”，交给了前厅小张。由于工作疏忽，10楼的1015客房重复预订了。石先生如期来到酒店，当得知1015房间已有团队客人入住，而他被安排在与1015客房完全一样的1405客房时，石先生表现出极大的不满。石先生坚决不同意换到1405客房：“14楼，我一向不住14楼的。西方人忌13楼，我不忌，但我忌讳的就是14，什么叫14，谐音不就是‘石死’吗？让我死，多么不吉利。”

销售公关部经理向石先生再三致歉，并道出了事情的原委和对前厅失职的小张的处罚，还转告了酒店总经理的态度——一定要使石先生这样的酒店常客满意。销售公关部经理想，石先生既然没有提出换一家酒店住宿，表明对他们酒店仍抱有希望，他对石先生说：“住10楼比较困难，因为要涉及另一批客人，会产生新的矛盾，请石先生谅解。”“看在酒店和销售经理的面子上，我同意换楼层。但房型和陈设、布置各方面要与1015客房一样。”石先生做出了让步。

“那么先生住8楼可以吗？”销售公关部经理问道。

“您刚才不是说只有14楼有同样的客房吗？”石先生疑惑地问。

“8楼有相同的客房，但其中的布置、家具您可能不会很满意。您来之前，我们已经了解石先生酷爱保龄球，现在我陪先生玩上一会儿。在这段时间里，酒店会以最快的速度将您所满意的家具换到8楼客房。”销售公关经理说。

“好的，我同意。”石先生感到惊喜。

销售公关部经理拿出对讲机，通知有关部门：“请传达总经理指令，以最快速度将1405客房的可移动设施全部搬入806客房。”

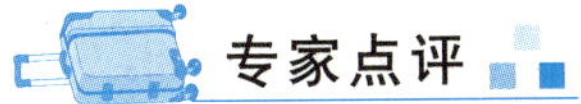

专家点评

建立客史档案是酒店了解客人，掌握客人的需求特点，从而为客人提供有针对性服务的重要途径。建立客史档案对提高酒店服务质量、提升酒店经营水平具有重要意义。在以营销为主题的所有社会服务行业中，都奉行“顾客就是上帝”的服务宗旨。客人光顾酒店时，都留下了他们宝贵的资料，但是光留下是不行的，还要让它们也起到作用。

了解石先生酷爱保龄球，并有针对性地提供超值服务，这一举措弥补了酒店前厅在工作中的失误，赢得了石先生的心。这挽回了酒店的声誉，同时也使“上帝”真正满意。此事被传为佳话，声名远播。

案例3　您能帮我核对一下吗

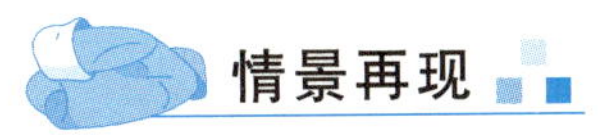

情景再现

某日，一位在酒店长住的客人到该店前厅收银支付这一段时间在店内用餐的费用。

当他看到打印好的账单上面的总金额时，马上火冒三丈：“你们真是乱收费，我不可能有这样的高消费！”

收银员面带微笑地回答客人：“对不起，您能让我再核对一下原始单据吗？”

客人当然无任何异议。

收银员开始检查账单，同时对客人说：“真是对不起，您能帮我一起核对吗？”

客人点头认可，于是和收银员一起对账单进行核对。那个收银员顺势对几笔大的账目金额（如招待访客以及饮用名酒）做了口头提示以唤起客人的回忆。

等账目全部核对完毕后，收银员有礼貌地说：“谢谢您帮助我核对了账单，耽误了您的时间，让您费神了！”

客人听罢连声说：“小姐，麻烦你了，真不好意思！”

专家点评

前厅收银处对客人来说是个非常“敏感”的地方，也是个最容易引起客人发火的地方。在通常情况下，长住客人在酒店内用餐后都喜欢用“签单”的方式结账，简单易行而且方便。

但是因为客人在用餐时往往会忽视所点菜肴和酒水的价格，所以等客人事后到前厅收银处付账，看到账单上汇总的消费总金额时往往会大吃一惊，觉得自己并没有消费了那么多，于是就责怪餐厅所报的账目(包括价格)有差错，结果便把火气发泄到无辜的前厅收银员身上。

上述案例中的收银员用美好的语言使客人平息了怒火。一开始她就揣摩到客人的心理，避免用简单生硬的语言，像“签单上面肯定有你的签字，账单肯定不会错”之类的话，使客人不至于下不了台而恼羞成怒。本来该店有规定——账单应该由有异议的客人自己进行检查，而那个收银员懂得“顾客就是上帝”这句话的真谛，因此在处理矛盾时，先向客人道歉，然后仔细帮客人再核对一遍账目。其间合理运用语言技巧也是很重要的，语言传达的尊重是礼貌的核心部分。说话时要尊重客人，即使客人发了火，也不要忘记尊重客人就是尊重自己这个道理。

案例4　巧妙推销豪华套房

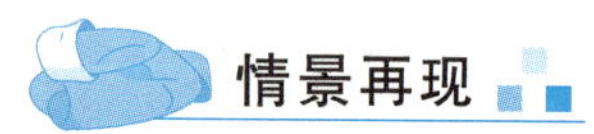

情景再现

某天，南京某酒店前厅部的客房预订员小王接到一位美国客人从上海打来的长途电话，美国客人想预订两间每天收费在120美元左右的标准间，三天以后来入住。

小王马上查阅了一下订房记录，回复客人说由于三天以后酒店要接待一个大型国际会议的多名代表，标准间客房已经全部订满了。小王讲到这里并未就此把电话挂断，而是继续用关心的口吻说：“您是否可以推迟两天来？或者我打电话给南京××酒店帮您询问如何？”

美国客人说：“我们第一次来南京旅游，你们酒店比较有名气，还是希望你为我们想想办法。”

小王暗自思量之后，感到应该尽量勿使客人失望，于是接着说道：“感谢您对我们酒店的信任。请不要着急，我很乐意为您效劳。我建议您和朋友准时前来南京，先住两天我们酒店内的豪华套房，套房价格是220美元。在套房里可以眺望紫金山的优美景色，室内有红木家具和古玩装饰，提供的服务也是上乘的，相信您体验后一定会满意。”

小王讲到这里故意停顿了一下，以便等客人回话，对方沉默了一些时间，似乎在犹豫。于是小王开口说：“您一定是在考虑这套房是否物有所值，请问您什么时候乘哪趟火车来南京？我们可以派车到车站来接，到店以后我一定陪您和您的朋友一行亲自去参观一下，然后再决定。”

美国客人听小王这么讲，终于答应先预订两天豪华套房，然后挂了电话。

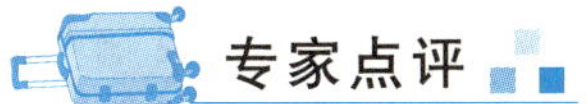

专家点评

前厅客房预订员在平时的岗位促销时，一方面通过热情的服务来体现，另一方面则有赖于主动、积极的促销。只有掌握销售心理和语言技巧才能成功将客房预订出去。

上面案例中的小王在促销时的确已掌握所谓的“利益诱导原则”，使客人的注意力集中于他付钱住了房后能享受哪些服务，也就是将客人的思路引到这个房间是否物有所值甚至超过他所支付的。小王的一番话使客人感觉自己受到尊重，并且小王的建议是中肯、合乎情理的。在这种情况下，客人反而很难加以否定回答“不”字，实现了酒店积极主动促销的目的。

案例5　客人被蜈蚣咬伤了以后

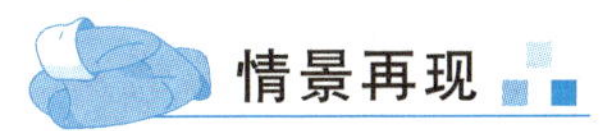

情景再现

10月24日入住度假酒店2002房间的戴先生于25日凌晨1点半致电前厅抱怨：穿拖鞋在房间里走动时被蜈蚣咬伤脚指头。

前厅接到电话后立即向戴先生致歉并上报当值管理人员，值班经理立即前往房间，用碱性肥皂水对戴先生伤口进行初步清洗。戴先生疑惑：“为什么不是用酒精消毒？”值班经理解释：“因被蜈蚣咬后为酸性毒素，用碱性肥皂水清洗伤口有消毒作用同时也可缓解疼痛。”说完，他联系值班保安一同送戴先生前往医院进行后续检查治疗。由于伤口较浅且处理及时，戴先生未发生不良反应。后来戴先生对酒店相关人员工作的态度及办事效率十分满意，未对酒店进一步索赔。

专家点评

蜈蚣喜在阴暗潮湿的环境下生活，在春、夏、秋季活动频繁，二楼外绿植离窗户过近，是此次事件的诱因。虽因酒店环境所致，但酒店消杀工作不够细致，尤其是低楼层杀虫工作还是存在纰漏。

蜈蚣也属“五毒”之一，被其咬伤后不容忽视：在正常情况下，并无危及生命的可能，但个体的免疫系统不同，所出的症状也有很大区别，轻者只是疼痛，严重者会出现晕厥、呼吸困难等症状，为保证客人的安全需及时送医院检查。

针对度假酒店虫害咬伤案例课程的培训，管理人员及员工应准确掌握如何预防、如何处理相关伤口等知识。针对春、夏、秋季，特别是在天气闷热、潮湿的情况下，重点做好虫害的预防。管理人员应跟进消杀进度，重点对虫害消杀进行落实，对酒店外围区域、房间角落及地漏口进行消杀。客房部做好消杀后的效果验收工作。加强外围环境卫生的清洁，从源头上遏制蜈蚣的生存环境。前厅接待员在接待过程中需温馨提醒客人要注意的事项，尤其是虫害多发季时夜间门窗要关紧等。

案例6 尊重客人的风俗习惯

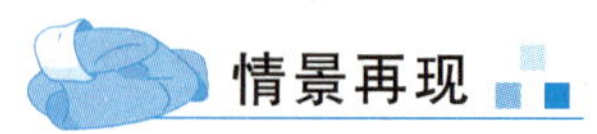

情景再现

一家星级酒店在一次接待来华的意大利客人团队时，经过讨论决定，从杭州订购一批纯丝质手帕作为礼物送给客人。丝帕非常漂亮，不仅材质优良，而且每条丝帕上都绣有菊花图案。为了使礼物看起来更加精美，酒店还用印有酒店徽标的礼品盒将丝帕包装起来。中国的丝织品自古就闻名于世，加上酒店的一番用心，想必客人一定会非常喜欢。

酒店的接待人员来到机场迎接客人。在车上接待人员将装有纯丝手帕的礼品盒送到客人手中。但是出人意料的是，当客人们打开盒子看到礼物时，都表现出不高兴的样子。客人们议论纷纷，其中一位女士非常气愤，还带些伤感。面对这样的状况，接待人员顿时不知所措，他们弄不明白为什么客人会出现这样的反应。

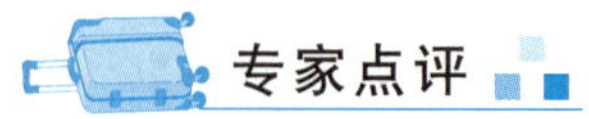

专家点评

在世界上，各个国家、地区抑或民族，都有自己独特的风俗习惯、价值标准、宗教信仰和伦理道德等，这些都应该受到尊重。在意大利，人们与亲朋好友告别时，相互之间会赠送手帕，以“擦掉惜别的眼泪”。客人刚来到中国，酒店就送上丝帕，这当然会引起客人的不悦。菊花是中国的名花之一，人们赋予它吉祥、长寿的含义；但是在意大利，人们在扫墓时会在墓前摆放菊花，以寄托对故人的哀思。因此，意大利人将菊花视为“丧花”，在生活中切忌送人菊花，并且也不能送有菊花图案的礼品。本案例中，那位意大利女士气愤、忧伤的缘由就在于此。由于自然条件、历史文化、民族信仰和民族特性等的差异，世界各地形成了各自不同的风俗习惯和禁忌，这就要求酒店在接待、服务客人的时候，一定要了解并尊重客人的风俗习惯。如果贸然行事，一不小心就犯了客人的忌讳，这是非常失礼的。

1. 颜色禁忌

在我国，人们喜欢红色，它代表着喜庆、热情、高贵，如新人结婚时就要穿红色的衣服。而在西方国家，白色代表着纯洁、忠贞，所以新娘多穿白色的婚纱。在日本，人们认为绿色是不吉祥的，而世界上许多国家都喜欢绿色，人们把绿色当作生命的象征。

2. 花卉禁忌

在中国、印度、泰国、埃及等国家，荷花受到人们的喜爱，而在日本却被视为不祥之物，因为它用来祭奠。日本皇室对菊花青睐有加，人们对它非常尊重，而在意大利、西班牙以及拉美各国，人们却将菊花视为"丧花"，只能用在墓地和灵前。如今，菊花、杜鹃花、石竹花以及黄颜色的花忌用于国际交往场合，这已成为一种惯例。

3. 数字禁忌

在我国，人们认为数字"6""8""9"都是吉利的数字，而把"4"视为不吉利，在很多场合都应尽量避免出现"4"。在日本和韩国，人们也非常忌讳数字"4"，在他们的酒店、办公楼等建筑物都不会出现"4楼"这个字样。

总之，酒店要充分了解、尊重客人的风俗习惯，注意了解和把握这方面的常识，对酒店服务人员开展工作大有裨益。

案例7　记住客人的姓名

一位常住酒店的客人从酒店外面回来，当他走到服务台时，还没有等他开口，接待员就主动微笑着把钥匙递上，并轻声称呼他"W先生"，这令客人大为吃惊，使他产生了一种强烈的亲切感，如同回家一样。

还有一位客人在服务台高峰时进店，前厅接待员突然准确地叫出："Z女士，服务台有您的电话。"这位客人又惊又喜，感到自己受到了重视，受到了特殊的待遇，不禁添了一分自豪感。

另外一位外国客人第一次前往该酒店，前厅接待员从登记卡上看到了客人的姓名，迅速称呼他以表欢迎，客人先是一惊，而后作客他乡的陌生感顿时消失，客人显出非常高兴的样子。简单的词汇迅速缩短了彼此间的距离。

此外，一位VIP随陪同人员来到前厅登记，服务人员通过接机人员的暗示，得悉其身份，马上称呼客人的名字，并递上打印好的登记卡请他签字，使客人感到自己的地位不同，客人由于受到超凡的尊重而感到格外开心。

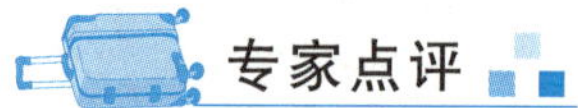

专家点评

马斯洛的需求层次理论认为，人们有尊重需求。

在酒店及其他服务性行业中，主动热情地称呼客人的姓名是一种服务的艺术。酒店服务人员借助敏锐的观察力和良好的记忆力，尽量记住客人的房号、姓名和特征，提供细心周到的服务，使客人留下深刻的印象，客人今后在不同的场合会提起该酒店如何如何，等于替酒店做了宣传。

目前很多酒店都有规定：前厅部接待员在为客人办理入住登记时至少要称呼客人姓名三次。前厅员工要熟记VIP的姓名，尽可能多地了解他们的资料，争取在他们来店报家门之前就叫出他们的姓名，当再次见到他们时能直呼其名，这是一个合格服务员应具备的最基本的条件。同时，还可以使用计算机系统，为所有下榻的客人做历史档案记录，为客人提供超水准、高档次的优质服务，把每一位客人都看成VIP，使客人感到酒店永远不会忘记他们。

案例8　小提示卡有大作用

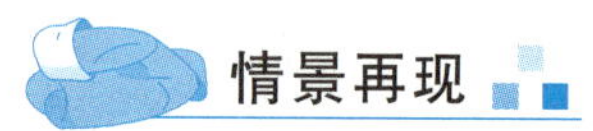

情景再现

一天上午，礼宾员小黄正在岗位上忙着自己的工作，这时候一位女士急忙走到他面前，问道："先生，刚才从出租车出来的时候，我不小心把手机落在后排座位上了，而我又没向司机要小票，那部手机对我来说很重要，你能帮我联系那位出租车司机吗？"这位女士下了飞机后乘坐出租车来到酒店，办完入住登记手续，正要去客房时，才发现手机丢了，而为她开门、卸下行李的礼宾员就是小黄。

"您先别着急，我会尽量找到那位司机的。请问刚才我给您的那张提示卡还在吗？"小黄对客人说道。"应该还在的，我找找看。"女士翻着自己的挎包，过了一会儿终于找出了一张小纸片，并把纸片交给了小黄。"就是这张卡片，我在上面写下了那辆出租车的车牌号和出租公司的名字。相信很快就可以找到那位司机，找回您的手机。"说完，小黄立即来到前厅打电话联系上了这家出租公司的车辆调配中心。

放下电话，小黄微笑着对客人说："请您放心，出租车公司方面表示将以最快的速度联系到司机，并承诺尽快将手机送还。”接着，小黄请客人来到大厅等候区休息，并为客人倒上了一杯热茶。

半个多小时后，一辆出租车停在了酒店门口，司机将手机送到了前厅部。小黄和客人迎上前去，对司机表示了感谢，司机则向客人表示了歉意。顺利找回了丢失的手机，客人非常高兴地对礼宾员小黄说：“太谢谢你了。”客人感动之余连连道谢，脸上露出了满意的微笑。

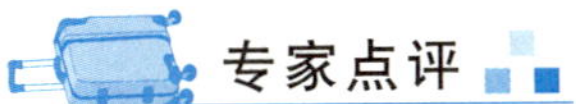

专家点评

客人乘车来到酒店时，礼宾员要为客人打开车门，卸下客人的行李，然后拿着行李送客人至前厅办理入住登记手续。做好礼宾服务并不是一件容易的事情，它要求礼宾员具备强烈的责任心和认真细致的工作态度，保证为客人提供细致入微的贴心服务。

客人下车后，礼宾员要及时记下该出租车的车牌和所属公司名称。一旦客人发现有物品遗忘在出租车上，就可以通过记录下来的信息立即与司机取得联系，从而顺利找回客人遗忘的物品。本案例中，礼宾员小黄正是通过一张小纸片与出租车调配中心取得了联系，最终帮助客人找回了手机。小小的举动往往最能够让客人感受到酒店服务的细致与贴心，让客人感觉到安全与被尊重。如果客人忘了向司机索要小票，而酒店又没有向客人发放提示卡，一旦客人把物品遗忘在车上，此时再想要找回这些物品，酒店就要付出更多的人力和时间。因此，酒店要将向客人发放提示卡纳入酒店服务中必不可少的服务项目，哪怕烦琐些也要坚持这样做，只要这样才可以帮助客人防患于未然。另外，在客人下车后，礼宾员小黄应快速地观察一下车厢内是否有客人遗忘的衣服、皮包等物品，卸下行李后也要请客人核对行李件数、有无破损情况等。

案例9　寒冬里的一杯热水

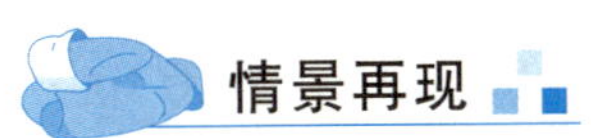

情景再现

一个寒冬的下午，气温接近0℃。一辆出租车驶进了酒店大厅门口，礼宾员小东按照服务规范为客人开门护顶，并微笑着问候客人。这位客人是上午办理了退房手续的祝先生，现在他回酒店是为了取回寄存在酒店前厅的几件行李，然后去机场。祝先生感觉很累，此时离飞机起飞还有两个多小时，于是他便在大厅休息处坐了下来。

看到祝先生不时地揉搓手掌，将手放到嘴边哈气，且带着疲惫的神情，礼宾员小东心想这么冷的天，客人刚从外面回来，寒意肯定还未消去，这时候送上一杯热气腾腾的开水，客人应该不会拒绝。于是，小东走到祝先生的跟前，微笑着对他说："先生，打扰一下，我给您端一杯热水过来，好吗？""有热水喝呀，那真是太谢谢了！"祝先生感到有些惊讶。小东请客人稍等片刻，随即快步走到大堂吧倒了一杯热水。"先生，您的热水，请慢用。"小东用双手端着热水送到客人面前。"你想得太周到了，让我感到有些意外。我到过很多酒店，这么贴心的服务我却是第一次碰到，谢谢你，还有你送来的这杯热水。我下次一定还入住你们酒店。"祝先生激动地说道。"不用谢，这是我应该做的。我很期待您下次光临，热水喝完了我再给您加。"说完，小东便回到自己的工作岗位上。

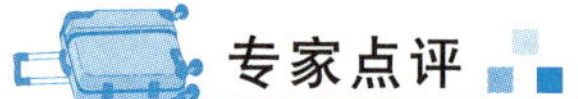

专家点评

在服务过程中，服务人员面对的是不同的客人，他们的需求千差万别，而其中不少需求客人并不会明显地表现出来。服务人员只按照酒店的服务标准、服务程序和服务规范为客人服务，是远远不够的。为使客人感受到来自酒店的尊重，服务人员就必须提供超前服务。

超前服务包括两个方面：一方面，酒店的服务设施要走在同行竞争对手的前面。服务硬件设施是衡量酒店服务水平的重要标准之一，酒店拥有先进的设施就能够为客人提供最优质完善、最方便快捷的服务，以及提供高雅舒适的消费环境。另一方面，要求服务人员具备超前意识，即凡事都能够想在客人的前面，能够准确预估客人的需求，实现将服务工作做在客人提出要求之前，及时满足客人的各种需求。酒店能够为客人提供超前服务，就可以在激烈的行业竞争中取得胜利。

将服务工作做在宾客提出要求之前，亦是超前服务的重要内容。如烈日炎炎的夏天或北风呼啸的隆冬，客人来到餐厅，服务员就及时送上冷毛巾或热毛巾，让客人消除热气或寒气，客人会由衷地感到高兴；住店客人有亲友前来拜访，不等客人吩咐，服务员就泡好热茶送上；等等。诸如此类服务都属于超前服务。酒店应制定相应的规范制度，指导服务人员有意识地去了解和掌握客人的习惯、爱好，要求服务人员将服务做在客人开口之前，这样同样的服务内容就能产生令客人惊喜的服务效果。

本案例中，寒冷的冬天，客人祝先生从外面回来，寒意尚未消除，且他非常疲惫，这些礼宾员小东都看在眼里。于是，小东主动上前询问客人是否需要一杯热水，在得到客人肯定的答复后，他便快速地为客人奉上一杯热水。礼宾员工作细心，善于观察客人的状况，并预想其需求，做到了客人开口之前，为其提供超前服务。

案例10　有人找总经理

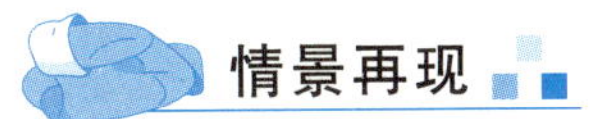

情景再现

一天，某星级酒店前厅来了一位自称是酒店总经理顾总朋友的上官先生，要求前厅服务人员小张告知顾总有朋友急着要见他。按照酒店的规定，没有预约或者没有总经理本人的交代，服务人员不能擅自安排他人与总经理会面，但此时又不能确认客人是否真的就是总经理的朋友，所以小张也没有贸然拒绝客人的要求。

"好的，上官先生，请稍等，我马上为您联系。"小张微笑着对客人说。她先是拨通了总经理秘书处的电话，可暂时没人接听，于是只好直接打电话到总经理办公室，电话通了，正好是顾总接听的。由于客人在旁边，小张机智地说道："您好，我是酒店前厅服务员，请问顾总在吗？有一位上官先生来找他。"顾总一听，就知道小张的用意，在电话里他告诉小张自己并不认识这位客人，请小张礼貌回绝。

小张得到指示后，挂上电话，微笑着对客人说："不好意思，上官先生，让您久等了。实在抱歉，我们总经理去了广州，可以的话请您留言，我们会尽快为您转达。"客人听到总经理不在酒店，脸上露出些许失望的神情，向小张表示感谢后便离开了酒店。

专家点评

对酒店前厅服务人员来说，经常会遇到店外人员要求拜访某位住店客人，或帮忙把物品转交给某位客人的情况，面对这些，服务人员要懂得随机应变，灵活处理，以免给当事人带来不必要的麻烦。作为一家星级酒店的最高领导者、总负责人，总经理每天要处理很多事情，因而不可能接待所有来访的客人。服务人员应严格按照客人拜访总经理的工作程序，在证实客人身份的情况下，礼貌地接待来访客人，询问客人所在单位及找总经理有何事宜，让客人感受到酒店对其重视并愿意提供帮助。一般情况下，若有客人通过服务人员要求拜访酒店总经理时，该服务人员应先将客人介绍给大堂副理。接待来访客人时，大堂副理可以在自己权限范围内代表总经理处理相关事宜，或者根据具体情况，将客人介绍给所涉及的相关职能部门，由该部门经理来接待并将处理结果反馈给总经理。由于某些原因，总经理不便接待有些客人，而如果客人执意要会见总经理，这时候就需要服务人员礼貌地拒绝客人的要求。本案例中，服务人员小张表现机智灵活，处理规范得体。在不能认定客人真实身份的情况下，小张没有轻易地接受或拒绝客人的要求。为避免给总经理带来麻烦，小张微笑着请客人稍等，接着先是打电话到总经理秘书处，在秘书处无人接听的情况下才打电话到总经理办公室。恰好接电话的就是总经理本人,而当时客人就在旁边,他可能是总经理的朋友,或许只是一般朋友,甚至有可能根本就不是朋友。所以小张才会故意询问:“顾总在吗?有一位上官先生来找他。”这样,总经理会意后,就可以根据具体情况做出会见或回绝的决定。小张机敏的做法,既不会得罪客人,又能让总经理从容做出决定,而不至于陷入尴尬、被动的境地。

案例11 为客人设计“体面的台阶”

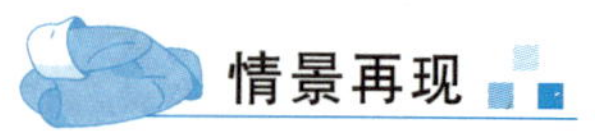

情景再现

一天上午,1206号房间的刘先生来到前厅结账,收银员小舒请客人稍等片刻。过了一会儿,她接到客房服务员打来的电话:“1206号房间少了一个水晶烟灰缸,请留意。”挂断电话后,小舒微笑着说:“刘先生,您的房间少了一个水晶烟灰缸。”“什么意思,你不会以为是我把烟灰缸偷走了吧?你可以查查我的包啊。”客人好像早已有所准备,立刻否认拿走了烟灰缸。当然,小舒不能随便查看客人的物品,她向旁边的同事交代了一声,然后礼貌地说:“刘先生,麻烦您跟我来好吗?”小舒把客人带到大厅休息室。

“刘先生,客房的烟灰缸丢了,麻烦您回忆一下,是不是您的亲朋好友来房间拜访时顺便带走了呢?”小舒态度平和、委婉地向客人询问。客人肯定地回答:“我住店的这几天,没有接待过熟人。”“那会不会是您用过之后,不小心把烟灰缸放在哪儿了呢?”小舒在向客人暗示,接着又说道,“我们酒店以前也出现过客人离开房间后,衣架、毛巾、浴巾之类的物品不见了,后来他们想起来或是放在床上,或是被床单、被褥盖住,您能否回到客房再查查看?”小舒进一步提醒客人。

“你们酒店还真是麻烦,好吧,为了证明我的清白,我这就去客房找找看。”客人心想再硬撑下去也不是个办法,于是不耐烦地说。随即,他便提着包进了电梯。小舒会意地笑了笑,心里的一块石头终于放下来了。没过多久,客人再次来到前厅,假装愤怒地说:“你们太不负责任了,烟灰缸明明就在桌子底下,服务员居然没有发现,我差点就被你们冤枉了。”小舒明白客人已经将烟灰缸“物归原位”了,于是满脸歉意地说:“刘先生,真是对不起,耽误您时间了,我这就为您办理退房手续。”

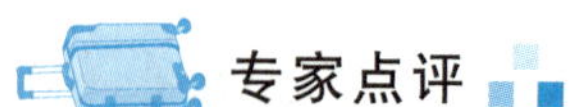

专家点评

在日常的工作中,服务人员时常会遇到爱贪小便宜的客人,或拿走一条浴巾,或拿走一个玻璃杯等,这样势必会给酒店带来损失。为维护酒店的利益,客房服务员与前厅收银员要密切配合,发现异常情况应采取恰当的方式处理,防止客人将客房内的物品带出酒店。

客人要求退房时,收银员要仔细核对客人的姓名、房号等内容,并立即通知客房服务员查房。接到收银员的退房通知后,客房服务员应问清楚要退房的房号,接着迅速行动。进房前要敲门、按门铃,确认房内有无客人。进房后,客房服务员开始对房内的物品、设施进行检查,要保证每一项都检查过。退房检查要做到迅速、准确、仔细,一般应在3分钟内完成,以免客人在前厅久等。检查结束后,客房服务员及时将检查结果通知给收银员。

收银员接到客房服务员的通知后,若客房无异常情况,应迅速为客人办理退房手续。若被告知客人拿走房内物品,收银员要巧妙应对,以便顺利索回丢失的物品。正确的做法应该是:以为酒店争取客源为出发点,不当面揭穿、指责客人,而是精心为客人设计"体面的台阶",好让客人归还拿走的物品。

本案例中,得知客人拿了酒店的烟灰缸后,收银员沉着冷静,委婉地表达暗示或提醒客人:想要拿走酒店的物品是不可能的。客人自知理亏,于是顺着台阶下,回到客房后交还烟灰缸。随后,收银员依然热情地接待客人,为其办理退房手续。可以说,这位收银员的做法是非常明智的,既没有得罪客人,又保护了酒店的财产。

案例12　有感染力的前厅服务员

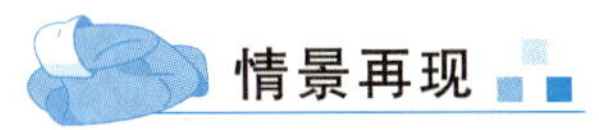

有一个客人来到前厅询问:"都有什么样的房间?请你介绍一下。""请问,您是一个人住吗?"前厅服务员问。"是的。"客人回答。"那我建议您还是住大床房,大床睡得舒服。不过,大床房有不同的特点,请问您有什么特殊要求吗?要不要我介绍一下?"

她的主动建议和询问,在其他酒店并不多见,这不免使客人开始注意她。这个服务员个子不高,也谈不上漂亮,却有一双炯炯有神的眼睛和亲切的笑容,给客人的第一印象不错,也让人产生听她介绍房间特点的兴趣。客人说:"到度假酒店自然希望住在面朝景观的房间。你就介绍一下房间特点吧。""我们酒店坐北朝南,南面房间面对风景区的大湖,北面房间面向酒店的后花园。如果选择南面房间,可以一览湖光山色;假如住北面房间,这时正是鲜花盛开的季节,可以欣赏满园春色。而且,我们酒店的房间宽敞,床垫是定制的袋装弹簧软垫,客人都反映睡得很舒服。您选择我们酒店是选对了。"服务员滔滔不绝、声情并茂。"你说床垫是袋装的弹簧软垫?我只听说过,但没见过!"客人感到有点意外。"是啊,那是我们酒店特别定制的。""你知道哪里可以买到这种床垫吗?""不好意思,我不知道,不过我可以帮您问一下。对了,您准备住几天呢?""就住两个晚上。""那这样吧，今晚住南面，明晚住北面，这样两面景色您都可以兼顾到，怎么样？”她还是那样充满热情地建议。

“这样不是增加了你们服务员做房间卫生的麻烦吗？”客人感动之余，不免有些过意不去。“没关系，只要您住得满意，我们就非常乐意多做一些。我们酒店如果有做得不够的地方，请您一定给我们指出来啊！”

“说实话，我本来不一定住你们酒店呢，是因为你的热情推销我才下决心住你们酒店的。”客人道，“凭你这么优秀的表现，我就已经对你们酒店充满好感了！”

只见她满脸灿烂、谦虚应答并道谢，之后又投入了接下来的工作。

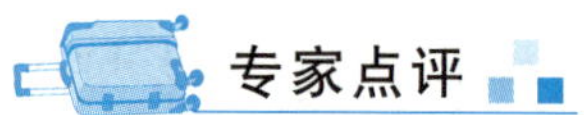

专家点评

酒店推销工作不完全是营销部门的事情，酒店内的有关岗位也都有向客人推销产品的责任。各个服务岗位努力做好本职工作，其实也是无形的推销。本案例中，酒店总台的接待员在这方面做得非常好，好在善于抓住客人特殊要求，向客人有针对性地介绍窗外景观特色，投其所好，博得客人好感，使得客人很快下定入住决心。

对管理者的启迪：首先，酒店促销工作不仅限于营销部，促销是全员性的。尤其是直接面客的岗位，都有推销酒店产品的任务。那么，在制订有关岗位职责时，必须提出岗位上的推销要求。其次，管理人员对有关岗位的培训、督导、检查和考核时，同样不可以遗漏对有关岗位推销的要求。最后，管理者要对员工进行销售艺术方面的培训，并启发员工学习、研究和掌握前厅销售的艺术。

案例13　客人到店未找到预订记录

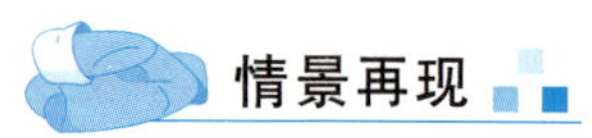

情景再现

在某酒店的大堂，客人艾小姐急切地告知前厅员工小刘，她在携程上预订了房间并希望办理入住手续。然而，前厅员工小刘在预订系统中却找不到艾小姐的预订信息，这让艾小姐非常着急。她要求立即办理入住手续，但由于她提供的房价与酒店散客价格不一致，前厅员工小刘无法按照正常流程为她办理入住手续。

就在此时，大堂经理C先生走过来，面带微笑地安抚了艾小姐的情绪。他向艾小姐表示理解并征得了她的同意后查阅携程的确认短信来核实预订信息。经过仔细阅读确认短信，C先生成功地通过短信中的携程订单号找到了艾小姐的预订信息，这使得他能够帮助艾小姐顺利办理入住手续。

经过进一步的交流，C先生发现艾小姐预订的房间实际上是由她的朋友代订的，并非艾小姐本人预订。C先生对此表示理解，并注意到与艾小姐同行的还有一个孩子。为了让艾小姐和她的孩子更舒适地入住，C先生决定为她们将房间升级成更适合亲子入住的客房，并推荐客人去微信商城预订亲子晚餐和儿童乐园门票，客人很满意并在携程平台给予酒店5分好评。

通过C先生的专业处理和灵活应变，艾小姐最终得以顺利入住，并享受了一间宽敞舒适的亲子客房。这个案例展示了酒店员工的专业素养和人性化的服务态度，为客人提供了温暖和帮助，让他们在旅途中感受到了家的温馨。

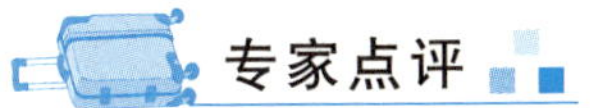

专家点评

酒店问题出在哪里？缺失之一：预订部同事在制作OTA渠道订单时，对于入住客人信息没有录入。缺失之二：前厅员工没有及时与客人沟通来确认OTA渠道的订单信息。缺失之三：酒店在定价策略上的错误，应把前厅散客与OTA渠道进行无差别定价。

凡是有缺点的服务，要么是制订的服务程序有缺失，如少了必要环节或程序本身不科学、不细致；要么是服务程序没问题，但在执行时存在问题。本案例中，值得称道的是，大堂经理C先生发现客人有孩子同行时，给客人把房间升级为亲子客房，并推荐客人去微信商城预订亲子晚餐和儿童乐园门票，最终使不满意的客人转变为满意的客人，并在携程上给予酒店5分好评。对酒店来说，这是最想要的结果。

对管理者的启迪：(1)酒店应针对OTA订单，制订SOP接待流程，没有严谨科学的规范，包括制度、程序和规定等，就不可能有优质的服务。在OTA订单中应做好客人的信息备注(姓名、OTA订单号、抵离日期、房型、预订人联系方式等)，如发现入住人不是预订人的，应做好信息的关联，方便在后台核查信息。(2)OTA渠道价格应与前厅散客价一致，避免已到店客人在前厅被OTA渠道转化。(3)关注好OTA渠道客人的在店体验，适时给予客人关怀与惊喜体验，将有利于酒店获得网络好评与美誉度。(4)给予员工更多的合理授权，做好特殊情况下的客人投诉安抚。(5)在入住期间的各场景中，应鼓励员工多发现客人的消费潜在需求，及时给予消费指引，增加客人的在店消费。

案例14　分房引发的误会

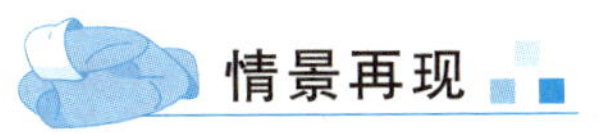

情景再现

一天上午，汪先生打电话到某高级酒店前厅，打算预订一间客房，三天后入住。电话接通后，汪先生说："请帮我预订三天后的一间大床房，我要住半个月。""请您稍等。"说完，服务员马上查询大床房的空余情况，不巧的是，此时酒店的大床房已满，之后几天的也都被预订出去了。服务员遗憾地把这一情况告诉给了客人，客人无奈只好改为预订一间标准间。

三天后，汪先生来到酒店前厅办理入住手续时，听到旁边的一位无预订的客人在询问服务员是否有大床房，服务员表示可以为其安排一间。对此，汪先生非常疑惑，但想了想或许以后还可以再换成大床房吧，于是办好手续后，他便拿着房卡转身离开了。

然而，入住酒店四天时间了，也没有任何人询问汪先生是否需要换到大床房。汪先生是这家酒店的常客，而且每次都要住上一段时间，现在受到这样的待遇，心里自然感到非常不满，于是他找到客房部经理要求安排一间大床房。

耐心听完汪先生的诉求后，客房部经理请他稍等片刻，表示一定会把事情调查清楚，给他一个满意的交代。随后，客房部经理立即向预订员小华和接待员小琴了解情况。小华说，那天汪先生打电话预订房间时大床房确实已满了，所以她才在征得汪先生的同意后，为他预订了一间标准间。当汪先生来办理入住手续时，接待员小琴按照预订单上的要求将预留好的房间分给了他。恰好这时候，另一接待员小冉将刚刚结完账的大床房安排给了前来询问是否有大床房的龚先生。当时，汪先生并不了解这些情况，所以才会觉得酒店对长住客人不够重视。

事情弄清楚后，客房部经理返回汪先生的房间。他先是向客人道歉，然后把事情的原委告诉给了客人，并且表示酒店的服务工作确实有待完善和改进，非常感谢汪先生提出宝贵意见。见客房部经理态度诚恳，而且事情也不完全是酒店的错，所以汪先生表示理解，希望下次可以预订一间大床房。

专家点评

酒店前厅部是酒店非常重要的一个部门，它代表着酒店的形象，前厅部服务人员的一举一动都会影响到客人对酒店的评价。分房是前厅部服务人员的一项重要工作，如果分配的房间满足不了客人的需求，就很可能会引起客人的不满和投诉。

分房不是一种简单地分配房间的行为，它包含了一定的原则和技巧，服务人员应掌握好。原则上，服务人员应根据客人的要求和酒店的房间状态进行分房。具体的分房策略可以参照以下几点：

（1）根据客人的身份、地位、心理特点以及对酒店经营的影响，进行有针对性的分房。例如，对于贵宾、会员以及常客和有特殊要求的客人予以照顾；将残障、年老和带小孩的客人尽量安排在离服务台和电梯较近的房间；尽量使团队客人住在同一层或相近的楼层，这样便于同一团队的客人之间联系与管理，而且当团队客人离店后，集中空余的客房可以安排给下一个团队。

(2)根据客人的生活习惯、宗教信仰和风俗习惯来分房。如:内外宾有不同的语言和生活习惯,可以将内宾和外宾安排在不同的楼层;注意客人对房间号码的忌讳,像西方人忌讳“13”,而有些地区则忌讳“4”以及带“4”的数字。

(3)根据酒店经营管理和服务需求来分房。例如:尽可能地将长住客人安排在一个楼层,且是在较低的楼层;将没有携带行李且可疑的客人安排在靠近楼层服务台的房间;在淡季,为维护酒店的市场形象,可将客人集中安排在靠近街道一侧的房间,还可以封闭一些楼层,而集中使用几个楼层的房间,这样有利于节约能耗,便于对一些客房进行维护及保养。

长住客人是酒店的忠实顾客,酒店应了解和掌握这些客人的喜好,尽量满足他们的要求。本案例中,长住客人汪先生打电话预订时酒店的大床房已满,除了为他预订其他房间外,预订员还应把他提出却未能够得到满足的要求记录在预订单上。当汪先生入住酒店时,接待员可根据预订单上所记录的内容,再对大床房进行查询,若有大床房的房客即将结账,就可以将此大床房留给汪先生,这样就不至于发生当汪先生在办理入住手续时,看到大床房被安排给那位没有预订的龚先生而产生不满情绪。在汪先生入住酒店期间,前厅服务员也应关注大床房的情况,等到有大床房时,要立即联系客人询问是否需要更换房间。如果客人要求换房,应安排行李员协助其搬运行李,并及时办理换房手续。

第三节 精益求精篇

案例1　特殊的客人，别样的服务

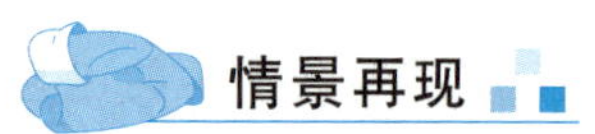

情景再现

一天上午，某高级酒店接待了一位下肢瘫痪、坐着轮椅的外宾——知名作家爱德华先生。酒店方面很早就派专车在机场等候。爱德华先生到达酒店后，酒店的大堂副理亲自迎接，并送他到客房。爱德华先生稍作休息后，开始安排自己的行程，想到这些他有些担忧。这时，服务员小朱轻轻地敲门，客人打开房门后，她亲切地问候："爱德华先生，您好，我是客房服务员，欢迎您的光临。"接着她礼貌地询问客人对客房布置是否满意、有没有其他要求，诚恳地对客人说："爱德华先生，您就把酒店当成自己的家，请您不要有任何顾虑。有什么需要请您随时吩咐，我和我的同事都会立刻为您服务。"见服务员这么有诚意，客人便说他来酒店之前确实有不少担忧，因为自己是一个人，而且行动不太方便。但来到酒店后，他切身感受到了酒店的细心关怀与照顾，现在一切顾虑都打消了。接着，他便开始向小朱说了他未来几天的行程计划：第一天他要去参加一个研讨会；第二天要去拜访一位好友；第三天，也就是行程的最后一天……客人好像还有话要说，但又有些犹豫。小朱请他但说无妨，表示酒店会满足他的一切要求，客人被她诚恳的态度所打动，于是说出了内心的想法。原来，他了解到当地有一处著名的古建筑，非常有气势而且历史悠久，他很想去参观，但又担心会给酒店带来太多的麻烦。"爱德华先生，谢谢您对我们的信任，"小朱接着说，"酒店确实没有陪客人参观游览的服务，但您请放心，我会向领导请示，尽可能满足您的要求。"

没过多久，客房部经理来到客人的房间，他真诚地对客人说："爱德华先生，酒店一定全力配合您的计划安排。另外，我们决定让小朱和另一名服务员小江专门照顾您的起居。"之后的几天，小朱和小江一直悉心照料爱德华先生。在离店的那天，客人特意买了小礼物送给小朱和小江，以表达对他们的感激之情。

专家点评

《旅游酒店星级的划分与评定》中规定，三星级及以上的酒店，其门厅及主要公共区域有残疾人出入坡道，配备轮椅，有残疾人专用卫生间或厕位，能为残疾人提供必要的服务。酒店的设施要完善齐备，服务也应跟上。为每一位客人提供优质的服务，是酒店一如既往的追求和使命，而对于残障客人，酒店则要更细致入微地为其服务。

案例中，从接待开始，酒店就处处为客人着想，尽量满足客人提出的要求，真正落实了“宾客至上”的服务宗旨。客人下了飞机之后，便感受到了酒店的热情与细心，如专车早已在机场等候，大堂副理亲自迎接并将其送至客房，前厅派人到客房为客人办理入住手续等。酒店的这些举措让客人切身感受到了来自酒店的关怀与尊重。接下来的事情更是能体现酒店“宾至如归”的服务理念：入住不久，客房服务员小朱便来到客房询问客人是否有其他的需要，接着请客人把酒店当成自己的家，代表酒店承诺一定会尽量满足客人所提出的要求。对一位来自异国他乡且行动不便的客人来说，听到这样的承诺心里自然感觉非常温暖，心中的顾虑也就打消了。接着，服务员小朱注意到客人心里藏着话而又不好开口，于是她再次表示酒店会尽量满足他的一切要求。客人表示想参观当地的古建筑时，服务员小朱立即向经理汇报请示。同样，经理来到客房后表示会全力配合客人的计划和安排，还指派了小朱和小江专门照料客人。入住期间，在服务人员的悉心照料下，客人顺利地完成了所有行程安排，而且如愿以偿，参观了当地的古建筑。最后，客人带着感动离开了酒店。

在酒店接待的客人当中，既有一些有着共同需求的客人，也有一些具有特殊需求的客人，如带孩子、宠物外出的客人，特别讨厌烟味的客人以及残疾客人等。这些客人都有着各自特殊的需求，为保证接待好特殊客人，酒店就必须打破常规，为客人提供特殊服务，满足客人的特殊需求。如设置儿童套房、无烟客房、女士楼层、残疾人客房，或者提供照看小孩服务，照顾残疾人的日常起居服务等各种特殊服务。接待具有特殊需求的客人，酒店或许要花费更多的人力、物力，却也是提升酒店服务能力、展示服务水平、赢得赞许和扩大影响的好机会。

案例2　传真发出了吗

情景再现

一天早上，酒店的商务中心刚刚开始工作，一位加拿大籍住店客人满面怒容地走进商务中心,“啪”的一声将一卷纸甩在桌子上,嚷道:“我昨天请你们发往美国的传真,对方为什么没有收到?小姐,你想想,要是因我的客户收不到传真而影响了我们签订合同,几十万美元的损失谁承担?”接待客人的是上早班的宋小姐。面对怒气冲冲的客人,她从容不迫,态度平静,然后迅速仔细地审核了给客人发传真的回执单,所有项目都显示传真已顺利发到了美国。凭着多年的工作经验,她知道,如果对方没有收到客人的传真,责任不在酒店。怎么办呢?当面指责客人?不能!因为客人发现对方没有收到传真来提批评意见,也在情理之中。宋小姐脑子飞快地转动,很快“灵机一动,计上心来”,只见她诚恳而耐心地对客人说:“先生,您且息怒,让我们一起来查查原因。就从这台传真机查起吧。”客人欣然同意。宋小姐仔细地向客人解说了这台传真机自动作业的程序,并当场在两部号码不同的传真机上做示范,准确无误地将客人的传真从一台传到另一台上,证明酒店的传真机没有问题。客人比较了两份传真,面色有所缓和,但仍然心存疑虑,道:“不过,我的那份传真对方确实没有收到呀!”为了彻底消除客人的疑虑,宋小姐主动建议:“先生,我们再给对方发一次,发完后立刻挂长途证实结果,如果对方确实没有收到,传真、长途均免费,您说好吗?”客人点头同意了。传真发完后,宋小姐立刻为客人接通了美国长途,从客人脸上露出的笑意可以知道:传真收到了!客人挂了电话,面带愧色地对宋小姐说:“小姐,我很抱歉,刚才错怪了你,请你原谅。谢谢你!”宋小姐面带微笑地答道:“没关系,先生,这是我们应该做的。”最后,客人愉快地付了重发传真的费用,满意离去。

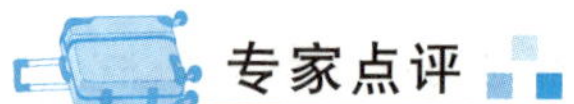

专家点评

本案例中,酒店商务中心宋小姐对客人反映传真没有发出去的意外事件,采取了正确的态度和恰当的处理方法,从而取得了令客人满意的结果。

第一,宋小姐面对客人上门指责的突发事件,沉着冷静,迅速仔细地审核了传真回执单,明确所有项目无误,确定了责任不在酒店,心里有了底。

第二,宋小姐不是简单地指责客人过失,而是设身处地地站在客人的立场上,充分理解若传真发送失败客人将损失几十万美元的苦衷,采取了从“我”(酒店传真机)查起的理智做法,使客人乐意接受和配合,有利于搞清问题所在。

第三,宋小姐先后采取了用两台传真机当场示范和再发传真并打长途电话证实的合理步骤,打消了客人的疑虑,让客人心服口服,使问题得到圆满的解决。

酒店经常会出现各种各样的突发事件,酒店同行可以从中举一反三,获得启发。

案例3　用心极致，客人由满意变为惊喜

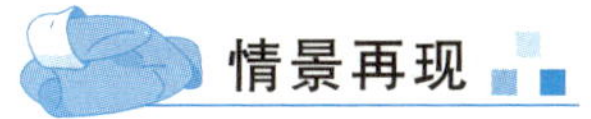

情景再现

2023年1月底，一天晚上9点左右，汪女士一家来到大堂办理入住的时候，“金钥匙”Edward热情地接待了他们，从客人的对话中得知汪女士似乎遗失了什么物品，于是Edward主动询问，了解到原来是汪女士的一个水杯遗忘在了抵达西安的飞机客舱座位上。Edward自信地对客人说：“您先回房间休息，请您把登机牌给我，这个事情就交给我吧！”Edward随即就联系了机场失物招领处，但被告知没有他所描述的物品。次日，金钥匙Edward再次联系，并与客人保持密切沟通。第二天，机场客服人员回复有捡到类似水杯，但是不确定是从哪架飞机哪个座位上捡到的，随即Edward登录机场失物招领平台，查看遗失物品照片，找到类似图片，并逐一与客人确认，结果客人回复都不是。Edward并没有放弃，第三天继续联系航空公司客服，查询到该航班有捡到一个水杯，但是不确定具体座位，并称已交给失物招领处。激动的Edward再次联系失物招领处，但得到的反馈是并没有客人所描述的这个水杯。客人曾经表示：“算了，水杯不要了，也不用麻烦了。”可是Edward坚持必须调查清楚。

经过多次协调和沟通，Edward最终查明实情，水杯确实遗留在飞机座位上，此时水杯正在航空公司的接机服务组工作人员手中。经协调，约定次日从航空公司办公室转移到机场失物招领处。当Edward最终把水杯的图片发给客人确认时，客人表示非常感激，并称她离店当天刚好去机场到时取回，在入住期间已特意写了好评。可是Edward并不满足目前的结果。他想：我们为何不继续用心服务，把客人的满意提升为惊喜呢？于是就计划借用今天送机的机会，安排礼宾部司机张恒前往T3航站楼提前顺利取到水杯，并且和金钥匙新会员李成伟一起商议用创新的做法来给客人惊喜。

一番讨论之后，Edward手写卡片，李成伟带着水杯和小狮子在酒店的不同区域打卡拍照，随后打印出照片，配以精美的相册，又专门找到了匹配水杯大小和颜色的浪漫纸盒。司机张恒亲自手写了新年的福字，又准备了定制的台历和书签。

最后，“金钥匙”Edward和李成伟一起把这些惊喜礼物送到了客人的房间。水杯巡游归来，仪式感满满。客人打开房门后，经过色彩鲜明且别有新意的视觉冲击，加上Edward精彩的《水杯丽思巡游记》讲解，一家人都乐开了花！客人再次表示，你们酒店“金钥匙”服务太用心了！

专家点评

“金钥匙”源于法语Concierge，语意为“守门人”。古时候，人们将那些遍布在荒无人烟的边境地区，照顾过往旅行商队的人称为“Concierge”，之后Concierge成了一种职业。中世纪，Concierge传到欧洲，成为当时一些宫廷和城堡里的“钥匙保管人”。

今天，“金钥匙”既是指一个国际化的民间专业服务组织，也是对取得国际金钥匙组织（UICH）会员资格的礼宾部职员的特殊称谓。“金钥匙”服务是酒店按照国际“金钥匙”组织特有的“金钥匙”服务理念和与之相辅相成的服务方式为客人提供的一条龙个性化服务。具体而言，就是指“金钥匙”在不违反国家法律的前提下，从接待客人订房开始，到最后客人离开酒店，为客人提供所需的任何服务。这种服务常以委托代办的形式出现，即客人委托，职员代表酒店为客人代办，因为它高度区别于一般的酒店服务，具有鲜明的个性化特点，被专家认为是酒店服务的典范。

案例4　婚宴和政府会议冲突

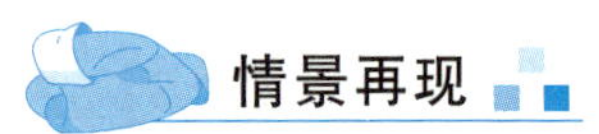

情景再现

一位姓张的先生在某酒店订了20桌婚宴，时间安排在5月18日17:00至20:00，地点在该酒店的多功能厅。但在5月16日，该酒店接到市政府的一个紧急任务：全省将有一个300人的重要会议安排在该酒店的多功能厅举行，时间是5月18日14:00至16:30。本来会议时间与婚宴时间并不互相冲突，但就在会议举行的前一天，会务组突然告诉酒店，会议时间可能会延长1小时，至17:30结束。

此时，如果你是一位前厅代办各项委托事项的服务员，应该怎么做来缓解时间上的冲突？前厅服务员解决这个问题时，可以参照如下几个思路：

第一，将实际情况告诉订婚宴的客人，酒店接到的是政治任务，没有办法推掉，并向客人道歉，请其将婚宴安排到其他酒店。如客人提出赔偿，则也可以考虑，费用可向会务组收取，但这样处理不合理：一是酒店既然接受了客人的预订，且婚宴一般都收取订金，就等于酒店和客人订立了合同。任何非不可抗拒的情况引起的变更都等于违反合同，应负法律责任。二是在订婚宴客人看来，同样是接待任务，而且是他先预订的，没有任何理由可以说自己就不重要。况且要在一天之内找一家可以摆20桌婚宴的同档次酒店也非易事。更麻烦的是客人还要逐一通知来宾朋友。由此给酒店造成的经济赔偿还在其次，在社会上造成的不良影响却是难以挽回的。

第二，若有可能，将婚宴临时安排到其他餐厅举办。一般酒店具备两个20桌以上的大型餐厅是不多见的；若将婚宴分到两个场地举行，一般也不会在同一楼层，势必影响整个婚宴的气氛，客人不是在“走投无路”的情况下是不可能同意的。这样安排也会给酒店内部操作带来诸多不便，所以此法也非万全之策。

第三，说服客人婚宴举行时间延迟1小时。一般来说，婚宴请帖上都注明时间。延迟1小时，肯定会造成宾客在大堂，甚至餐厅外等候，而酒店也无法安排这么多人集中休息，会使新婚夫妇尴尬。政府会议后餐厅的重新布置也需一段时间。因此，这样并未从根本上解决问题。

第四，请政府尽量提前举行会议，确保17:00能退出会议场地。同时，在开会之前提前将大部分婚宴用品置于会场一角，安排足够人力准备紧急调派，以备会议一结束即能布置现场。向客人说明实情，请求婚宴延后25至35分钟举行。这是解决问题较好的方式之一。这两个接待任务，对酒店来说都很重要，都不能推却。一方是政府机关，一方是消费金额较高的大型婚宴，所以，让两边都做出适当的让步是理想的方法，也是可行的方法。因为政府会议的时间弹性比较大，有伸缩的余地；而5月天色暗下来较迟，参加婚宴的人往往会比预定时间来得迟，一般等全部宾客到后与原定时间差半小时也属正常。关键是要把原因向双方说清楚，特别是对婚宴，酒店要做好打突击战的足够准备工作，确保能在17:30之前一切准备就绪。如处理得当，鱼与熊掌在某些时候是可以兼得的。

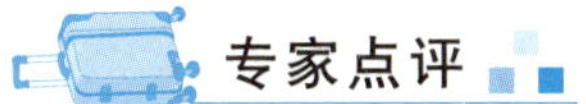

无法保证质量的任务尽量不要接，不要为了眼前利益仓促上阵，因为这样有可能导致严重的后果。质量第一、信誉至上是实实在在的道理。巧妙的斡旋加之有效的工作可以有力地促进问题解决。掌握多种会议、宴会的组织特性是非常必要的。在酒店非常繁忙时，一支训练有素、一专多能的员工队伍对酒店来说是很重要的，因此酒店应在平时多加强这方面的工作，可进行一些交叉培训，有意识地去培养多面手。

案例5　“金钥匙”超值服务

上午10点多，唐先生到酒店前厅办理入住登记手续，服务员亲切地接待了他。在服务员办理手续时，唐先生对服务员说：“我刚下飞机，有一个行李箱因装的东西太多挺重的，所以没有随身带，而是办理了飞机托运，估计下午5点才能抵达机场。恰好下午我要去参加一个会议，晚上我才能回到酒店。我想麻烦你们帮我到机场提取行李箱，你看行吗？”“唐先生，感谢您对我们酒店的信任，我们会竭诚为您服务。请您稍等，我一会儿给您回复。”服务员客气地回答道。为唐先生办好入住手续后，服务员立刻与酒店的“金钥匙”韩林联系，把客人的要求告诉了他。韩林立刻打电话到客人房间，向客人了解详细情况，如机场提取行李的凭证、行李箱的大小、航班号、抵达机场时间等。电话里，客人将这些信息一一告诉了韩林，不一会儿韩林就来到客房拿取行李领取凭证。

随即韩林利用“金钥匙”服务网络联系上了机场空港俱乐部的机场专员项先生，请他留意唐先生的行李箱。下午4点，酒店礼宾部服务员带着行李领取凭证前往机场，很顺利地就取到唐先生的行李箱。晚上7点，礼宾部服务员将行李箱送至唐先生房间。直到晚上10点，唐先生才回到酒店，看到自己的行李箱已摆放在行李架上，他心想酒店的“金钥匙”就是不一样，及时为客人解决难题，这真是一种超值服务。

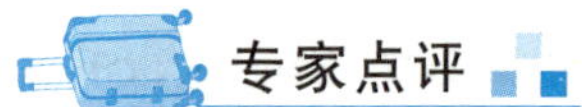

专家点评

酒店“金钥匙”有极强的人际交往能力和协作能力，在此基础上建立广泛的社会关系与协作网，掌握丰富的外界信息资源，这些资源是“金钥匙”完成各种委托代办事项的重要保障。本案例中，“金钥匙”韩林接到服务要求后，立即与客人取得联系，详细了解情况之后利用“金钥匙”服务网络及时与机场取得联系，最后安排礼宾部服务员顺利为客人取回行李箱。热情、高效的“金钥匙”服务让客人非常满意。

“金钥匙”代表着酒店的服务质量，也代表着酒店的整体形象。因而，成为一名优秀的“金钥匙”服务员，可以说是很多酒店服务人员的追求与梦想。要想最终穿上别有“金钥匙”标志的制服，服务人员应满足以下几个条件：

(1)是酒店礼宾部的首席礼宾师，且至少有三年以上委托代办服务工作经验并达到一定的服务水平。

(2)年满21岁，人品优良，相貌端庄，具备各种专业素质。

(3)有两位中国酒店“金钥匙”组织的正式会员的推荐信，一封所在酒店总经理的推荐信，过去和现在从事酒店前厅服务工作的证明文件。

(4)掌握一门以上的外语，且参加过由中国酒店“金钥匙”组织的服务培训。

满足这些条件，申请人将申请书、有关证明和文件呈送国际“金钥匙”组织中国区总部。经审核申请人符合入会资格后，申请人将收到由总部行政秘书长发出的授徽通知，经总部授权人授徽后，该申请人及其所在酒店就正式成为国际“金钥匙”组织的成员。

无论是客人的琐碎小事，还是客人委托的重要事情，只要客人提出要求，在不违反法律和道德的前提下，酒店“金钥匙”都会尽一切努力为客人提供满意的服务。

案例6　跨城联动，解决“特殊尺码”紧急难题

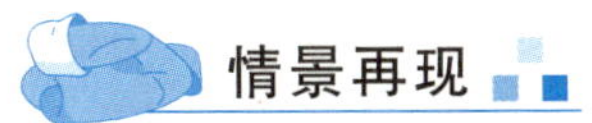

情景再现

2023年4月24日下午，广东迎宾馆当值大堂经理尹某的工作手机突然响起，住客周先生向尹某紧急求助。周先生表示后天早上需要出席一场重要的商务活动，急需一件白色长袖衬衣和一条黑色西裤，由于工作安排紧凑，这两天未能抽时间去购买衣服，希望能委托尹某代其购买衣服。尹某向周先生表示将尽最大努力为其带来帮助。

经过再三确认且考虑客人次日一早就要退房前往深圳，定制服装应该来不及。尹某抓紧时间，根据周先生提供的衣服尺码，冒着滂沱大雨迅速前往距离宾馆最近的商场购买衣服。由于周先生体型较大，穿衣尺码特殊，比较难找，尹某本着中国“金钥匙”“我们不是无所不能，但一定竭尽所能”的服务精神，经过3个多小时的步行，以及找商家、找服饰、量尺码、改西裤、熨西装等一系列的努力，终于把衬衣和西裤带回了宾馆。晚上客人回到房间试穿衣服后，联系了尹震霖，表示衬衣和西裤偏小，并不合适，希望能够换大尺码。

当时已经21:40了，怎么办呢？去换还来得及吗？还剩20分钟商场就停止营业了，加上客人尺码特殊，怕是很难换到合适的码数了，此时此刻尹某非常着急不安。客人次日一早就要退房前往深圳，且行程非常紧凑，好像已经没有任何解决办法了，客人显得十分焦急但仍抱一丝希望，希望尹某能帮忙马上弄到合适尺码的服装。

尹某先安抚了客人的情绪，表示会立即联系商家沟通且想办法尽力解决问题，交谈中，他得知客人次日将抵达深圳深铁皇冠假日酒店入住。经过与两个商家的积极联系和协调，尹某终于成功联系到深圳南山区一家分店，让他们次日一上班就将衬衣安排同城急送送到客人入住的酒店。但是西裤就没那么顺利了，西裤经过改动无法退货退款，而且深圳当地没有分店或厂家。

就在这时，尹某想到了两把“金钥匙”的含义：是为客人打开企业信息的大门，更要打开城市信息的大门。当机立断，他立马寻求深圳地区“金钥匙”会员协助。深圳“金钥匙”Tiger帮忙联系到了深圳深铁皇冠假日酒店的两位“金钥匙”同行Edmond和Dexter，并建立微信互助群携手合作保持沟通，一同努力为客人解决难题。得知尹某成功联系到了当地的金钥匙协助，客人顿时放下心头担忧。次日早上，尹某拿衬衣去广州分店退货，裤子也成功退货并换到了一件客人心仪的polo衬衣，邮寄给客人，深圳“金钥匙”会员也和客人保持紧密联系，找到当地裁缝并按照客人的尺码订制了一条合身的西裤。

最终，赶在客人出席活动前，“金钥匙”服务员把服装顺利送到客人手上。

客人表示衣服非常合身，并对尹某表示衷心的感谢，赞扬其专业、高效的服务精神，同时，他也向广、深两家酒店的“金钥匙”和跟进此事的工作人员表示感谢。他们给周先生这趟旅程留下了美好、深刻的印象。大湾区“金钥匙”的本次服务联动，深刻体现了“金钥匙”的“友谊、协作、服务”内涵。

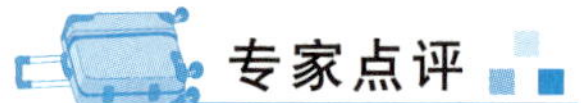

专家点评

国际“金钥匙”组织的标志为两把垂直交叉的金钥匙，代表两种主要的职能：一把“金钥匙”用于开启酒店综合服务的大门；另一把“金钥匙”用于开启城市综合服务的大门。也就是说，酒店“金钥匙”成为酒店内外综合服务的总代理。

中国“金钥匙”，在各自的岗位上努力实践着“先利人，后利己；用心极致，满意加惊喜；在客人惊喜中找到富有人生”的服务哲学，创造出了许多足以感动顾客、感动企业、感动自己的事迹。

案例7　为客人打造专属浪漫

情景再现

2020年3月15日朱先生携太太、儿子入住碧水湾温泉酒店，此次是特意与太太过8周年结婚纪念日的。前厅总机的小赵和小黄根据客人信息，为客人设计了一场温馨、浪漫的纪念日活动。在经过朱先生同意后，小黄添加了朱先生的微信，拿到了朱先生与太太不同时期的合照。小赵和小黄考虑到纪念日要有仪式感，就选取了朱先生和太太领证、婚纱照及宝宝满月的照片，并打印出来，用精美的相框装裱，将其余照片制作成折页相册，按时间顺序排列，并在每一页写上深深的祝福。

朱先生与儿子的生肖都属龙，朱太太生肖属羊，小赵便准备了相对应的生肖小公仔，放在房间茶几左右两边，寓意着家庭幸福美满。小赵根据朱先生和太太两人从相识相知、相爱结婚，再到蜜月和三口之家的过程，把每一个阶段的照片从进门到落地窗依次排序布置，同时利用彩灯进行点缀，设计出“爱的进程照片墙”，增强浪漫氛围，方便其回忆幸福时光。为给朱太太制造浪漫和惊喜，小黄特意申请将房间升级为蜜月房，小赵用气球结合照片墙布置房间，营造温馨、浪漫的气氛；小黄还交代前厅接待员为客人准备温馨的房卡套；小赵特意制作了代表爱情的纪念日贺卡，以朱先生的名义写了一封表白信给太太，感谢太太多年来的陪伴。朱先生与太太到店后对此特别满意。次日离店时，朱先生发来微信点赞，称赞碧水湾是他入住过的几十家温泉酒店中服务水平最高的。

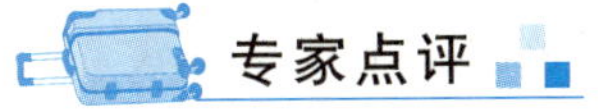

好的服务是"你让我觉得你总是替我考虑"。选择碧水湾不仅是选择了度假的住所，更是选择了一种享受的方式。朱先生给予碧水湾为他们呈现结婚纪念日服务的机会。前厅的小赵和小黄花费心思为一家三口制造了温馨与浪漫：站在先生的角度为太太打造浪漫，站在父母的角度为孩子分享幸福，站在客人的角度从客人的心理出发考虑问题，让客人感到惊喜与叹服。

亮点之一：知道客人是带着期望而来的，能够做到与客人内心的期望接轨，并超出顾客的期望。

亮点之二：善于抓住个性化的信息进行服务设计，无论是8周年的服务切入点，还是"爱的进程照片墙"，无一不显示出员工对个性化信息的充分利用与挖掘。

好的服务是设计出来的，每一个打动客人的瞬间的背后，是服务人员的极致用心、极致用情。顾客只买走了经历、体验，没有给客人留下美好回忆和值得传颂的服务是"零"服务。一项成功的服务，背后一定会有一个值得流传的美好故事。帮助顾客赢，酒店才会赢。我们只有站在顾客的角度去经营管理，努力提升顾客满意度，才能让企业在激烈的竞争中获胜。

案例8 难忘的入住体验

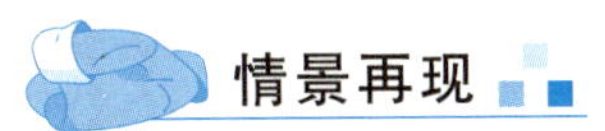

林芝恒大酒店是恒大酒店集团旗下具有藏式文化特色的主题酒店。酒店拥有102间藏族风格的客房及套房，分布在六栋藏式院落中。酒店采用藏式与现代相结合的风格装饰，唐卡、哈达、转经筒、酥油灯等藏式元素随处可见，加入了现代元素后，酒店充满藏式风情又富有时尚感，曾多次荣获"中国最佳文化主题酒店"称号。"太美了，要是能拍一套藏式婚纱照该多好啊！"一对远道而来的年轻夫妻入住林芝恒大酒店，在大堂看到了佛塔、佛像、转经筒、唐卡，尤其是工作人员穿着漂亮的藏族服饰时，被深深地打动了，妻子对丈夫发出了这样的感叹。酒店前厅服务员听到后，立即向他们表示："您好，我们可以帮您。"很快，酒店便找到了藏族服装和专业摄影师，还特别安排了一个婚礼仪式，圆了他们的雪域高原婚礼梦……

西藏林芝被誉为"藏地江南""东方瑞士"，而林芝的桃花被称为"全世界最美的桃花"，每年3—4月是林芝百里桃花盛开的时节，一年一度的林芝桃花旅游文化节便在此时举行。林芝恒大酒店每年都会适时推出桃花主题客房、藏式餐饮、特色套票等一系列优质且极具特色的产品，探访林芝的“独家秘籍”，推荐多条极具特色的赏花和感受藏文化的旅行线路，打造独特的藏式风情高品质服务，让各方宾客更好地品味藏族文化和欣赏藏地风光。

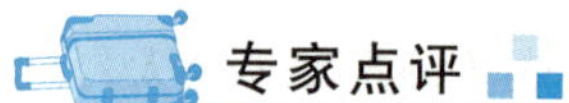

专家点评

随着消费的升级，消费者的需求不断多元化，主题酒店成为行业新贵，各种主题特色酒店在全国遍地开花。如何打造一家真正具有特色的主题酒店呢？林芝恒大酒店提供了一个好的范本：除了藏式特色的建筑、硬件和环境，更有藏族文化融入酒店的方方面面，包括客房、餐饮、旅游线路等，将藏族文化这个主题做足、做深、做透，让客人真正体验到藏族文化的特色和酒店的热情，给客人留下了难忘的入住体验。

作为主题酒店，应发掘酒店的特色，提升酒店的竞争力，打造品牌特色。主题酒店的酒店经营和服务要因地制宜，形成别具一格的品牌形象。

案例9　非住店客人寄存箱子

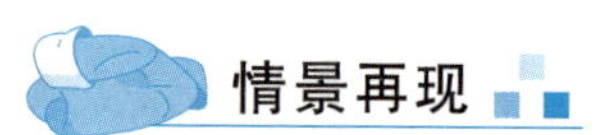

情景再现

上午9点，服务员小徐在前台值班。这时候，一位身着西服，看上去像是商务人士的中年男子，提着一个箱子快步向前台走了过来。

“您好，先生，请问需要帮忙吗？”小徐礼貌地问道。“嗯……小姐，有件事想麻烦你。”中年男子说话有点犹豫，他好像不知道要怎么开口。“先生，您说吧，我们会尽力而为的。”小徐诚恳地对客人说。

中年男子告诉小徐，他是一家公司的业务经理，姓刘，箱子里装的是一些资料和文件，下午4点，公司总经理将抵达酒店，但没有在酒店预订客房，希望到时候小徐帮忙把箱子交给总经理。“刘经理，请您放心，我会把箱子交给你们经理的。”小徐满口答应了下来，随后登记了总经理的个人信息。

下午4点20分，那家公司的总经理还没有抵达酒店，小徐只好继续等下去。又过了两个多小时，还是不见那位总经理的踪影。眼看就要下班了，小徐赶紧准备做好交班记录。就在小徐等得焦急的时候，前台的电话响了。

“前台吗？帮我找一下服务员小徐。”是上午那位刘经理打来的。“刘经理，我是小徐，你们总经理到了吗？”小徐回答。“小徐，是这样的，刚才我们总经理打电话告诉我说他和另外一位朋友住到另一家酒店去了，他急着要看那些资料，所以不得不麻烦你把箱子送过去。”刘经理对小徐说。

“好的，您放心，我会尽快把箱子交给你们总经理。”放下电话后，小徐立刻安排一名行李员把箱子送过去。四十多分钟后，刘经理再次打电话到前台，此时小徐已经下班了。他请服务员替他向小徐表示感谢，箱子已经送到了，并且解释这次是因为临时有变，但下次一定会入住该酒店。

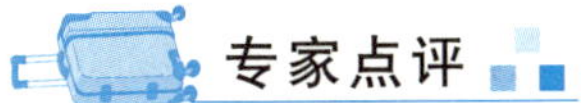

专家点评

为住店客人保管行李或贵重物品是前厅部的常规服务，而对非住店客人的行李，原则上是不予寄存的，有适当理由确实需要存放的，则应请客人出示身份证或护照等有效证件，然后登记客人的姓名、证件号码，查清所寄存物品是否符合行李寄存的条件，并且告知客人应在规定的时间内取走。

酒店的声誉是靠服务人员的辛勤汗水和优质服务换来的。本案例中，该酒店前台服务员小徐主动热情，在客人未在酒店预订客房的情况下答应为客人寄存箱子。不仅如此，小徐接收刘经理的箱子后，一直等着他的总经理抵店，临下班时还不忘做好交接工作，说明服务员小徐具有高度的责任心。而当刘经理打电话告知小徐，总经理已入住其他酒店，并希望她能够帮忙把箱子送给总经理时，小徐也毫不犹豫地答应了下来。放下电话后，小徐就立刻安排人员尽快将箱子送给对方，完成这些工作后她才下班。服务员小徐的优质服务让刘经理非常感动，自然他和他的总经理就成了酒店的潜在顾客。

案例10　当酒店收到差评之后

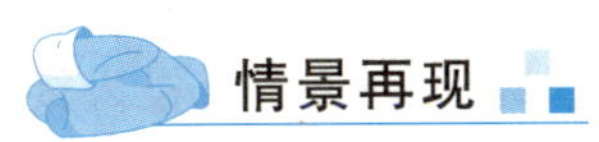

情景再现

“这是我住过的五星级酒店中最差的一家！”对着网评上这短短的一行字，于总拧紧眉头定定地看了许久，之后通知前厅部、客房部、营销部和公关传媒部经理召开简短的紧急会议。

话还要从几天前接待的一位来自北京的秦女士说起。秦女士在三天前的傍晚抵店。她告诉总台服务员，她是通过OTA预订的并已在网上付过款。总台服务员查找了一下资料后告诉她：“秦女士您好，资料显示，您预订的是明后两天的行政楼层单人间，我们已经为您预留。您提前到店了，但今天晚上客房爆满，只剩下一间套房了，建议您今晚先住套房，明晚再换到行政楼层单人间，您看可以吗？”

秦女士听后着急起来："预订的怎么会是明天呢？明明订的是从今天开始住的呀，请你看清楚！""没错，您订的是明天开始入住的。"说完，前厅服务员请秦女士看她自己当时下的单。"那是我把时间搞错了，不怪你们。今晚就先住套房吧。不过，能不能给我按预订的房费算，不要再加钱了？"秦女士也知道套房费用要比单间高，所以才有此要求。总台服务员向上面请示，但结果没有完全达到秦女士的期望，只是打了折，与她的要求还是相差了500元。秦女士虽然心里不爽，但也只好接受。这时正值冬天，酒店按规定房间供暖温度为19℃。秦女士第二天向大堂副理投诉："由于房间温度不够高，也找不到加盖的棉被，加上一上床就睡着了，今天感冒了。"虽然大堂副理向她道歉，同时告诉她可以向客房服务中心打电话要求送被子，但秦女士还是表示十分不满。她说："我住过的五星级酒店，还从来没见过衣橱里没有棉被或毛毯的。"考虑到客人的投诉合理，大堂副理当天就将此情况做了汇报，客房部第二天就往秦女士住的行政楼层单人间送去毛毯，并在开夜床时为秦女士铺上。与此同时，总经理做了批示：将秦女士多付的500元予以退还。大堂副理对秦女士提出的意见表示接受并深表谢意，秦女士当场也不再表示不满。

前厅经理也很意外，按理说，为秦女士做了后续弥补工作，秦女士也该满意了，怎么隔天就在网评上给了差评呢？于总对这次差评有自己的看法："我觉得倒要感谢她的差评，令我们清醒地认识到自己的不足。的确，哪一家五星级酒店衣橱里不备有毛毯的呢？"于总接下来转头问客房部经理："现在每个房间的衣橱里都配备毛毯了吗？""哦，还没有。"客房部经理满脸通红。"为什么呢？""我以为就是个别客人需要。如果有人要，也会打电话到房务中心的。"

于总紧抓不放："秦女士打电话了吗？没有，为什么呢？也许是因为人家怕麻烦。如果衣橱里本来就有毛毯，她自己顺便加盖了，就没有后面的感冒发生。如果是她自己没有加盖毛毯而感冒，也不至于投诉吧。所以，我们要站在客人的角度去想问题，要懂得举一反三、由点及面去改进工作啊。"大家一个个低下了头。于总问前厅部经理："秦女士预订之后，我们与她确认过入住时间等问题吗？""由于OTA没有把秦女士电话给我们，我们无法与秦女士联系，只好提前一天打电话给OTA确认，但是通过总机转分机，一直没人接听。后来我们想，以前都没出过问题，这次应当也不会有事，所以就没有再联系了。谁能想到客人自己下错单了呢？"前厅部经理无奈地说道。于总转而问公关传媒部经理："你们知道该怎么做了吧？""知道，立即跟进，网上'消毒'。""对。不过要注意，态度要诚恳，要实事求是。该检讨的要深刻检讨，该表示改进决心的要坚定表示。"

最后，于总还是给大家做了一番鼓励："一则差评不可怕，怕的是大家对此不以为然、无动于衷。如果我们改进到位了，产品和服务质量上去了，就不怕客人不给好评，也不怕消除不了秦女士差评的负面影响。"

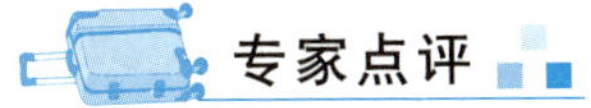

专家点评

现在客人通过网上预订已成趋势，酒店也希望通过OTA的好评来更好地宣传自己。如何把线上的客人转化为线下自己的"粉丝"？为此，酒店必须有高质量的产品提供给客人，通过优异的产品和服务来增强酒店与客人的黏性，使之成为忠实客户。

差评难以避免，只要酒店上下对客人的每一条差评都重视，就能站在客人的角度寻找问题，然后举一反三、由点及面地加以改正，不怕得不到客人的好评。

案例11　武汉酒店的手绘赏樱地图

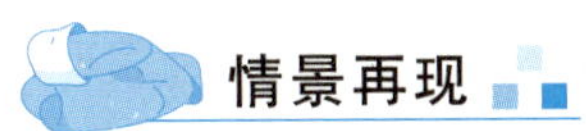

情景再现

每到阳春三月的周末，武汉将迎来赏樱高峰。各星级酒店纷纷推出独具特色的赏花游玩地图，创意纷呈，深受外地来汉赏樱客的喜爱。

在武昌，洪山宾馆制作的电子赏樱地图简洁实用，选取了四大赏樱点——武汉大学、东湖樱花园、沙湖公园和堤角公园，并标注了宾馆到赏樱点的交通时间。"现在询问到武汉大学和东湖樱花园赏樱的游客较多，但是这两处客流量太大难以预约，我们也会推荐游客去沙湖公园和堤角公园赏樱，相对来讲，人少景美。"洪山宾馆前厅部经理介绍道。

在汉口，沿江大道的江城明珠豪生大酒店和武汉马哥波罗酒店都在电子屏上设置了赏樱地图，着重推荐了汉口江滩的赏樱点。"出酒店过马路就能到，樱花品种丰富而且人流量不大，还能眺望长江，是个散步休闲的好去处。"江城明珠豪生大酒店还推荐游客前往解放公园赏花。"有郁金香、樱花等多种花争春，值得一去。"位于东西湖区的卓尔万豪酒店，也推出了赏樱电子地图，标注了武汉园博园、王家墩公园、西北湖广场、解放公园、堤角公园等赏樱点以及酒店车程时间，并推荐游客乘地铁出行，为外地游客赏樱游玩提供了帮助。

汉阳"老牌"赏樱点晴川假日酒店，推出的手绘赏樱地图纸质版被许多外地游客带走珍藏。据介绍，这份游玩地图由酒店前厅部一位员工手绘而成，周边的晴川阁、铁门关、钟家村、武汉广场、江汉路等景点和商圈，还有邮局、银行、医院等都被标注其中，一目了然。

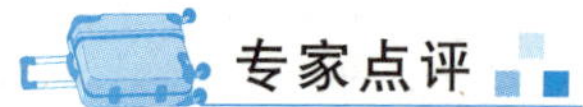

专家点评

酒店前厅是客人出行的一个中转站，而前台是这个中转站的重要一环。为客人做好出行支持，前厅也能够获得很多的好评。

(1)天气情况。根据天气情况，前台可给外出的客人提供帮助。如雨天为客人递上一次性雨衣或主动询问是否需要租借雨伞；沙尘雾霾天气，为客人提供口罩等。

(2)出行规划。在沟通中了解到客人的出行目的后，前台可根据客人的需求提供相应的帮助。

本案例中，武汉各酒店通过电子赏樱地图、电子屏设置、手绘赏樱地图的方式，给赏樱顾客游玩提供了帮助，提升了顾客体验。

案例12 酒店前厅的“百宝箱”

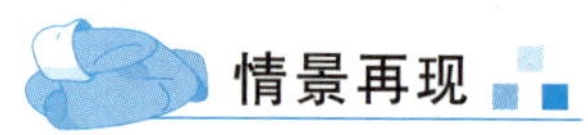

情景再现

如何更好地面对和处理不同客群的多样需求？很多酒店都会配置服务百宝箱。如果仅凭借自己的经验或模仿同行设计一个百宝箱，结果可能是自己辛苦准备的东西没有多少能真正满足客人的需求，那么酒店百宝箱究竟如何设计才能真正打动客人，甚至让客人为酒店写下好评呢？我们可以从携程外网点评中总结百宝箱服务设计。

打动20—35岁的年轻女性客人的百宝箱服务

(1)女为悦己者容，美颜用品要优先考虑，如补水面膜、化妆棉、卸妆湿巾等。

(2)另外为女性客人配备晒美神器也是很好的选择。比如自拍架、化妆镜(折叠便携)等。

(3)女性客人大多喜欢在房间内泡澡，酒店也可以为其配备沐浴套装：沐浴精油瓶/皂(视条件可配上花瓣)、身体乳、丝瓜络(搓肤)。

(4)除此之外，酒店百宝箱中还可以包含以下女士用品：暖宝宝、日/夜用卫生巾、丝袜、防磨后跟贴、洗甲水、发圈/发卡、披肩等。

让陪伴老小的客人感到满意的百宝箱服务

(1)备齐儿童用品，让宝妈宝爸们为酒店点赞：儿童拖鞋、儿童牙膏牙刷组、高脚椅、儿童餐具、一次性围兜、儿童浴盆、防滑凳、儿童沐浴露/润肤露。

(2)特色欢迎礼,让儿童从进门的第一刻便能收获惊喜:棒棒糖、糖人、造型气球、卡通钥匙链。

(3)暑期为儿童准备夏季用品,让家人拥有更放心的体验:爽身粉、拭汗手帕、驱蚊扣。

(4)儿童睡前用品,比如玩具、读物,帮助客人的孩子拥有更好的睡眠体验。

(5)如果客人的孩子还处于婴儿期,那么酒店可从以下几个维度提供贴心服务:吸奶器、奶粉冲泡专用水(依云矿泉水)、马桶/浴盆隔离套(保持卫生)等。

(6)酒店可以提供安全措施和生活用品,让老人享有更安全更方便的入住体验:浴室防滑拖鞋、防滑凳、老花镜、计算器。

(7)酒店也可以为老人提供一些益于养生的生活用品,比如泡脚盆(折叠)、茶具、按摩椅等。

(8)考虑到老人运动量较少,且因一些老年病症会经常出现身体不同部位的疼痛症状,酒店可以配备健身手球和敲敲锤,让老人能够进行一些简单的锻炼,甚至可以有效地缓解疼痛。

(9)老年人常备的健康监测、急救品:血压计、速效救心丸、轮椅/拐杖、助行器等。

令遇到困难的客人感到温暖和感动的百宝箱服务

(1)为受伤的客人提供简单的医疗用品:创可贴、纱布、酒精棉、消毒水等。

(2)为发烧的客人提供简单的医疗用品(必要时主动与防疫部门取得联系):体温计、退烧贴等。

(3)为处在生理期的女性客人/孕妇提供关怀服务:暖宝宝/热力暖贴、红糖水/姜茶、靠垫、日/夜用卫生巾、亮色系防滑拖鞋等。

(4)为醉酒客人提供关怀服务:蜂蜜水/酸奶、湿毛巾(醒酒)、防吐盆等。

专家点评

服务设计的首要环节是用户画像分析。因此,我们需要了解到底哪些客人愿意为酒店提供的服务写下好评。根据携程平台的大数据分析,我们将愿意写下好评的客人分为五类:

(1)喜欢拍照的20—35岁的年轻女性客人,她们通常有一定的文化水平,语言组织能力较强,同时乐于在网上及社交圈内,分享或炫耀自己的真实体验。

(2)陪伴老小的客人,这一类人群的满意度通常取决于所陪伴的亲属(老人、小孩)的满意度,可以理解为“只要家人说OK,几句好评无所谓”。

(3)渴望关怀的生病或遇上困难的客人,其需求就是能够解决或缓解现在所遇到的问题。当然如果您能够帮助到他们，那他们会比平常更有意愿称赞您的酒店。

(4)获得特别礼遇的客人，额外的收获让其感受到了身份的“尊贵”，出于感谢心理也更有可能为酒店写下好评。

(5)向酒店投诉的客人。这部分客人的诉求明确，如果投诉的内容酒店能够处理得当，客人就可能会从侧面感知到酒店优质的经营水平，从而留下好评。

围绕这五类客人，针对酒店目标客户，总结百宝箱服务设计，能达到事半功倍的效果。酒店百宝箱可以是一个二维码、一张纸或者一张海报。但是酒店百宝箱一定要展示给客人，客人需要时可随时提供。需要注意的是，有的酒店百宝箱里面并没有百宝，甚至一宝都没有，这样是不可取的，既然说到就一定要做到。酒店如果能执行这个“百宝箱”计划，一定会收获更多的忠实顾客，并提升酒店服务的满意度。

案例13　前厅服务的“黄金十分钟”

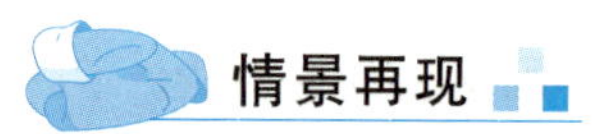

情景再现

资深酒店人曾系统分析过一家以好评服务著称的酒店的4000多条点评，发现被客人表扬最多的是“前厅服务员热情、毛巾饮品服务”(共有1824位客人重点提到)，排在第二的是服务好，总共有476位客人提到，排在第三的是免费水、下午茶、免费小吃，共有294位客人表扬。这三项好评就占到所有好评的1/2以上。那么具体哪些前厅服务最能赢得客人口碑呢？

1. 宾客个性化服务

面对不同类型的客人，建议前厅服务人员在房间安排、服务上有所区分。尤其是对老年客人、行动不便的客人，要做到细致入微、提前准备。比如北京丽维赛德酒店前厅在沟通中得知客人行动不便时，立马联系客房进行准备，如房间内的扶手加固，淋浴间地上铺更多防滑措施，前厅安排的房间更靠近电梯，礼宾部提早准备好轮椅。为了减少入住等待时间，提前和客人联系，客人到店直接去房间，客人的身份证在办理完入住手续后马上给客人送回。

2. 提前排房

尤其是对“时间就是金钱”的商务客人来说，前厅如果能够提前做好相关准备工作(比如排房、开发票)，减少客人现场等待时间，酒店自然不难赢得口碑。在排房时，对于明确表示对睡眠质量要求较高的客人，安排背向马路，且相对靠里面的房间。对于要求无烟房的客人，提前做好安排，若没有需要提前和客人说明情况。特别提醒：前厅在为客人安排房间如有特殊考量时，一定要将房间安排的特殊考量告知客人，以免引起不必要的误会，如“了解到您是和同事一起入住的，我特意安排了相邻的房间”。

3. 暖心问候

客人进入或离开酒店时，前厅服务员的一句亲切问候就能化解客人旅途上的疲惫，也能让后续的服务变得更加轻松。好的问候语，需要创造记忆点，传统的问候语为“欢迎光临”，酒店可从本店、当地、时节特色等出发，让客人更能记住。例如：一些主打“让客人感觉回到家”的酒店，问候的第一句是“欢迎回家”。而一些南方的酒店，在普通话的欢迎词前，还会加上一句当地方言。中秋、端午等时节，则可以用“中秋快乐”“端午安康”等代替传统的问候语。

这三项都属于前厅服务范畴，都是客人进门时的服务项目。“服务黄金十分钟”，在客人进门和离店时是最重要的。

作为送别客人的最后一环，好的离店服务能让整个服务更上一层楼，加深客人的印象。在这一步，前厅可以做好两件事：(1)询问感受。了解客人在店感受，若客人表示满意，可以进一步引导，让客人给予好评；若客人不满意，则询问不满意的原因，积极协调，消除客人不满，并感谢客人提供意见和反馈。(2)送上祝福。在为客人办理完业务后，前厅可送上温暖的祝福，等于为整个服务画上一个完美的句号。一些酒店会在客人离店时送上一瓶矿泉水，让客人在路上喝，也能增加不少服务体验。

专家点评

心理学上有一个“峰终效应”，它指出人们对体验的记忆由两个因素决定：高峰时与结束时的感觉。简单来说，就是客人对酒店的评价标准，来源于他在体验过程中体验感最高和离店时两个至关重要的时间节点。前厅不仅是酒店对外服务窗口与信息中枢，更是酒店给宾客留下第一印象和离店前最后印象的地方。前厅服务的好坏，会直接影响宾客的满意度和忠诚度。因此，做好酒店前厅服务，是赢得宾客心的一大法宝。好的评价源于让客人感受到超预期的体验，而对客人而言，前厅服务人员保持足够的热情，对赢得客人的信任有很大帮助。

案例14　吹毛求疵的细节精神

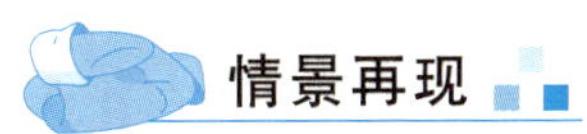
情景再现

一切细节，都要考虑到客人的需求，虽然看似单调又微不足道，却是理所当然又至关重要的。而这种吹毛求疵的细节精神，在日本帝国酒店体现得淋漓尽致。

细节一　门童每30分钟换一次白手套，随身带现钞

门童经常被称作“酒店的门面”，因为他是酒店最早接触客人的员工，也是最后一个目送客人离开的人。为了让客人从打开车门那一刻起，就感受到帝国酒店的贴心，当客人搭出租车来到门口时，门童会先从身上拿出纸钞替客人付费，让客人不会因找不到零钱或忘了换日元而手足无措。因此，每一个门童都会随时准备好现钞，放在自己的口袋中，独一无二的服务，不但让客人满意，还受到出租车司机的好评。由于门童必须替客人搬行李，手套难免弄脏，帝国酒店规定门童每30分钟换一次白手套，洗衣房天天都要洗100双白手套。

细节二　客人遗留物不是垃圾，都可“续住”一晚

在客人退房后，帝国酒店房务人员会仔细检查客人遗留物，生怕连留下的纸屑都记载着重要信息，还会好好包装，让它“续住”一晚。

这项服务因为曾有退房客人询问过“房间桌上是否留有我写的便条”才新增的。从那时起，客人留下的物品不再是“垃圾”，而是“遗留物”，即使是一张被撕破的纸张，对客人来说也可能是重要的。

担任过5年住房部客房课夜间经理的山口丰治细数：“包括报纸、杂志、笔记本、收据、空瓶、未吃完的蛋糕等，光一层楼的遗留物就高达100件以上，必须分门别类放置一天，若无人认领，第二天傍晚才会被送到垃圾场。”

细节三　总机人员每天上线前先做发声练习

每个总机人员上班后，并不是立刻去接听电话，而是先到机房开嗓子，练习发声。她们把双手压在腹部，看着门上的海报，逐字将日文五十音、接听电话的基本用语及比较难念的词汇念完一轮，约3分钟才正式上线。总机负责人蛭田瞳说：“上线前发声练习是30年前就有的传统，就像早上起床必须先刷牙洗脸一样，目的是叫醒嗓子。原因很简单，每天员工刚上班时，嗓子还没清醒，导致声音有时发不太出来，但进线的客人根本不会管这些。接线人员不能拿刚上班搪塞，一旦接起电话，说出口的第一个字就要传达热情，否则就是失礼。声音的情绪和音调的高低也都必须控制得恰到好处。”

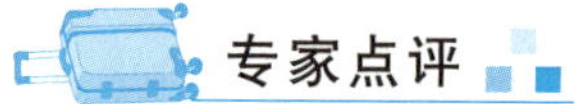

专家点评

心理学研究发现，用户对产品高度满意达成了一种情绪共鸣——愉快的使用体验，这种共鸣又反过来提升顾客对品牌的忠诚度。因此，对酒店来说，要挖掘超越住客体验的需求，就要不断进行产品创新，将惊喜贯彻到消费者整个入住体验中，才是每个酒店不

懈的追求。

“白手套”服务——源自英国皇室管家服务，通常管家们都身着修长的燕尾服，佩戴洁白的手套，用绅士般精练得体的肢体语言为客人服务。对客人而言，能够享受到如此殷勤细致、周到专业的款待是一种无与伦比的体验。从此“白手套”就成为这种极致服务的标志。

丽枫酒店也通过打造具有特色的白手套服务体系，提升客人的整体入住体验。服务员戴上白手套，呈上香巾、花茶，第一时间洗去客人旅途的疲惫，暖心又不失仪式感。“朋友式”服务也为客人提供亲切又不具压力的服务，带来宾至如归的感受。

第二章 餐饮服务与管理

第一节

新手上路篇

案例1 住店客人的早餐

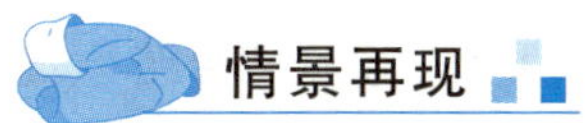

情景再现

1056房间客人邓先生反映,早上9点40分去餐厅用早餐时被告知,在8点50分左右已经有客人报其房号来用过,且当时所写的账单上居然还有邓先生本人的签字(客人明确表示他和朋友一行才刚刚起床)。最终,虽然餐厅未收邓先生费用,但是客人认为酒店随意将其私人信息泄露,要求酒店给出说法。

事后餐厅经理及接待员查看监控发现,早上8点50分至餐厅用早餐的客人实际上为1065房间的客人,1065房间的客人一行至餐厅用早餐,将房号报错,报成了1056。当时餐厅接待员没有和客人仔细核对身份信息,就将客人的房号记为1056。因客人是两大一小至餐厅用早餐的,所携带的小孩要收费,客人使用微信支付,未记入房账,所以账单也没让客人签字,接待员自己在账单上签下了1056房间客人的名字。

专家点评

餐厅接待员未准确执行核对宾客房间信息的标准操作流程,是此案例发生的真正原因。员工私自在宾客账单上签字,未按标准操作流程执行,明确违反了财务操作制度,是此案例宾客投诉的本质原因,也让宾客产生个人信息被泄露的担忧。梳理目前对客服务流程标准,严格按照标准执行,对员工加强培训。酒店应考虑早餐厅刷卡操作事宜,技防胜于人防,且节约人力成本。

案例2　虚惊一场

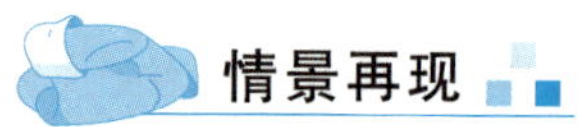

情景再现

7月15日晚上，明苑餐厅迎来家庭宾客用餐（三个大人、两个孩子）。孩子年幼却被安排在上菜区域，正在座位上玩闹。在上菜期间，服务员突然感觉身体被撞了一下，菜没端稳，汤汁晃洒，所幸滚烫的汤汁没有洒到孩子身上，但造成宾客虚惊一场。

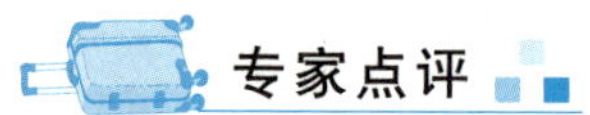

专家点评

首先，孩子年幼坐在上菜区域，服务员没有做到提醒和引导；其次，服务员为图上菜便捷，在两个孩子之间上菜，险些导致意外发生。通过培训和案例总结，一定要让服务员明白，险情发生的触点，不是孩子不小心碰到了你，而是因为你的不专业。

餐厅需加强员工服务意识培训。光就上菜服务流程而言，第一项服务员需谨记并且做到的不是别的规范准则，而是如何将菜品安全且无误地上到台面；在上菜时要注意勿在主宾之间上菜，勿在老人和小孩旁上菜，勿在正在交谈的客人之间上菜，勿从宾客头上或肩上端送。

我们总是说引领入座的必要性，这不光是帮宾客拉椅请其入座，提醒或引导宾客，避免孩童和老人坐在上菜位置，同样也是提升宾客用餐体验、展现餐厅专业细心的一种表现。上菜过程中必要的口头提醒，是不可或缺的。

案例3　红军餐

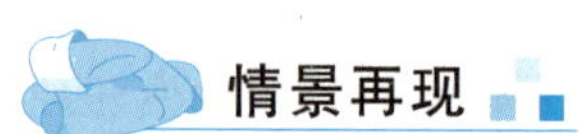

情景再现

某天上午，H旅行社客人提早30分钟到酒店用红军餐，用餐过程中投诉酒店提供的红军餐完全没有达到他们预想的效果，他们表示不满意。主要反馈问题为：烹饪锅未洗净或已明显生锈，食材前期准备不充分。

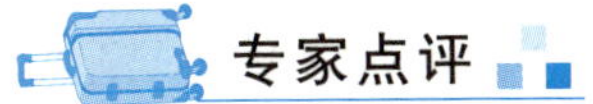

虽然宾客比原计划提早30分钟抵店，但酒店对此次团队接待意识上不重视、红军餐前期准备不充分的问题确实暴露在宾客面前。厨房对红军餐所需的烹饪设施设备没有做好日常保养工作，导致锅具生锈。对于酒店重点推出，能增加宾客体验感的拳头产品——红军餐，尤其需酒店关注并跟进好每批次宾客的反馈，不断对产品进行完善和调整。

营销部需重视并做好每批次团队宾客接待计划，并及时通知和更新酒店各部关于团队宾客抵离店信息。餐厅、厨房、其他部室及时做好各项团队接待的准备工作。厨房严格按照五常法操作，对烹饪设备工具做好日常的清洁和养护工作。

酒店对红军餐工作流程重新进行了规划及梳理，对岗位职责再次进行了线条化明确。营销部负责红军服、重走红军路线安排；中厨房负责菜肴、锅具和调料提供，以及烹饪技术指导；保安部负责生火及烹饪过程中的安全保障；餐厅负责摆放餐桌、提供餐具、运送所有物品及用餐结束后的收尾。

案例4　带虫的玉米

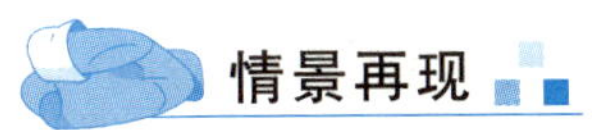

夏天某日，某酒店来自四川和新疆的住店客人到餐厅用餐，点了酒店有机农产品玉米，用餐结束后客人至前台投诉，称菜品不合口味，玉米里还有虫没清理干净。在携程网上客人给予3.8分的差评。

经调查是入住5011房的通过携程网预订的客人。在用餐过程中，所点的农家蒸玉米里面确实有玉米虫没清理干净，他们也向餐厅反映了。该玉米出自酒店的开心农场，作为亮点出现在餐饮中，因是有机无污染农产品很难避免有玉米虫，且为保证原汁原味，是带壳蒸煮的，厨房出菜时检查不够细致。用餐过程中客人提出此质疑时，餐厅管理人员没有第一时间有效妥善地处理，导致宾客离店时有怨气。这批客人来自新疆、四川，本身比较重口味，酒店提供的南方菜肴对宾客来讲过于清淡，所以他们反映菜品口味不佳。

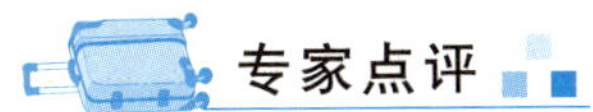

在做开心农场菜肴时，餐厅多与宾客做些沟通及介绍，它的先天缺陷恰恰是纯天然

有机无污染农产品的优点，关键是餐厅如何巧妙地提前沟通。

厨房在加工新鲜有机无污染农产品及成品出品时需仔细检查，加强食品安全卫生把控。餐厅需加强与零点宾客的沟通交流，从而了解宾客口味，前台服务员及时反馈给厨房，厨房进行有针对性的口味调整。

案例5　香菇牛肉粥

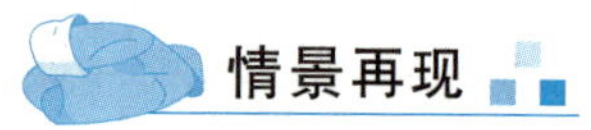

情景再现

某日晚上7点，私享厨房客人下单香菇牛肉粥，但厨房没准备货品，且未及时告知餐厅前台下线该菜肴，导致菜肴长时间未送出，客人投诉。

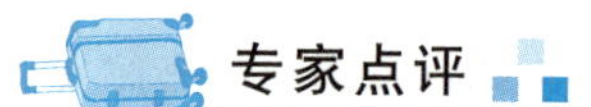

专家点评

厨师对于外卖的货品未提前进行备货，导致货品缺失。在出现备货问题时，厨房未能第一时间与餐厅进行沟通，没有及时将未准备的菜肴进行下架处理。餐厅没有执行相关的检查监督机制。需要建立厨房外卖菜品的备货检查监督机制：谁负责，谁监督，职权分离，互相牵制。用制度管人，用流程管事。

在出现特殊情况时，厨房、餐厅前后台沟通、反馈机制通畅尤其重要，已出现的问题绝不能暴露于宾客前。

案例6　催促结账

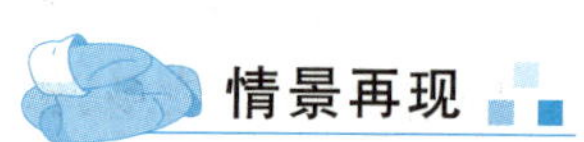

情景再现

某天晚上，三位客人在一家酒店的中餐厅用餐。他们在此已坐了两个多小时，但仍没有去意。服务员心里很着急，她到他们身边站了好几次，想催他们赶快结账，但一直没有说出口。最后，她终于忍不住对客人说：“先生，能不能赶紧结账？如想继续聊天，请到酒吧或咖啡厅。”“什么！你想赶我们走，我们现在还不想结账呢。”客人听了她的话后非常生气，并且仍然不愿离开。

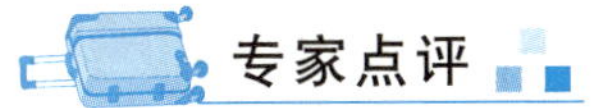

专家点评

此例告诉我们,在结账时,一定不要直接催促客人,而要通过热情和耐心的服务提醒他们结账。如对客人说:“这么晚了,回去时一定要小心。请您少喝点酒,注意身体,回去后要早些休息。”

一旦客人示意准备付账,应当迅速办理,把消费金额既快又准地算好,手脚麻利地收款和找零。在客人表示要动身离去时,如果收银员还不能及时结账,那对客人来说是很不礼貌的。结账清单应一目了然,保持原状,避免涂抹、刮擦。作为结账的重要凭据,菜品类型、数量及价格,是常常引发争议的地方。在未采取表格形式点菜的餐厅,服务员手写时应当字迹工整、易于辨认。结账后,客人还未离开的,服务员应继续提供相关服务。

案例7 唱收唱付

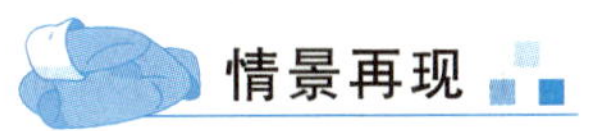

情景再现

傍晚时分,小李和他的一位朋友来到市中心一家新开的酒店就餐。在他们准备付账之际,服务员上前说:“两位先生今晚一共消费了1220元。请问哪位买单?”此时,小李面露不悦之色,当着朋友的面对服务员说:“请你不要大声嚷嚷好不好?我是不会赖账的!”服务员听到客人这么说,一时惊得手足无措。

专家点评

本案例中,服务员结账时的“唱收唱付”显然未考虑到客人的心理需求。因为一般用餐的客人,大都不希望让他的朋友或邻桌不相识的人知道他们这顿饭花了多少钱。

当客人用餐完毕示意结账时,服务员应立即到收银台取出账单,仔细核对,并用账单夹或收银盘将账单递送给客人,不主动报账单总金额。客人付现金后,应礼貌致谢,并用账单夹或收银盘将现金送到收银台办理结账手续;然后用账单夹或收银盘将找回的零钱和发票送交客人,请客人当面清点。

案例8　酒店后厨

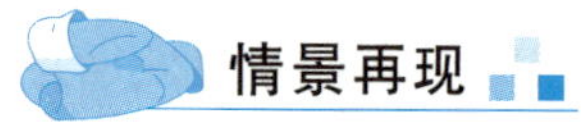

情景再现

某市卫生监督部门一工作人员在某酒店餐厅后厨“暗访”时见到了这样一个场景：洗菜的师傅将一些长长的青菜丢进一个大盆里，然后在水龙头下随便搓几下，马上捞出来放进旁边一个已经看不出颜色的塑料篮子里；而青瓜、苦瓜等瓜类的清洗更是简单，放在水里浸一下便捞出来，几乎没有经过浸泡。而厨师从菜篮里抓起菜，放在沸水中烫一下，便捞出来放在碟子里，接着另一个厨师便将一些调料放进去，然后用手把菜摆放得更漂亮一点，一盘凉拌菜就这样“制”成了。

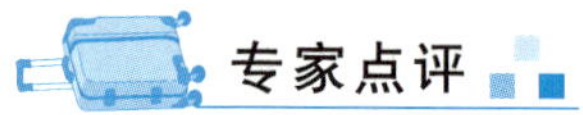

专家点评

食品卫生安全是餐饮的重中之重。该酒店后厨缺乏规范的操作流程，对员工的培训和监管不到位，导致一系列卫生安全问题和隐患。

加工前酒店厨房应认真检查待加工食品，发现有腐败变质迹象或者其他异常的，不得加工和使用。动物性食品、植物性食品做到分池清洗，水产品宜在专用水池清洗，禽蛋在使用前应对外壳进行清洗，必要时进行消毒处理。食品原料必须清洗干净，不得留有污垢。清洗好的食品原料须放在清洁的容器内，盛放净菜的箩筐不得着地堆放，盛放动物性、植物性、水产品原料的容器宜专用，并应放置在固定的位置，与标识内容相一致。食品粗加工产生的废弃物与垃圾应及时放入废弃物容器，并及时加盖。

案例9　自带酒水

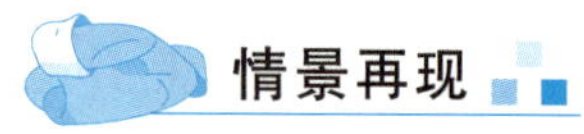

情景再现

一天，三位客人正在某酒店餐厅用餐。这时，其中一位从随身带的手提包里取出了一瓶酒。服务员小李看到客人自己拿出了酒，就非常热情地说：“如果各位喜欢饮用自带的酒，我马上为你们打开。”客人们互相看了看都点头表示同意。小李马上送上酒杯，打开酒瓶，主动为客人们斟好酒。等到结账时，客人发现账单上有“开瓶费50元”，当即表示拒付，因为服务员事先并未向他们说明开瓶要收费。

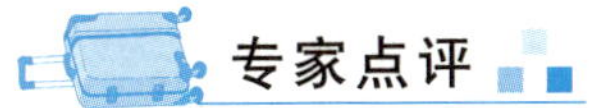

专家点评

客人自带酒水来餐厅用餐，服务员小李没有事先说明酒店的规定，客人结账后才发现多了50元的开瓶费，导致客人拒付。

客人自带酒水来餐厅用餐时，服务员应向客人说明餐厅需按规定收取开瓶服务费。征得客人同意后，给客人摆好相应的酒杯，并为客人提供配套服务，如威士忌一类的酒应送上冰块，加饭酒一类的酒应给予加热。

案例10　失望的客人

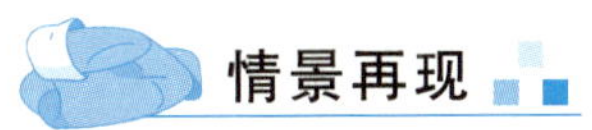

情景再现

某酒店西餐厅，几名服务员在餐厅里有条不紊地准备着，餐桌已经布置好，接着服务员开始整理着装，面带微笑，端正地站在门口准备迎接客人的到来。没过多久，两位客人兴致勃勃地来到包间，服务员热情欢迎。进入包间后，服务员为客人拉椅让座，把提前准备好的毛巾、果汁送到客人面前。随后服务员为客人送上第一道菜——鱼子酱，旁边配了一把塑料汤勺。当客人享用完鱼子酱后，把用过的餐具放在餐桌的一边。这时，站在客人旁边的服务员却没有任何反应，她既没有询问客人是否还要添加餐品，也没有将客人用过的餐具撤换下来。紧接着服务员为客人端上了洋葱汤，可是服务员上完汤后忘记了为客人准备这一道汤所需的餐具，客人只好用吃过鱼子酱的勺子喝汤。客人喝完汤后，服务员陆续为客人端上副菜、主菜、甜品，最后为客人斟上咖啡。酒店提供的西餐菜品都非常可口。然而在客人用餐过程中，由于服务员没有及时地撤换，餐桌上摆了不少用过的餐具，客人结账后失望地离开了包间。

专家点评

本案例中，服务员缺乏主动服务的意识与基本的服务技能，既没有主动询问客人是否需要添加餐品，也没有及时为客人撤换餐具，使得客人遭遇了一次不愉快的用餐经历。酒店应该加强对服务员的培训与考核，保证每一名服务人员都可以为客人提供优质的服务。而对出现失误的服务员应进行再次培训，直至考核合格后才能上岗。

在服务程序方面，西餐与中餐有较大的不同，从餐前准备到上菜顺序，再到用餐结束，西餐服务有着比较固定的程序。通常，西餐服务可分为以下几个步骤：

1. **布置餐台**

根据客人订单要求布置餐台，先将台布铺在餐桌上，然后按列出的菜单将刀、叉、勺等餐具，以及咖啡具、茶具、糖盅、椒盐瓶等，依次摆放在餐桌上。餐具的数量和种类，由餐会的正式程度以及人数的多少而定。人数越多、越正式的餐会，刀、叉、盘、碟等餐具就摆得越多。

2. **上菜服务**

客人入座后，根据客人的需要，按照男女老幼的次序，为客人斟上酒水或饮料，接着服务员开始为客人上菜。西餐上菜的顺序是比较有讲究的，通常为开胃品、汤、副菜、主菜、蔬菜、甜品，最后是咖啡或茶。

3. **结账送客**

客人用餐接近尾声时，服务员应将消费清单交由收银员结算出总账单。

案例11　小费

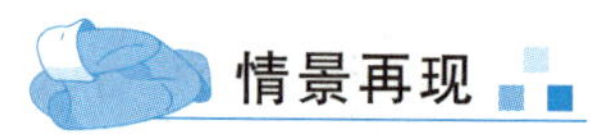

情景再现

一天晚上，某大型酒店1201房的客人打电话到餐厅要求送餐服务。过了20分钟，实习服务员小崔推着餐车抵达客人房间。他先向客人致意问好，然后按照客人的要求，将食品、餐具摆放好。客人用餐完毕后，小崔双手将账单呈递给客人，请客人过目。待客人签单后，小崔礼貌地向客人道别。就在小崔准备关上房门时，客人把小崔叫住了，并交给他100元现金。当时小崔误以为客人给的是小费，于是没多想就把现金收下了，然后退出客房轻轻关上房门。

几天后，1201房的客人来到大堂前台结账离店。收银员将消费明细清单交给他核对。客人很细心地看着，当他看到一笔90元的送餐明细时，疑惑地向收银员询问道："小姐，这笔消费有误，那次在房间用餐后，我给了服务员100元现金。一次送餐怎么可以收两份钱呢？麻烦你再查一查。"收银员向客人表示了歉意，请客人稍等，接着就打电话到餐厅部反映此事。送餐组负责人立即把当天为客人送餐的小崔叫来，询问他到底是怎么回事。小崔这才恍然大悟，原来那天客人给的100元是送餐费，自己却把它当作小费收了下来。解释清楚后，小崔连忙赶到大厅，向客人道歉："先生，真是对不起，给您添麻烦了。"说着将100元现金交还给客人，并再次向客人表示歉意。看到小崔态度诚恳，客人没有再追究，结完账后就离开了酒店。事后，餐厅经理看小崔工作表现较好，且及时将误收的现金如数还给客人，所以没有将其辞退，而是给予扣半个月薪资的处罚。

专家点评

本案例中，客人用完餐后，以签单的方式结账，而后又给了服务员小崔100元现金。此时，小崔稍加思考就能够判定，客人可能对酒店的送餐结账规定不太了解，所以才出现既签单又付现金的状况。此外，小崔也没有用心分析，工作中粗心大意。客人所给的现金是100元，与餐费90元相近，这时候他就应向客人征询是否改为用现金结账。上述情况，小崔都没有考虑到，所以才会误将客人付的送餐费当作小费了。

为避免类似的情况发生，给客人送餐时，服务人员应向客人说明酒店送餐结账的方式，以提醒客人根据自身需要选择相应的结账方式。总之，在服务过程中，服务人员要勤于思考，仔细分析，尽量避免出现差错。

案例12　卫生间

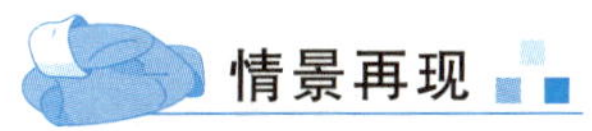

情景再现

在某城市一家星级酒店的餐厅里，刚把皮包放好、准备点菜的华先生突然感到不适，忙问服务员卫生间在哪里。服务员告诉他餐厅里有一个，在离餐厅较远的商品部附近也有。华先生急匆匆地进了餐厅的卫生间，一进门便踩了一脚水，同时一股难闻的异味迎面而来。“天啊！这哪里是酒店的卫生间啊？这明明是一个污水池嘛。”华先生望着已经流到门口并继续漫延的污水，差一点作呕起来。出于无奈，他屏住呼吸快速方便后马上跑了出来，没想到刚出门便滑了一跤。“我要找你们经理投诉。你们的卫生间又脏又臭，门前也不铺地毯，害我摔了一跤。”华先生怒气冲冲地向服务员叫喊着。“我们这里的卫生间主要是为工作人员设的，楼下商品部旁边还有一个，您最好去那里。”服务员推脱道。“楼下的卫生间也是很脏的，而且不好找。”一位食客站起来大声回应着。华先生又怒火冲天地找到餐厅经理投诉。没想到经理也敷衍地回答：“卫生间是有异味，中国人上厕所不太讲究……”华先生怒不可遏：“你们太不像话了！星级酒店餐饮的卫生环境糟糕到这种程度，简直难以置信！我要继续投诉你们，要让大家都不来你们这里吃饭。”华先生拿起皮包与同伴们悻悻离去。餐厅内的气氛顿显凝重，几位食客不知什么原因也站起身悄然离去。

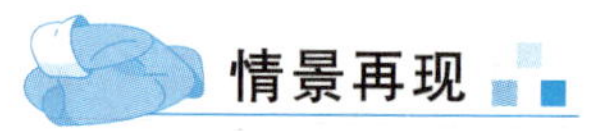

专家点评

该案例中服务员和经理的做法，让人实在不敢恭维。他们不具有星级酒店服务人员的服务素质和服务意识，工作不积极主动，出现问题推脱，其行为激怒了客人。由此可以看出，该酒店在管理上存在漏洞，只讲前厅服务，不注意环境卫生、餐前服务，不重视餐前的迎客准备工作，缺乏替客人着想的服务意识。虽然现在餐厅生意兴隆，但这样的恶性循环势必会失去客人，失去市场。

在客人的感受中，判断一个酒店环境的好坏，公共卫生间的清洁程度起很大的作用。大多数经营很好的餐厅，都设有条件很好的卫生间。如我们光顾麦当劳或肯德基等快餐店时，一定会对那里卫生间的清洁程度有较深的印象。卫生间的环境一定要高标准、严要求，要让客人感到舒适、方便，使客人在就餐的过程中感到圆满、放心，这样就餐活动才能得以顺利进行。

案例13　打包剩菜

情景再现

在某家酒店的餐厅里，坐在12号台的客人把值台服务员小蒋叫过来："你们是怎么搞的，连打个包都弄错？""怎么会搞错呢？"小蒋仔细回忆了当时的情景：12号台和21号台同时要求打包，一个打包的是西湖醋鱼和盐水虾，一个打包的是钱江鲻鱼和黄金糕。小蒋正在分别打包，这时候，就听到26号台的客人叫服务员。小蒋只得暂且放下正在打包的食品，去为26号台的客人服务，服务完毕后，小蒋马上回来把这两份包打好，分别交给了12号和21号台的客人。结果送错了包，引起客人不满。

专家点评

客人留下的剩菜，你在为其打包分装时，应当像完成其他服务项目一样，认真对待。你应当很珍惜地对待客人的剩菜，使客人感到你为本餐厅有精美的菜肴而自豪。

在打包时，应设法将菜肴安排得赏心悦目，同时为客人添加一点令人意外的惊喜。比如加一两片装饰性菜叶或添一点调料包之类的。当客人再次打开你为他们打包的剩菜时，发现你在上面花费的心思，他们不免会感到惊喜。这惊喜会使客人把你的优良服务和餐厅的优质菜肴相联系，从而吸引客人今后不断光临，成为老顾客。

案例14　效率与质量

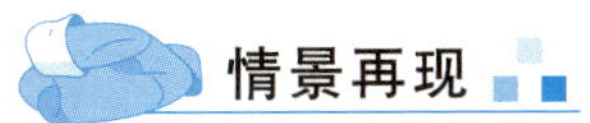

情景再现

一家四星级酒店，餐饮部下属的客房送餐部负责为下榻的客人提供送餐服务。送餐部的服务人员忙碌地为下榻的客人送餐，因为许多客人喜欢在客房内用餐。这天中午，值班员小朱接到1789房间打来的电话，客人要求以最快的速度送些食品到房间。由于客人不习惯吃西餐，要求提供中餐菜点。小朱告诉客人订中餐等候时间稍长，便推荐了两个快菜和一份炒饭，客人表示同意。小朱马上打电话通知厨房配餐，然后又开出账单，催促送餐服务员马上去厨房取菜。大约过了半个小时，值班员小朱接到为1789房间送餐的服务员打来的电话，他告诉小朱，1789房间的客人因为等候时间过长，显得很不高兴，已离店而去，经过大堂时，将一封投诉信交给了大堂经理。后经调查，厨师在配餐过程中，将配菜的顺序搞错了，致使服务员没有及时将1789房间的客人订的菜和炒饭送到，耽误了客人用餐，引起了客人的不满和投诉。

专家点评

此案例中引起客人投诉的原因有两个：其一是送餐服务员去厨房取菜时没有及时催促厨师优先为送餐服务制作，而是在一旁不急不忙地等候，耽误了宝贵的时间；其二是中午厨房任务重，厨师在匆忙之中没有将送餐值班员电话通知的订餐单放在优先制作的位置上，配菜慢加上烹制时又搞错了顺序，当然耽误时间。所要吸取的教训在送餐服务员与厨房两个岗位的衔接上，两者要配合得更加默契。因为送餐服务与餐厅服务有一定的区别，送餐还有一段路要走，所以厨房在接到送餐的订单时，一定要本着优先配菜、优先烹制的原则，先满足送餐服务的需要。

送餐服务员一旦接到订单，就要立刻投入工作，抓紧时间准备好送餐用具，以最快的速度将客人所订的饭菜送到，满足客人的需要。

案例15　飞舞的苍蝇

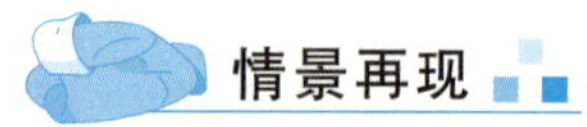

情景再现

一位客人来酒店餐厅就餐，在菜肴还没有上来之前，先几口喝光了一杯冰啤酒。上菜以后，客人招手叫来服务员，声称有只苍蝇在附近飞来飞去，毁了他的就餐心情，表示不愿付账。那个服务员束手无策，只好说："苍蝇在空中飞，我哪拦得住？"

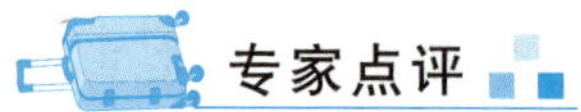

专家点评

本案例中所述的情况确实很棘手，服务员可以向主管汇报，并从两个方面着手解决：如果该客人在投诉时，确实因没有就餐的情绪而未动过盘中的菜肴，在这种情况下应向客人道歉并请示主管同意客人不付这道菜的钱。如果该客人在投诉时，已将盘中的食物吃完或并未有任何迹象表明"毁了他就餐的情绪"，那么，可向他解释不能销账的理由，但可免费供应一杯饮料以缓和客人的不满情绪。这样处理，客人一般不会再有意见。绝不能像案例中的服务员那样束手无策，只会说"苍蝇在空中飞，我哪拦得住"，这样只会增加客人的不满情绪。

服务员面对客人投诉时，要尽量避开在公共场合处理，而应客气地引客人至合适位置。态度诚恳，心平气和地认真听取客人的投诉，无论是否正确，中途不要打断。表示虚心接受，向客人致谢或道歉；对客人提的不实意见也不要说"没有的事""绝不可能"等；将自己无法决定的事报告给主管、领班以决定解决措施，避免客人投诉；尽量减少影响。

案例16　实习生

情景再现

岁末的一天晚上，某酒店宴会厅内灯火辉煌，一家公司的员工宴正在进行中。凉菜吃得差不多的时候，服务员们为客人端上了一道道造型精美、味道可口的热菜。过了一会儿，服务员们又穿行在餐桌之间，此时他们奉上了酒店秘制的羊肉汤，冬天里喝上这样一碗热汤再舒服不过了。正当一名服务员将汤送至5号桌时，服务员不小心滑了一跤，大碗羊肉汤立刻洒在地上，汤汁溅到客人的身上。客人被烫得大叫了一声，并不断地用手抖衣服。客人非常生气，领班闻声连忙赶了过来，向客人道歉，解释说："实在对不起，这些服务员是实习生，刚来没多长时间，服务操作还不熟悉，请多多包涵……"领班话还没说完，愤怒的客人打断说："就算是实习生，你难道不应该先问我有没有烫伤？"接下来又是经理出面，又是领班、服务员赔礼道歉。本来气氛不错的宴会，被这一意外事件弄得尴尬收场。

专家点评

酒店服务员出现失误、引起客人投诉时，现场督导人员常用"对不起，这些服务员是实习生"之类的话语来敷衍客人。然而，这种做法往往会适得其反，让客人更加不满。酒店不应急于让新来的员工独立上岗操作，可以安排新员工做一些相对简单的工作，如打扫卫生、收拾餐桌等。经过严格培训，并且考核合格后，新员工才可以进行独立作业。

新员工独立上岗，开始逐步做一些难度较大的工作时，领班或"老员工"应跟进观察，发现问题要及时纠正，随时"补位"，事后要传授相关的服务经验，使新员工更快熟练酒店各项服务工作。如今，酒店员工的流动性大，不断有新员工进来，为使他们能够做好服务工作，以老带新和"补位"就显得非常有必要。作为现场督导人员，领班要迅速赶到，向客人表示真诚的歉意。道歉时，领班应注意语言得体，态度诚恳，解释清楚，切不可闪烁其词，敷衍了事。本案例中，客人被烫后，领班虽及时赶到，但因为解释欠妥，也没有及时询问客人状况，不但没有使客人情绪稳定下来，反而火上浇油，让客人变得更加愤怒，最终破坏了原本热闹的宴会气氛。出现问题后，服务人员不要光想着逃避责任，而应认真地去面对，及时采取补救措施，尽量消除客人的不满。

案例17　谁是主宾

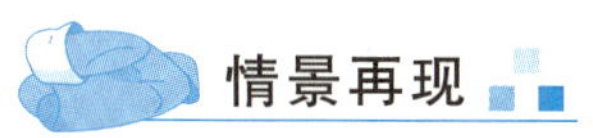

情景再现

某集团公司的严总经理视察工作。晚上，分公司的夏经理在严总经理下榻的一家四星级酒店设宴为他接风，陪同出席的还有几位分公司各部门的负责人。严总经理是一个非常随和的人，穿着打扮也很一般，旁人很难看出他是某集团公司的总经理。入座时，严总经理选择坐在"主宾"的位置上，夏经理只好按照他的意思坐在"主人"座位上。夏经理事先已要求餐厅高规格接待，餐厅负责人自然不敢怠慢，所以就安排了一位主管全程督导并配合服务员服务。

入座后，服务员开始为客人上香巾。然而，服务员最先送上香巾的不是主宾严总经理，而是坐在他左边的夏经理，然后再按顺时针方向为其他客人一一送上，这样严总经理最后才得到自己的香巾。这可把夏经理给吓坏了，心想这服务员是怎么做事的，这么不懂礼节，主宾位置上的才是最重要的客人啊。夏经理一边陪严总说着话，一边看了看站在服务车旁边的女主管有什么反应。这位女主管见夏经理注意到她，也只是礼貌地微微一笑，却没有其他任何行动。

为客人上好香巾后，服务员随即开始为客人倒茶。没想到，这次服务员最先上茶的依然不是主宾严总经理，而是夏经理！夏经理坐不住了，他笑着对女主管说："这位是我们公司的总经理，这次入住你们酒店，你们可要好好服务。"女主管这才明白过来，一脸尴尬走到服务员身边，对服务员窃窃私语一番。只见服务员顿时面红耳赤，低下头一时不知该如何是好。

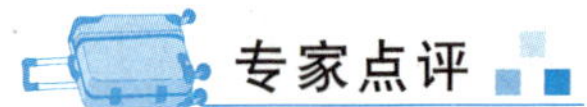

专家点评

本案例中，服务员上香巾、上茶都从主人位上的夏经理开始，这显然是不对的，应从主宾位开始，然后顺时针依次为其他客人服务，况且主宾位上的严总经理的级别要比夏经理高。这说明餐厅管理人员平时对服务规范要求不严，信息沟通不畅，以至于出现服务失误。现场督导是十分重要的，督导员要熟练掌握各项服务技能，要善于察言观色，能够及时发现问题，并迅速把问题解决掉。本案例中，在夏经理给女主管暗示时，女主管就应该立刻意识到服务员的操作出现了问题，她可以亲自为客人服务，以提醒服务员改正错误。

一般情况下，正式或大型宴会都会排席位，每张餐桌上的具体位置都体现了主次尊卑。依据国际礼仪标准和中国传统礼仪要求，餐桌上面向门口的位置为主位，这个位置应由主人落座。由主位开始，其右侧为主宾位，左侧为副主宾位，再右侧为主陪位，再左侧为副主陪位……以此类推穿插进行。餐桌上，与主位正相对的座位，一般坐的是本桌主陪中年龄最小或职务最低的人员，但如果男女主人同时在场，落座此位置的应是女主人，且以男主人为第一主人，女主人为第二主人，主宾和主宾夫人分别坐在男女主人右侧。

当然，如果主宾的身份高于主人，应将主宾安排在主人位上就座，主人则坐在主宾的位置上，以表示对主宾的尊重。关于宾客席位的安排，餐厅要遵从宴会组织者的意愿。餐厅要弄清楚的是，餐桌上哪位客人是主宾，哪位客人是主人，而哪位客人又是级别最高的。只有了解这些信息后，服务员在为客人上茶、上菜、倒酒的时候才不会出现差错。

为客人倒茶或倒酒时，服务员都应先给主宾倒，再给主人倒，然后按顺时针方向依次为其他客人倒茶、倒酒。上菜时，如果由服务员为客人取菜，应按照先主宾后主人，先女宾后男宾，按顺时针方向依次进行；如果是客人自己取菜，每道菜应先放在主宾面前，再由主宾开始按顺时针方向转动摆放。

老将出马篇

案例1　满意的午餐

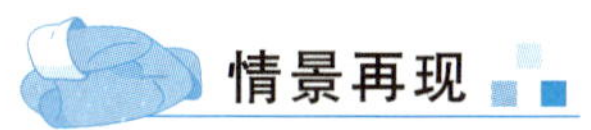

情景再现

周末中午，雷先生一家三口来到北京某酒店的中餐厅用餐。点菜时，服务员微笑着询问雷先生想吃什么。雷先生考虑了一下，告诉服务员，想要一些口味清淡、不太辣的菜。于是服务员向他们推荐了几样中高档的广东菜，并介绍了广东菜的特点。

"广东菜主要由广州菜、潮州菜和东江菜组成，讲究原料加工方法，口味清淡鲜美，突出菜的质量和原味。比较有名的菜是'红烧大裙翅''片皮乳猪''清汤鱼肚''一品天香''冬瓜燕窝''油爆虾仁'等。我们餐厅有从广州白天鹅宾馆请来的特级厨师，加工的菜都保持了广东菜的正宗风味。如果您感兴趣，可以在我给您推荐的菜中挑选几样尝尝。"听了服务员的介绍后，客人很放心，并按服务员的推荐点了菜。每上一道菜，服务员都热心地为他们介绍，使他们在进餐过程中对食物充满了兴趣。

用餐快结束时，雷先生又告诉服务员，希望能打包一份味道鲜美、质量上乘、适合老人享用的菜，他准备带回家给行动不便的老母亲品尝。服务员热情地为他推荐了"燕窝鱼翅煲"，并告诉他此菜营养丰富、质量上乘，属于粤菜中的精品，非常适合老年人食用，并且外带都进行了精心的包装。雷先生临走时感激地对服务员说："虽然这顿饭我花了不少钱，但我非常高兴，对你的服务非常满意，有机会还要来这里吃广东菜。希望下次你能为我们推荐一些味道更好的菜。"

专家点评

在餐饮推销服务中，一定要注重优质服务和周到服务。只有在优质服务的基础上才能取得客人的信任，保证推销的效果。本案例中的服务员在了解了客人的口味特点后，适时、适度地为他们介绍了广东菜的内容，并在上菜过程中继续推销，详细介绍菜品的特点，引发客人的兴趣。其周到服务满足了客人的心理需求，使推销服务的进程十分顺畅。

有推销意识，才能在餐饮服务的全过程中不断发现推销的机会。本案例中第二次推销的机会就是在客人用餐结束并赢得客人的信任之后产生的。服务员的推销再次激发了客人的购买欲望，使得客人继续消费。

案例2　一声巨响

情景再现

一天，某酒店的厨师们都像往常一样有条不紊地开始餐前的准备工作。突然，只听见厨房里一声巨响，然后一个火团从炉膛里蹿了出来，通红的火光映红了每一个厨师的脸庞，每一个人都惊呆了……但这一“惊”是短暂的，大家马上反应过来，有的厨师立即拿起可以用来熄火的锅盖，几个手脚麻利的员工迅速拿起灭火器，打开消火栓对准火焰的根部喷了起来，很快火就被扑灭了。

专家点评

经调查得知，原来是一个厨师在炸食品时忙中出错，不小心把油漏进了炉灶内，于是就出现了刚才的一幕。这一幕如果处理不及时就真的要造成不可挽回的损失。好在该酒店这支厨师队伍训练有素，平日酒店安全、消防知识培训到位，所以避免了一场险酿大祸的火灾。

在各种灾害中，火灾是最经常、最普遍的威胁人身安全、财产安全的主要灾害之一。厨房更是酒店最容易发生火灾的地方。餐饮部可以从燃料、油烟、电路、油品等方面入手，做好排查，并有效组织员工进行消防演练。

案例3　节外生枝

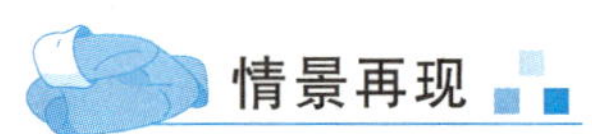

情景再现

南方某大酒店的餐厅接到1214房来电，客人要求送4份红肠炒饭到房间。服务员放下电话即与厨房联系。这份差事落到服务员小张身上。正待送去时，不料酒店电路出了故障。小张在昏暗的烛光下，找了一个方托盘，盛放4碗炒饭，正欲举步时，念头一转，酒店断电后电梯不能运转，爬12层楼梯真够受的，何况是在黑暗中摸索上楼。犹豫一阵后猛然想到，此时正值寒冬，空调机不能使用，客人在漆黑的房间里一定饥寒交加，他们正渴望吃上一口香喷喷的热饭。现在是客人最需要服务的时候，酒店员工没有任何理由让客人失望。一想到此，她端起托盘便从消防通道上去，一口气来到了12楼。当她叩门时，两条腿好似灌了铅一般沉重。操着广东口音的客人连声感谢，小张感到浑身舒坦。她正想请客人签单，不料又节外生枝。不知何因，这几位客人只肯支付现金，不愿签单。那就是说，她必须步行到1楼付款台替客人结账，然后再返回12楼交账单！小张虽然想到这些麻烦，但仍接过现金，转身便向楼梯口走去。当再次出现在1214房时，她差点瘫了下来。一位客人把她扶到椅子前，看到她满脸通红、气喘吁吁的模样，很不好意思。他说他压根儿忘了电梯不能使用，不然的话绝不会不通情理到这个地步。“不，应该道歉的是我们，由于酒店断电给你们带来了不便，我上下走两次只能稍稍弥补酒店给你们添的麻烦。感谢你们给了我提供服务的机会。”小张的话字字发自肺腑。

专家点评

本案例发生于酒店断电之时，小张坚持按服务规范办事，充分表现了她的训练有素。但客人用现金付款时小张可以向他提议改为签单，这样可免去她第二次攀登12层楼梯的辛苦，但她头脑里装的是客人的要求。她既然选择了酒店工作，就应随时把满足客人的合理要求作为自己应尽的职责。客人的愿望对酒店员工来说，永远是最有力的召唤。小张深明这一点，所以一连爬了24层楼梯，在一片黑暗中跌跌撞撞走上去，她不仅毫无怨言，还主动代表酒店向客人道歉，这种积极的服务精神和态度值得学习。

客房用餐是酒店最常规的服务之一，其关键是尽可能使客人在房内用餐与在餐厅用餐没有区别，因此要注意准时、保温和保证数量等事项。客房用餐一般采取签单方式，服务员接过客人签过字的账单后，要以最快的速度送到餐饮部入账，但也有些客人喜欢付现金，这样做，客人不用签字，但服务员必须立即报缴，并把账单交还给客人。

案例4　餐前准备

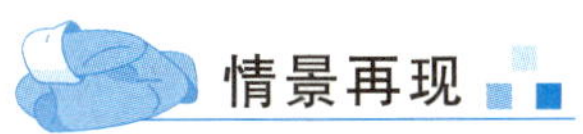

情景再现

王先生是一家酒店的餐厅经理，他在检查客人的投诉意见时发现了如下的一段话：“自助餐餐具不够，海鲜和肉类供应不足，烤肉串和有些食品的加工时间太长，让人等得不耐烦。鸳鸯火锅的调料不齐全,不太够味儿。烧烤的锅子不干净,容易粘锅。服务生的清理速度太慢,餐桌缺少装饰物。"

这家酒店的餐厅最近刚开展自助餐业务,试营业已有一周,效果不太理想。针对出现的问题和客人提出的意见,王经理召集所有员工讨论,强调了餐前准备的重要性。他们对餐具的质量和数量、菜肴与食品的供应和加工、水果与酒水的品种、餐饮的供应时间、摆台与撤台、餐桌装饰和餐厅环境布置等方面做了改进。在此期间,王经理每天都细致地观察餐厅的营业情况,询问和了解宾客的需求。经过大家的努力,餐厅的面貌得以改观,生意越来越红火,得到表扬的次数也越来越多。

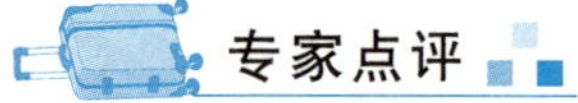

专家点评

自助餐和宴会是对餐前准备程序要求较严格的餐饮项目。从餐厅环境、餐厅设备、菜单、食品和酒水供应、餐具、鲜花、参加人数,到餐桌、餐位的布局和布置等,都需要细致的设计与安排。此案例中,客人提出了自助餐中要注意的几个问题:餐盘一般要给每人准备4—5个;海鲜和肉类要保证供应,快要断档时应及时补充;凉菜、热菜、水果、点心、冷饮和酒水的品种要齐全,并根据自助餐的等级而调整档次;烤肉串和油炸等食品要操作熟练,对每人限量供应,减少宾客的等候时间;等等。本案例中,王经理能够根据客人提出的意见及时总结服务中存在的问题,根据宾客的需求改进工作,是完善餐前准备的必要之举。

对于自助餐和宴会等需要餐前准备较充分的餐饮服务项目,一定要注意工作中的每一个细节,通过摸索和总结找到一定的服务规律,从而使餐前准备更加完善。

案例5 一根头发

情景再现

在一家酒店,客人在就餐时发现菜里有一根头发,于是怒气冲冲地投诉:"你们难道只顾赚钱,不讲卫生,不顾客人的死活吗?""你们考虑过这头发吃下去的后果吗?""你们的厨师难道工作时不戴帽子吗?"餐厅领班见状,马上关切地对客人说:"非常对不起,这一根头发是否截断了?粘在喉咙上没有?如果粘上了,我们立即请酒店医务室的大夫来,头发粘在喉咙上是很难受的。"这种设身处地为客人着想、关心客人的谦恭语言,缓和了气氛,再加上领班又吩咐厨房免费换上一份新炒的菜,使问题得到了圆满的解决。

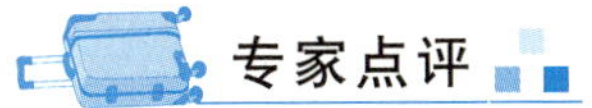

专家点评

该案例中，领班首先真诚地向客人道歉，请求客人的谅解，其次关心、安慰客人，帮助客人解决问题，最后吩咐厨房免费换上一份新炒的菜，圆满地解决了这次投诉。

一般来说，客人投诉餐厅，大致有以下几种原因：上菜太慢；样品与实际菜肴的分量相差太多；菜中有异物；味道太咸或太淡；上错了菜；等等。餐厅领班应事先做出预防以及想出万一不慎发生后的补救方法。在处理客人投诉时，应遵守下列三项基本原则：真心诚意地帮助客人解决问题；绝不与客人争辩；不损害酒店的利益。

案例6　破损的餐具

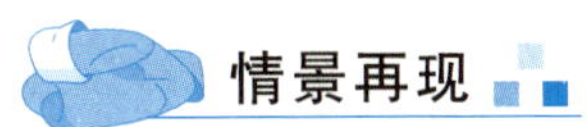

情景再现

一天晚上，某公司的宴会在一家三星级酒店举行。突然，16号餐桌上的一位女宾客大叫了一声，服务员连忙上前弄清状况。原来，她的啤酒杯有一道小小的裂缝，啤酒倒上后就顺着裂缝流到了桌子上，最后弄湿了她的衣服。旁边的一位男宾客比较细心，他连忙检查桌子上的餐具，发现碗、碟、汤勺、酒杯等物都有不同程度的损坏，出现了裂痕、缺口等。

男宾客指着这些餐具，对服务员说："我们的餐具都有问题，怎么搞的？你赶紧换上新的吧，别影响大家用餐。""实在对不起，这批餐具早就应该更换的，不过最近宴会厅接待的客人较多，忙不过来，所以……"服务员红着脸解释道。"太忙了？这就是你的理由？难道这么大的餐厅就再也找不出好的餐具了？"男宾客有些生气。"先生，请您息怒，我这就去拿新的餐具。"说完服务员便离开了餐桌。

过了一会儿，几名服务员手捧着新的餐具，来到16号餐桌。他们把旧的餐具全都撤下，再为客人摆上新的餐具。客人们这才又重新开始用餐。宴会结束后，餐厅经理向客人表示歉意，考虑到该公司是酒店的大客户，经与公司领导协商，最后同意按九五折结算餐费。

专家点评

客人的餐桌上出现破损的餐具，其主要原因是餐厅服务人员对餐前准备工作不重视，这也说明餐厅的服务水平有待提高。宴会开始前，服务人员应检查餐台，确认各种餐具、用具等种类、数量准确无误。此外，服务人员注意保持良好的仪容仪态，上岗前应进行自我检查，如服装是否干净整齐、工号牌是否佩戴规范等。

案例7 未熄灭的烟头

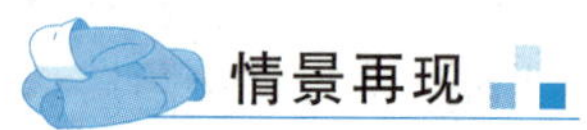

情景再现

一天，某酒店中餐宴会厅共被预订了70多桌婚宴。一大早，酒店的大堂、楼梯口、休息处、餐厅里已经站满了来参加婚礼庆典的客人。男女老少挤在一起，显得十分拥挤和混乱，餐饮部的徐师傅在拥挤的人群中正忙碌地捡拾着客人扔在地上的杂物。

有一位客人在离徐师傅八九米处将一个未熄灭的烟头扔在了地毯上，来来去去的服务员都在忙着开餐前的最后准备工作，没人留意到客人的这个举动。这一切都在静悄悄地发生着，没有哪一位客人或服务员发现这个潜伏着的危险。这时，细心的徐师傅在混乱的人群中，嗅到了微微的焦煳味，他立刻四处寻找，终于找到了客人扔在地毯上的未熄灭的烟头，此时烟头还在微微地冒着烟。徐师傅立刻将烟头捡拾起来，将它熄灭，此时地毯已经被烧出了小洞。徐师傅立即将此事告知了餐厅经理，餐厅经理了解情况后和扔烟头的客人进行了友好的沟通，损坏的地毯得到了赔偿。

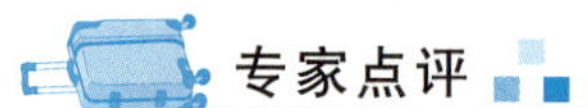

专家点评

酒店餐厅的事务繁杂琐碎，很多隐患不容易被发现。该案例中，一个小小的未熄灭的烟头，如果没有被及时发现和处理，将酿成严重的后果。正是因为徐师傅细心，及时发现了火险隐患，才杜绝了这次潜在的危险，否则引起火灾，后果将不堪设想。

酒店员工必须熟知灭火的基本方法，且会使用常见的灭火器。灭火的基本方法有冷却灭火法、隔离灭火法、窒息灭火法、抑制灭火法等四种。

常见的灭火器有泡沫灭火器、二氧化碳灭火器、干粉灭火器、1211灭火器等。泡沫灭火器适用于扑救油类、木材及一般固体物质的初起火灾，但不能用于扑救水溶性物质及带电体的火灾；二氧化碳灭火器适用于扑救图书档案、珍贵设备、精密仪器、少量油类和其他一般物质的初起火灾；干粉灭火器适用于扑救石油及石油产品、电气、电器设备的初起火灾；1211灭火器适用于扑救油类、电器、精密仪器、图书资料等的初起火灾。

案例8　弄脏的地毯

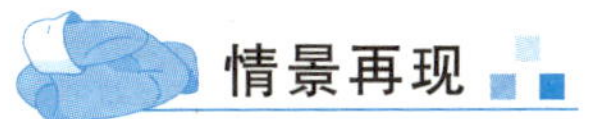

情景再现

晚上7点半左右，新装修的某酒店餐厅内灯火辉煌，十分热闹，服务员忙个不停。在餐厅靠窗户的位置，坐着三位客人，他们是一家三口。那个调皮的小男孩一会儿站在椅子上，一会儿在餐厅里跑来跑去。突然，小男孩不小心将他妈妈为他盛的一碗羹碰翻在地上，地毯上顿时湿了一大片。值台服务员小彭立即找来抹布，对地毯做简单的处理，并安慰小男孩，帮助客人检查是否被烫着。惹了祸的小男孩在爸爸的训斥下乖了很多。晚餐结束之后，小彭拿来一个装有清洁剂的小桶、刷子和抹布，对地毯进行去除污渍处理。经过处理的地毯很快又恢复了原来的样子。小彭将一块专用的干抹布铺在地毯上，防止地毯被踩脏。

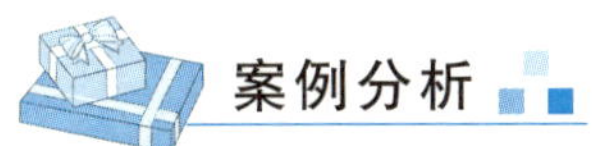

案例分析

及时除渍是餐饮企业地毯清洁保养成功的秘诀。最能及时除渍的人就是在现场工作的员工。因此，酒店通常要求员工能够养成及时除渍的良好习惯，习惯一旦养成，餐饮企业必然受益匪浅。及时除渍可以保持地毯十年如新，真正做到无斑无迹，而大多数餐厅的地毯1—2年便难以入目。本案例中的小彭就是一个非常优秀的员工，她具有的清洁保养意识和技能使她能够在晚餐结束后立即对地毯进行除渍处理，将清洁保养作为她自己的一项重要的岗位职责，非常可贵。

案例9　讹诈的客人

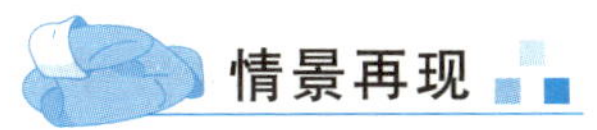

情景再现

北方某酒店餐厅迎来了四位男客人，引位员将四位客人安排在大厅中靠边的位置。开始谁也没注意到这四位客人，可他们不一会便开始一边划拳一边喝酒，说话声音很大，很快引起大家的注意，在其他餐桌用餐的客人不时往这边看。服务员小夏看到后，一边主动为客人撤换餐碟、服务香烟、斟酒上菜，一边善意提醒客人声音小些，不要影响其他客人就餐，并提出如果客人愿意可以为其换到包房用餐。没想到，客人却破口大骂：“滚开，别扫我的兴，酒店就是喝酒的地方，我花钱我愿意，谁嫌吵谁走人。”很明显客人已经喝多了。小夏见此情景，向客人说：“对不起。”转身取来茶壶、茶杯。“先生您请喝……”可没等小夏说完，一位客人上前一把抓住小夏的衣服，顺手抢下茶壶，向地上一摔，又一拳向小夏打去。可能是用力过猛，第一拳没打着，客人却摔了一跤，趴在地上。小夏去扶客人，没想到却激怒了客人，尽管小夏没还手，他们一起又向小夏打去。

这时餐厅经理闻声赶到，一边拉架，一边向客人道歉。谁知客人又将拳头打向经理，餐厅一片大乱。几位在一旁就餐的客人看不过去，上前帮忙拉开客人。随即餐厅经理报警，事态平息。餐厅经理对此如实做了记录。

可2个月后，派出所接到报案，说该餐厅雇用黑社会打手，声称曾经受到非法攻击并拿出那天受伤的客人的医院诊断及一些证人证言，客人要求赔偿。餐厅有关人员被传唤，大家都很气愤。餐厅经理找出那天的餐厅预订单及管理日记，将其提供给派出所，请求给那天就餐的其他客人打电话，让他们协助调查、客观作证。根据派出所的调查结果及当天其他客人的证言，最终还餐厅以公道，那些想讹诈的客人终究没能得逞。

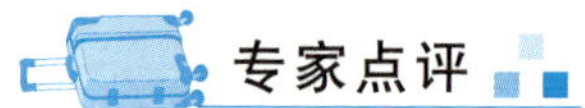

专家点评

本案例中，服务人员遭受蛮不讲理的客人的侵袭。发生这种情况，服务人员应齐心协力，及时上前协助受侵袭的服务人员撤离现场，免遭进一步攻击，并尽快通知保安人员迅速赶到现场，视情况做出处理。此案例中的管理日记帮了餐厅大忙，它帮助服务人员回忆当天发生的事情，为警方提供了重要资料。餐饮服务工作都是一些平时看起来很平常、琐碎的小事，但是只要努力认真地做，自然会有好的结果。

对此类问题，最好做好预防工作，适时发现隐患苗头，及时制订应急计划，控制事态的进一步发展。比如，服务人员停止供应酒水，提早通知保安人员。发生打架等暴力事件时，应立即报告经理并将附近桌上的酒瓶、酒杯、烟灰缸等可能作为利器的物品撤掉，避免重大伤亡；协助保安人员上前劝解，将双方分开；劝导其他围观客人远离事发现场，以免误伤，并安慰在场客人；发现物品、设备损坏，应报告经理，损坏的要让相关人员进行索赔；清理场地，记录事件发生的经过。应对突发事件时应考虑全面，并制订详细的处理方案，对员工进行培训，力争做到心中有数，处变不惊，而不是当事情发生了，再忙着去解决。

案例10　餐具不见了

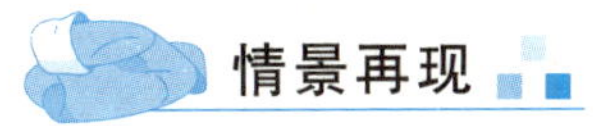

情景再现

一天晚上，某酒店餐厅内座无虚席，其中还有不少外国客人在用餐。15号餐桌旁坐着两位外宾，其中一位留着短发的男宾，边喝汤边把玩放在一旁的一只小巧精致的银质酒杯，看得出来他非常喜欢这只酒杯。坐在男宾对面的是一位金发碧眼的女士，她看着桌上的木制筷子，瓷质的小碗、小汤勺，脸上露出了一丝惊叹，显然她也被这些精美的中式餐具所吸引。为这两位外宾服务的是服务员小林，在为客人上菜时她就发现餐桌上少了些什么。上菜的时候，男宾起身向女宾说了一句话后便离开餐桌走向了服务台。细心的小林发现，女宾餐位上的银质酒杯不见了，而且餐桌上还少了一双筷子和一只小汤碗。小林不动声色地问："女士，您面前没有餐具，我重新为您添上好吗？您是要刚才那种颜色的筷子和汤碗，还是要其他颜色的？""谢谢，不需要了，我先生去拿刀叉了。"女宾神色尴尬地说道。就在这时，那位男宾走了回来，手里还拿着两副刀叉，入座后对小林说："我们都不会用筷子，所以去服务台要了两套刀叉，不然我们可吃不了东西。""没关系，先生，如果您有什么需要请吩咐我，我很愿意为您效劳。"说完，小林便离开了15号餐桌。

小林立刻向值班经理汇报了此事。过了几分钟，小林回到客人面前，手里还拿着分装好的餐具，她微笑着对客人说："对不起，先生，打扰了，刚才无意间我发现这位女士对餐桌上的中式餐具很感兴趣，为了感谢两位的光临，我代表酒店送上几样餐具留作纪念，这里面有银质酒杯、筷子、小碗、汤勺。筷子是免费的，其余按优惠价格记在账单上，您看可以吗？"男宾客很快就明白了小林的意思，他接过餐具，看了看，然后对小林说："餐具很漂亮，请您离开一会儿，我们商量一下。"小林会意地转身离开了。

没过多久，那位男宾客招呼小林回到餐桌旁，小林看到之前不见了的餐具又都摆放在了餐桌上，男宾客微笑着对小林说："小姐，谢谢你们的美意，筷子、酒杯我们都收下了，其余的请拿回去吧。真没想到餐具也会恶作剧，你看，这些餐具不知道又从哪儿冒出来了。"说完，小林和两位客人都会心地笑了笑。

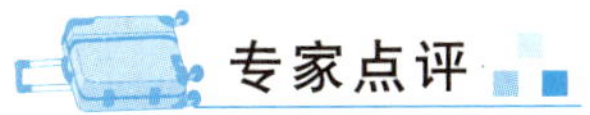

专家点评

本案例中，餐厅的酒杯、汤碗等餐具都非常高档、精美，属于比较贵重的物品，客人自然不能"顺手牵羊"偷偷将这些餐具带离酒店。显然，两位外国客人都被精美的中式餐具所吸引了，于是心生拿走这些餐具的念头。细心的服务员小林发现后巧妙处理，既给客人保留了面子，又维护了酒店的利益。客人也体会到了酒店的良苦用心和诚意，主动交还了餐具。

为了让客人享受到更优质的服务，酒店配备了各种日常用品，大到空调、电视，小到打火机、餐巾纸，以及洗发水、牙膏、牙刷之类的一次性用品。客人可以免费使用这些日常用品，但价值较高的物品客人是不能带离酒店的。如果客人喜欢，有意将酒店的某种物品留作纪念，则可以与酒店沟通协商，以一定的价格购买。

案例11　迟到的客人

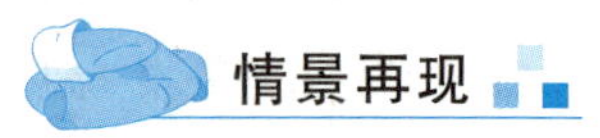

情景再现

旅游旺季，某高级酒店中餐厅每天要接待很多客人，客人的预订也是排得满满的。晚上7点多，一位导游带着有十几位游客的旅游团进入餐厅，导游来到服务台前问道："小姐，请问餐厅还有包间吗？我们刚从景区回来，大家都还没吃晚饭。"当班的是服务员小范，此时她正好在等一个迟迟未到的"长江"旅游团，"长江"旅游团预订了餐厅的两个包间，时间是今晚6点，可到现在他们还没来。现在酒店就剩这两个包间了，小范心想不能让游客们干等着，于是她请示餐厅值班经理能否先把包间安排给这个旅游团使用。餐厅值班经理了解到"长江"旅游团超过规定时间一个多小时了，便同意小范把包间安排出去。

正当服务员为包间上菜的时候，"长江"旅游团的客人们抵达了餐厅。导游问包间是否已准备好，值班经理连忙解释道："实在是对不起，餐厅一直在等你们的光临，但超出预订的时间太长了，所以就先把包间安排给另一个旅游团了。不过，我可以安排你们到餐厅休息室先休息一会儿，餐厅一有餐位，就立刻为你们安排晚餐。"导游和游客们表示同意，于是小范带他们去休息室休息，并为他们倒上热茶。值班经理立刻来到餐厅查看，要求服务员留意，若有空的餐桌立刻通知。过了十多分钟，值班经理来到休息室告诉导游："现在用餐的客人比较多，请大家再稍等片刻。"又过了十多分钟，终于有两桌客人结账了，服务员立刻撤台、摆台，并立即通知厨房为"长江"旅游团做菜。值班经理再次来到休息室，他对客人们说："抱歉，让大家久等了，事先我们应该与你们联系的，以掌握大家到餐厅的准确时间。我们工作没做到位，请大家见谅。""这次迟到是我们自己的原因，你们的服务非常不错，我们也没等太长时间。"导游客气地说道。随后，值班经理带着客人走进了餐厅。

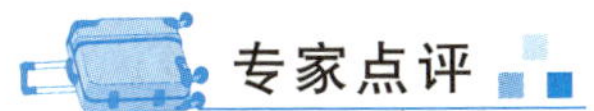

专家点评

本案例中，没有事先预订的旅游团来到餐厅询问是否有餐位，服务员小范心想不能让客人久等，于是主动向经理请示将包间安排给客人。这说明她具备“顾客至上”的良好服务意识，想客人之所想，主动为客人解决问题。

在接受客人的预订之后，服务人员应主动与客人联系，尤其是在临近预订时间之前，要与客人确认抵达餐厅的时间，以便餐厅及时做出安排调整。本案例中，服务员小范应该与“长江”旅游团的导游保持联系，询问旅游团能否按时抵达或者抵达的具体时间。要是服务员细致地做了这项工作，就不至于两个包间在客人迟到的一个多小时里都空着而没有投入使用，也就不会出现之后的尴尬局面。对此，值班经理向客人表示了歉意，主动承认餐厅的工作没做好，诚恳的态度也获得了客人的谅解。

在酒店预订好了餐位，客人应按时抵达，超过了预订时间，餐厅可以将原本预订出去的包间安排给其他客人使用。餐厅将包间安排给其他客人，而当原先预订的客人抵达时，餐厅却没有餐位了。出现这种失误，服务人员应向客人解释清楚，马上为客人寻求解决的办法，并随时把解决问题的过程和预计的时间反馈给客人，向客人表明餐厅非常重视服务质量和顾客满意度，这样可以让客人觉得自己被重视，因而也就会主动、积极地配合酒店去解决问题。

案例12　点菜与推销

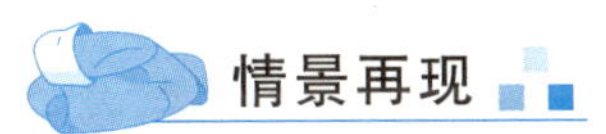

情景再现

崔经理请几位教授到北京某星级宾馆的中餐厅用餐。崔经理接过菜单看了一眼，便把它递给旁边的孙教授，请他来点。孙教授对一些菜名不太熟，便边请服务员讲解边点菜。点了几个中高档的菜后，孙教授对服务员说：“我们年纪都大了，很想要一些清淡的汤菜，像粟米羹之类的。”“我们今天没有粟米羹，但有‘燕窝鱼翅羹’，这是我们的特色羹汤。”服务员不失时机地推荐道。

此时崔经理正在和其他人谈话，孙教授见菜单上没有这道羹汤，以为价钱不贵，就点了点头：“请给我们十个人每人一碗吧。”过了一会儿，酒水和菜就上桌了。大家边聊边吃，非常高兴。席间服务员给每人端上了一小罐羹汤，并告诉大家这是“燕窝鱼翅羹”，当时大家并没有注意，就用小汤匙喝了起来。孙教授几口就把羹汤喝光了，嘴里还嚷嚷着：“好喝，味道很鲜，只是有点像粉丝汤。”结账时服务员告诉崔经理，餐费总共6000多元。

大家一听都傻了眼，以为自己听错了。“我们并没有点很多菜呀。”崔经理忙让服务员把账单拿过来，光“燕窝鱼翅羹”一项就近5000元。“服务员，这羹多少钱一碗？”孙教授忙问。“498元。”服务员回答。“你在介绍时怎么不告诉我们价钱呢？”孙教授有些张口结舌了。服务员却微笑不语。崔经理安慰大家说，他既然请客就要让大家吃得高兴。他告诉收款员身上只带了3000多元现金，还有几百港币，其他欠款他第二天一定送来。但餐厅不同意赊账，大家见状都翻兜找包，帮他凑钱，可巧的是没人带很多钱出来，钱仍没凑足。最后，餐厅终于同意崔经理留下身份证第二天再来交钱。临出餐厅时，孙教授叹着气说：“今天我可犯了个大错误。”大家也都笑着和他开玩笑：“你第一次见崔经理就让他欠账，真有本事啊！”

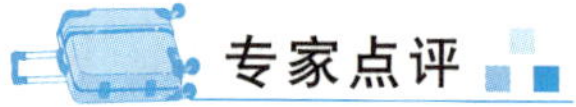

专家点评

本案例中，服务员利用孙教授的“不懂行”为餐厅推销出昂贵的高档菜，在经济上取得了效益，但在道义上给人留下了“欺骗”的嫌疑。如果从为客人提供满意服务的角度看，让崔经理欠账的责任应当由那个服务员来负。首先，她应明白这批客人用餐的目的主要是聚会畅谈，并不是来摆排场；其次，应搞清楚这批知识分子来餐厅想要的是经济实惠的菜肴；最后，她在推销高级羹汤时，没有把价格告诉客人，误使孙教授为每人都点了“燕窝鱼翅羹”。如果为客人介绍清楚，帮他们点上一两份羹汤，让大家都品尝一下，可能会达到更好的服务效果。

点菜和推销的关系是紧密的，但出发点一定要正确。为客人点菜时，首先要为他们介绍菜单上的菜肴，并根据他们的需求和条件推荐特色菜。要向他们报出实价，绝不能利用客人的“无知”而欺骗他们，要一些“小聪明”。否则，只是一时得逞，最终将败坏自身和酒店的声誉。

案例13　热汤洒了

情景再现

晚上，在某星级酒店的宴会厅内，气氛非常热闹。服务员小彭端着一大碗热汤送往9号餐桌，经过5号桌时，一位客人突然转身离席，恰好撞到小彭的手臂，热汤打翻洒在了客人的身上，把客人的西服弄脏了。客人非常生气，抖了抖上衣，大声地对小彭说道：“你是怎么搞的？这么不小心，你看把我的衣服弄成什么样子了！”“先生，实在对不起，是我不小心把汤洒在您身上了，您有没有被烫着？”小彭没有与客人争辩，而是主动把错揽了下来，连忙向客人道歉，关心客人是否受伤。“你放心，我没事，但我的西服不知道还能不能穿。”“先生，请您把上衣脱下来交给我，我把它送到洗衣房干洗。我马上再去端一份汤过来，对不起了各位，耽误你们用餐了。”说完小彭便向厨房小跑去。没过多久，小彭端着汤回到了9号餐桌。把汤放置在餐桌上后，小彭便将弄脏了的西服送到了洗衣房。

客人准备结账时，小彭双手将干洗好的西服送到了客人的面前。看着干干净净、整整齐齐的衣服，客人非常满意，并诚恳地向小彭致歉：“刚才是我不小心把汤弄洒了，你的服务我们很满意。以后我们还会来你们这用餐的。”随后客人满意地走出了餐厅。

专家点评

本案例中，客人不小心将汤打翻了，服务员小彭主动向客人道歉，而没有与客人争论。了解到客人没有受伤后，小彭主动请客人把衣服交给他拿去干洗，当客人准备离店时，小彭及时把洗好的衣服交还给客人。最终，小彭的服务让客人非常满意，使客人愿意再次来餐厅消费。值得注意的是，在处理此类事件时，主管不要当着客人的面批评和指责服务员，而应在客人离店后根据具体情况决定是否给予处罚。确由服务员的过失所致的，上级主管可以给予其相应的处罚；如果不是服务员的失误，则要提醒服务员在今后的服务工作中做到小心谨慎，尽量避免事故的发生。服务员要强化服务技能，力求在服务过程中不出错。

在酒店餐厅，时常会发生客人被热汤、茶水、开水烫伤的事故，发生这样的事故后，服务员要运用恰当的方法进行处理，让事情顺利解决。服务员要诚恳地向客人道歉，耐心听取客人的意见，而不能与客人争论是谁的责任，如果客人提出要求，主管人员要亲自出面致歉。最重要的是，服务员要询问客人的伤势严不严重，客人伤势严重的话，要立刻将客人送往医院。根据客人的要求和衣服被弄脏的程度，服务员应主动向客人提出免费洗涤的建议，衣服洗好后要及时送还给客人，并再次向客人表达歉意。若衣服被弄脏的程度较轻，服务员可在客人表示同意后，用湿毛巾为客人擦拭衣服，注意用力轻重要适宜。经擦拭后已基本干净的，服务员可以在主管同意后为客人免费提供一些食品或饮料，以示对客人的补偿。如果客人提出赔偿要求，服务员应请客人到无客区进行协商，以免影响其他客人。服务员无法处理时，要立即向上级汇报。

案例14 消失的微笑

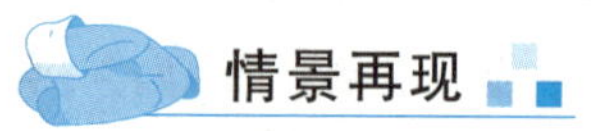

情景再现

某酒店餐饮部新员工小张是个活泼开朗的女孩,她的脸上总是洋溢着阳光般的微笑。正式上岗后的前几天,她总是面带着甜美微笑向客人问候,为客人提供周到细致的服务。领班非常满意她的微笑服务,正准备借机表扬她时,突然发现,小张脸上的微笑不见了。问起原因,小张的回答是:“遇到客人,我都非常热情地问候,可是有些客人理也不理。他们不理我,我也觉得没意思。”

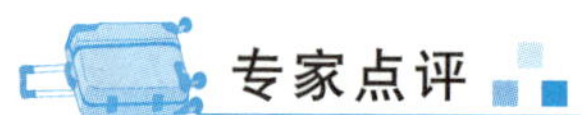

专家点评

本案例中,小张的问题其实是新员工当中普遍存在的问题。小张知晓微笑在服务过程中的重要性,但只能说她停留在这样一个表面的状态,没能真正理解,以至于在运用过程中产生错误的思维。客人是来店里享受服务的,客人的任何态度都不能影响员工要为客人提供热情、主动的服务。员工与客人所处的角度与位置不同,客人无论以何种态度回应,员工都不能让微笑消失。当客人态度不好时,员工更应该用热情、主动的服务消除客人的不快。

影响员工微笑的因素有很多,例如,个人情绪不佳(如家庭不和睦、失恋等),工作环境不轻松,职工男女比例不协调,薪酬与自身能力不匹配,没有完善的激励、福利机制,严肃而令人讨厌的领导(如不喜欢笑的领导),公司对员工许下的承诺没有兑现,存在人际关系矛盾(如同事与同事、上下级员工的关系),没有相应的团队活动(如聚会、竞赛),人的性格及心理素质不好,对企业的发展和前途没有信心,等等。酒店领导应及时发现问题,帮助员工调整好心理状态。

案例15 日期错了

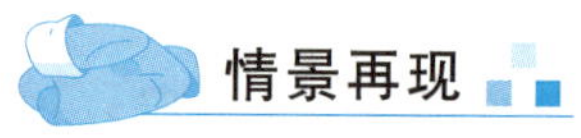

情景再现

大雪天,金小姐和同事们在忙着为来到餐厅就餐的客人接衣挂帽。今天正好是正月十五,餐厅已被客人订满了。只见一家老小走了进来,金小姐忙过去问候:“晚上好,欢迎大家光临。请问先生贵姓?”“我姓冯,订了3月3日十个人的晚餐。”冯先生答道。“可今天是3月2日,您订的是明天的晚餐。”金小姐提醒道。“没错,我订的是正月十五的晚餐。我查看了,3月3日是正月十五。”冯先生十分着急地辩解着。“今天确实是3月2日,阴历正月十五,请看日历牌。”金小姐耐心地解释说。“我们可能搞错了,但我们一家老小已经来了,外面又在下雪,你看能不能把预订改在今天?”一位女士忙插话。“今天的预订都满了,让我想办法看看能不能解决。请先到休息室去休息一下吧。”金小姐把他们安排好,忙去帮他们联系。最后终于把他们安排在一个小宴会间里。“请您老坐在这里。”金小姐把年长的老人让到了主座。接着按顺序和冯先生的意愿分别将客人安排入座,并让服务员为小朋友拿来了加高椅子。“不知大家对这里满意不满意,坐得舒服不舒服?如果没有问题,我就请服务员为大家点菜。”临走前,金小姐又问。“太感谢你了,小姐。你既帮我们解决了问题,避免明天再来,又为我们找到这么好的地方,服务太好了。我们要给你写表扬信。”冯先生说完,大家纷纷对金小姐表示谢意。

专家点评

本案例中,金小姐能够灵活应变,积极主动地为客人找到小宴会间,解决了客人的问题。

引位员在遇到提前到来的客人和没有预订的客人时,如果恰好赶上客满,就会感到十分棘手。让客人长时间等待是餐饮服务中最忌讳的事情。此时,应征求客人的意见,与酒店其他餐厅或酒店以外的餐厅联系,为客人解决餐位问题,并向他们说明时间情况,如客人同意长时间等待,就另当别论。在引领客人到餐桌前时,应征求客人的意见,按宾主次序入座,要优先安排老人、妇女、儿童入座。入座后,最好了解一下客人对座位是否满意,坐得是否舒服。

案例16　私享厨房的困扰

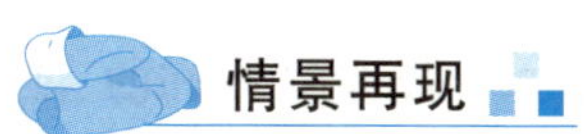

情景再现

某集团酒店开辟私享厨房项目以来,厨房外卖紧跟集团步伐,使营业额增长的同时,也给酒店管理带来了不小的麻烦。每天近70单的外卖,相当于外卖员需要来回出入酒店140次。

每当下雨,外卖员就身着湿漉漉的工作服进入大堂,地面变得湿滑,无形中既增加了酒店的工作量,又加大了宾客滑倒的风险。同时取餐高峰期间,外卖员经常蹲坐或倚靠在餐厅门口，餐厅多次管理也无明显效果，这给酒店的大堂氛围及宾客感观体验造成了较大困扰。

在总经理室的牵头下，经实地考察后，制定更合理的取餐路线，按时间开放酒店1号门专供外卖人员进出，避免取餐路线对面客区域造成影响。质检部会同餐饮部、安全部解决细节问题：餐饮部更换打包位置，联系外卖平台进行地点变更；安全部按中餐、晚餐外卖营业时间专人开闭和看守1号门；质检部制作指示牌并张贴在合理位置。这彻底解决了酒店对于外卖管理的老大难问题。

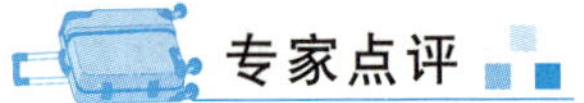

专家点评

外卖问题给酒店带来了困扰，根本原因是私享厨房原取餐路线设置不合理，路线覆盖面客区域和后台功能区域，互相交叉。外卖员日常难于管理，且外卖员本身的流动性大。经过考察，酒店从实际情况出发，让餐饮部、安全部等协同配合，开放专供外卖人员进出的通道，从源头上解决了问题。

案例17　一碗面条

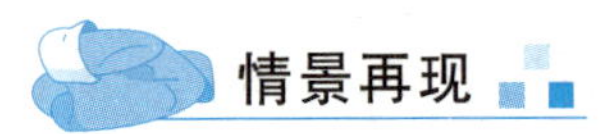

情景再现

一天中午，酒店餐厅来了一位老先生，这位老先生自己找了一个不显眼的角落坐下，对面带笑容前来上茶、点菜的服务员小秦说：“不用点菜了，给我来一份面条就可以，就三鲜面吧。”服务员仍然微笑着对老先生说：“我们酒店的面条口味不错，请您稍等，喝点茶，面条很快就会烧好。”说完，小秦又为客人添了点茶才离开。10分钟后，热气腾腾的面条被端上了老先生的餐桌，老先生吃完后，付了款，就独自离开了餐厅。

晚上6点多，餐厅里已经很热闹了。小秦发现中午的那位老先生又来了，还是走到老位置坐下，小秦连忙走上前去，笑盈盈地向老先生打招呼：“先生，您来了。我中午没来得及向您征询意见，面条合您的口味吗？”老先生看着面带甜美笑容的小秦说：“挺好的，晚上我再换个口味，吃炒面，就吃肉丝炒面吧。”小秦为客人填好了单子，顺手拿过茶壶，给客人添好茶，说：“请您稍候。”老先生看着微笑着离开的小秦，忍不住点了点头。用餐完毕，小秦亲切地笑着询问老先生：“先生，炒面合您的口味吗？”老先生说：“好，挺好的。我要给我侄子订18桌标准高一些的婚宴，所以到几家餐厅看看，我看你们这儿服务挺好的，决定就订在这儿啦。”小秦一听只吃一碗面的客人要订18桌婚宴，愣了一下，但马上恢复了笑容，对老先生说：“没问题，我这就领您到宴会预订处办理预订手续。”

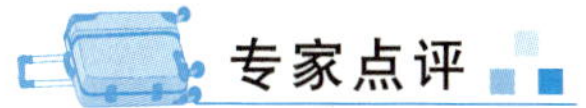

专家点评

只吃一碗面的客人原来是为了给其侄子选择举办婚宴的餐厅而来，而服务员小秦自始至终面带微笑地为客人提供规范热情的服务，并没有因为其消费低而对客人冷嘲热讽，结果客人当场预订了18桌消费标准较高的婚宴，可见微笑服务也可以为酒店带来良好的经济效益。由此可见，餐厅服务人员对所有的客人都应一视同仁，不要因为客人消费低而冷眼相看或让客人感到尴尬。对低消费的客人的服务好坏，体现了一家餐饮企业的服务质量与管理水平，最终将直接影响企业的经济效益。

第三节

精益求精篇

案例1　一杯温水

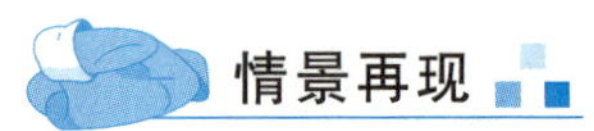

情景再现

某日中午，INHOUSE宾客王先生来餐厅用餐（王先生前一天已在餐厅用过餐），餐厅服务员小王观察到王先生喜欢在喝酒前喝上一杯温水，于是主动上前询问王先生是否需要温水。饭后，王先生表示对酒店非常有好感，只要来宁波就会选择到该酒店入住及用餐。

专家点评

好的服务可以赢得更多的回头客，一次满意的体验可以换来一位忠诚的常客。服务员小王的服务意识值得学习，小王能够在日常服务工作过程中善于观察，善于记住客人的喜好，并善于主动提供服务，体现了酒店“视客人如家人”的服务理念。此案例很好地诠释了“营销”和“服务”其实是最好的partner，但服务营销也是酒店整个营销体系中最高级最难做的部分。

本案例很好地佐证了宾客的完美体验背后，大多数是酒店员工对于服务细节的把控。酒店并不一定非得投入多少人力、财力、物力在宾客体验的打造上面，有时候仅仅做到那一句我们已经听了无数遍的“细节决定成败”就够了，但如何抓取“细节”，则是一个服务员、一个酒店功底是否深厚的体现。

案例 2　一碟腐乳

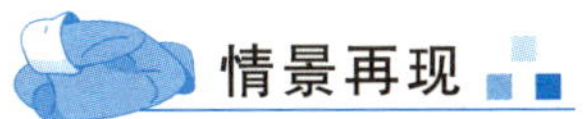

某日晚上，餐厅包间内进行着一场普通的家宴。服务员看到其中一位老先生不停地用小勺翻搅着碗中的稀饭，对着满桌的鸡鸭鱼肉微微叹气。服务员不动声色地到后厨为其端了一碟豆腐乳。老先生对服务员不停地称赞："小姑娘，你可真细心。"从此，这位老先生及其家庭成员成了该酒店的常客。

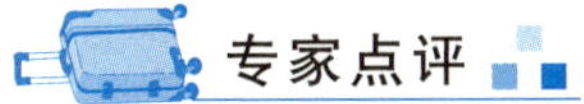

"察言(颜)观色"是服务的最高境界。一位优秀的餐饮服务员，不仅要将手上服务流程按部就班地做好，还需要花时间巡视并观察他所服务对象的动态，并从中发现增强服务体验的切入点，做到超前服务，为客人提供"满意＋惊喜"。所以我们经常说，个性化服务很难被"定式"，且已被完全"定式"化的特殊服务，实际上较难引发宾客产生情感共鸣。

细节决定成败，好的服务可以赢得更多的回头客，一次满意的体验可以换来一批忠诚的常客。此案例可以作为餐饮服务中的经典案例，用作抛砖引玉，鼓励并提高服务员的服务创造力。

案例 3　不吃蛋黄的客人

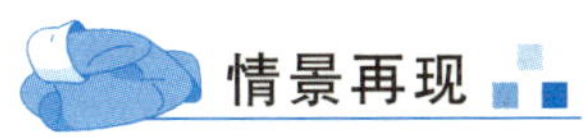

早餐时间，西餐厅的服务员小芳注意到一位年老的顾客先用餐巾纸将煎鸡蛋上面的油擦掉，又把蛋黄和蛋白用餐刀切开，再用白面包裹着蛋白，然后吃掉，而且在吃鸡蛋时没有像其他客人那样在鸡蛋上撒盐。小芳猜想客人可能患有某种疾病，才会有这样特殊的饮食习惯。第二天早晨，当这位客人来到餐桌落座后，未等其开口，小芳便主动上前询问："您是否还享用和昨天一样的早餐？"待客人回答"是"后，服务员便将与昨天一样的早餐摆在餐桌上。与昨天不同的是，煎鸡蛋只有蛋白而没有蛋黄，客人见状非常高兴，边用餐边与小芳谈话，他之所以有这样的饮食习惯，是因为他患有高血压，要遵从医嘱。以前在别的酒店餐厅用餐时，他的要求往往被服务员忽视。这次在这家酒店住宿用餐，他感到非常满意。

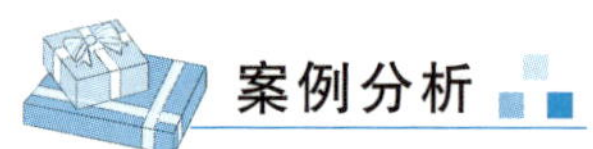

案例分析

本案例中，不吃蛋黄的顾客并没有跟服务员小芳提他的特殊饮食习惯，但后来他感到非常满意。因为以前客人在别的酒店餐厅用餐时，他的要求往往被服务员忽视，这里经验效应就产生了作用，使得客人认为这个餐厅也不会在意这些细节，他没有必要提醒服务员。但他没想到服务员小芳不仅记住了他的特殊习惯，而且不用客人提醒就主动端上了已提前去掉蛋黄的煎鸡蛋，让客人感到自己被重视，所以在这家酒店住宿用餐，他自然感到非常满意了。

在客人到店消费时，服务人员应多观察客人的特殊习惯和饮食偏好，在下次服务该客人时即可根据客人的具体情况提供个性化服务。餐饮服务要有预见性，要把客人的需求考虑到位，使客人享受到方便贴心的服务。

案例4　咳嗽的小孩

情景再现

某天晚上，陈先生一家三口到Y酒店餐厅用餐。等待上菜期间，服务员小肖观察到陈先生的小孩一直在咳嗽，好像是感冒了。当下又是流感高发季节，小肖考虑到陈先生一家坐在空调出风口的正对方向，于是主动上前询问陈先生是否需要帮其调换座位，陈先生表示同意。在上菜期间，服务员小肖发现陈先生点的菜大多数是海鲜，考虑到感冒的人不能多吃海鲜，服务员在征得领班的同意后，主动给陈先生的孩子送了一碗清淡的白粥和小菜。饭后，陈先生表示非常满意，夸奖服务员的服务细致入微。

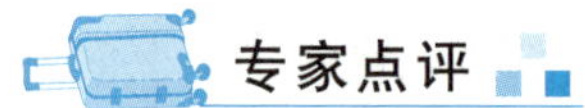

专家点评

服务员小肖能够设身处地地从宾客角度进行观察，并主动提供个性化、定制化服务。餐饮部平时对员工的服务意识培训中大量使用案例，让员工能够具备此方面的基础素质。此案例反映出目前一个现象级的问题：能够让宾客满意的并不是多么标准多么优质的服务，而是感动和用心。

通过培训我们无法为员工定好所有的服务，但通过培训我们可以培养员工的服务意识和服务敏感度，这才是培训的目的。

榜样的力量是无穷的。让员工主动服务、个性化服务成为服务主流，通过奖励和激励，让更多的员工行动起来。关注并研究宾客体验，是未来酒店提升品质的有效出路。

案例5　小份菜单

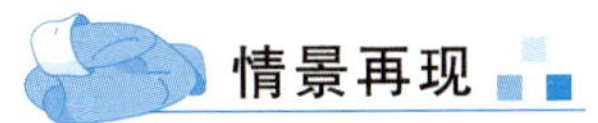

情景再现

一天晚上，齐小姐和两位闺蜜来到某酒店餐厅吃饭。服务员小羽领三位客人来到一处稍显安静的餐位，请客人入座后，她便将菜单递给客人。齐小姐接过菜单后，发现这份菜单与常见的菜单有所不同，菜单封面简单素雅，且看起来要小巧一些。打开菜单，上面印有各种菜品的图片，而最让齐小姐和两位闺蜜感到奇怪的是，这些菜肴的价格要比正常价格低很多，大概只有正常价格的一半。

三位客人看着这样一份“奇怪”的菜单，既惊奇又纳闷，都怀疑是不是自己看错了，于是疑惑地向小羽问道：“服务员，你们的菜单挺新的，上面的菜怎么都那么便宜啊？会不会是你们弄错了呀？”服务员小羽微笑地指着菜单封面顶部的一行小字“精致小份菜单，适合小众点菜”，并解释说：“客人就餐人数较少的情况下，我们都会先递上小菜单。菜单上面每种菜的量只有正常分量的一半，价格也是正常价格的一半。而整份菜的价格就和其他酒店差不多了。这既是提倡节约理念的体现，也照顾了不同客人的需求。”

对于餐厅的这一做法，三位客人均表示赞同，然后点了三个凉菜、四个热菜、一份汤。没过多久，服务员就将客人的菜全部上齐了。这些菜的口味与整份菜没什么区别，一样的美味可口。最后客人将菜全部都吃完了，三个人用餐才花了180多元。

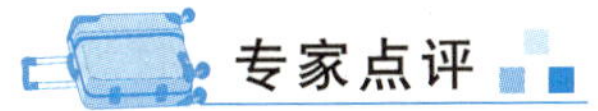

专家点评

如今，酒店业竞争非常激烈，为满足不同客人的需求，吸引更多的客人前来光顾，酒店管理者和服务人员都要花一番心思，给客人提供便利、贴心且又新颖的服务。本案例中，该酒店为客人提供小份菜单，确实是一种比较有创意的做法。

菜肴的菜量最好不要都是单一的整份式，在菜单设计上可使用整份菜单和小份菜单加以区分，整份菜单提供给五位及以上客人点餐用，而小份菜单则提供给三位及以下客人点餐用。通常，小菜单上所列的冷菜、热菜和汤，均按三人的分量设计，每道餐品的量是整份的一半左右，而价格却可以是整份的一半或一半多一点。例如，同样是水煮鱼，整份菜标价28元，小份菜则标18元，小份菜的价格是整份菜的一半多一点，而菜量仅是整份菜的1/2。这样，餐厅以1/2的菜量卖了2/3的价钱，不仅增加了每份菜品的销售收入，同时还满足了不同类型客人的需求。

设计两种单独的菜单，实际上是一种店和客“双赢”的经营策略和定价策略。从客人角度来说，菜量小而价廉，客人就可以增加菜肴的种类，品尝各式菜肴，客人花钱不多而能一饱口福，感觉到实惠、划算，以后也就会经常光顾。从酒店角度来讲，虽然客人点的都是小份菜，价格相对便宜，但因为点的品种较多，其消费总额并不会比整份菜低，酒店同样能获取较高的收益。当然，无论是整份菜还是小份菜，餐厅都应保证菜肴的品质，只有这样餐厅才能吸引越来越多的客人。

案例6　香蕉

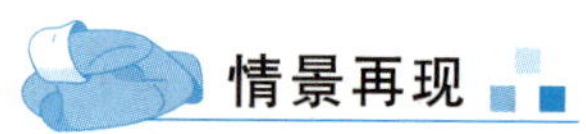

情景再现

有一位美国客人入住某酒店，他个性孤僻，不苟言笑，单身。在该酒店住了一周，几乎从不开口，也不跟别人打招呼，更难得让人看到一丝微笑。楼层服务员觉得这位客人极难伺候，任凭他们如何笑脸相待，主动招呼，所看到的总是一张铁板脸，天天如此。

每天早上，他爱去自助餐厅吃早饭。当他吃完自己挑选的食物之后，便开始在台上寻找什么东西，一连三天都是如此。第一天，服务员小梅曾问过他要找什么东西，他没吭声，转头便走出了餐厅。第二天，小梅又壮胆询问他，他还是板着一张冷峻的脸，小梅尴尬得双颊涨红。当这位美国客人正欲走出餐厅时，小梅又一次满脸笑容地问他是否需要帮助，也许是小梅的诚意打动了他，他终于吐出“香蕉”一词，这下小梅明白了。第三天早上，那位沉默寡言的客人与平时一样又来到自助餐厅用餐，在一侧一盘黄澄澄的香蕉吸引了他的注意力，他绷紧的脸第一次有了一丝微笑。站在一旁的小梅也是喜上眉梢，又一次领悟到“精诚所至，金石为开”的道理。在接下来的几天里，酒店每天早餐都特地为他准备了香蕉。

几个月后，这位客人又来到该酒店。第二天一早他步入自助餐厅，原以为这次突然“袭击”，餐厅一定没有准备香蕉。孰料走进餐厅，迎面就是一大盘引人注目的香蕉。这位金口难开的客人见到小梅，第一次主动询问香蕉是不是特意为他准备的。小梅嫣然一笑，告诉他昨晚总台已经传递给餐厅他入住本店的信息。“太感谢你们了！”美国客人几个月来第一次向酒店表示发自内心的感谢。

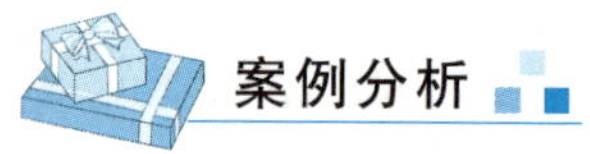

案例分析

常言说得好，“于细微处见精神”“精诚所至，金石为开”。酒店服务员面对来自天南地北,性格、文化、风俗习惯不同的客人,细心观察客人的言行举止,摸准其心思,采取灵活的服务技巧,提供具有针对性的个性化服务,这是非常重要的。自助餐厅为客人准备一些香蕉,这不是一件难事,难的是去摸索客人的心理,了解他们的需求。这位美国客人对香蕉情有独钟的信息不仅餐厅知道,连总台都掌握了,可见酒店极为重视每个客人特殊需求的档案建立。此外,该酒店的信息传递渠道畅通,前厅、客房、餐厅共享顾客的相关信息。晚上客人到达,第二天早上餐厅已经有了充分的准备,可见对客人的重视。此案例有两点可以借鉴:

第一,要求餐厅所有服务员都记录下这位美国客人的饮食爱好,以便日后为其提供个性化服务。

第二,表扬小梅的处理方法,并对全体员工进行培训,提倡所有员工多观察,尽量满足客人的个性化需求。

案例7　一盆热汤

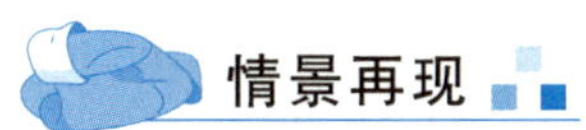

情景再现

一天中午,在某高级酒店宴会厅内,一场大型的婚宴正在热闹地进行着。一位服务员端着一大盆热汤,经过新郎的身旁时,新郎恰好转身准备走向下一桌,手臂一下子撞到了服务员的身上。出于职业本能和受潜意识的支配,这名服务员迅速将汤盆朝向自己,就这样滚烫的汤水泼到了服务员的胳膊上。服务员皱了一下眉头,强忍着剧烈的疼痛,但很快他又露出了微笑,并向新郎表示了歉意,询问他有没有被烫着。确认新郎没有受伤后,这位服务员又忙着继续为客人们上菜,一直工作到客人们一一离席。

婚宴结束后,新郎、新娘和他们的亲属向辛勤工作的服务员道谢,而见到那位服务员时他们才发现,他的胳膊上早已起了好几个大大小小的水泡。新郎问他:“烫伤了,为什么不说出来?”这名服务员回答:“今天大家都那么开心,如果表现出痛苦的表情,会影响喜庆的气氛。”听到服务员的这番话后,在场的人都很感动,尤其是新郎和新娘,他们半天都说不出话来。

专家点评

本案例中,客人突然转身撞到了端着热汤的服务员,使得服务员被烫伤。这位服务员没有把责任归咎于客人,他还向客人表示歉意,询问客人是否受伤。服务员主动承担责任,忍着伤痛面带微笑,这样既避免使客人感到尴尬,又保持了宴会喜庆的气氛。本案例中服务员有这样优秀的职业素养，实在是难能可贵。

从事酒店服务工作，每天都会遇到不同的客人，要面对各种意想不到的事。在工作中，服务员还应增强一定的预防和防范能力，注意保护自身安全。如在做清洁工作时，不要将手伸进垃圾桶，而是要戴上手套，以防被玻璃碎片、刀片等刺伤；为客人送餐时，要用双手推餐车，以防撞到客人或其他同事，发生安全事故；清洗餐具时，要注意轻拿轻放，破损的餐具要分开清洗。餐厅是人员比较密集的区域，人们来来往往，在为客人上菜上汤时，服务员要及时提醒，以免热菜热汤被打翻而烫伤自己或客人。服务员做的事情比较琐碎，工作量也比较大，他们的身心承受着巨大的压力。因此，酒店要给予服务员更多的关心，尽可能地使服务员从压力中解放出来。在工作中，服务员被烫伤时，领班或值班经理应找其他人替代，让受伤的服务员接受伤口处理与治疗。让服务员感受到酒店的关怀，这样可以使他们更加努力地为酒店工作。

案例 8　成功的外卖销售

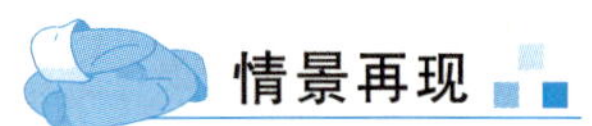

情景再现

我国第一家中外合资的五星级酒店——广州中国大酒店餐饮服务新招迭出，且屡获成功。每天去那儿用餐的客人，都会发现餐厅里活动频繁，变化无穷。酒店除了有法国美食节、意大利美食节、日本美食节、中东美食节等几个常规的活动外，更有一个其他酒店不多见的绝招：把餐厅搬到店外的广阔天地去，开展外卖销售，把服务送到客人跟前。

专家点评

广州是餐饮业特别发达的城市。其有数不胜数的小型酒店、宾馆和饭庄，市场竞争的激烈程度不难想象。中国大酒店凭借自身位于广州黄金地段又毗邻火车站的优越位置和豪华精致的设施设备，并不惧怕同行的竞争。但酒店高层认为，先天的优势并不能保证竞争的必然胜利，必须辅以国际水平的服务，在服务的态度、效率、内容等方面发挥独特的优势。外卖销售即是中国大酒店得以与同行竞争的一大法宝。

外卖销售不同于店内服务，不仅在客观条件、环境上有显而易见的限制，还有要求高、时间紧、战线长、难度大等不利因素。派出的人员必须精干，能以一当十，还要能随机应变，组织、策划的人员更要细致周到，队伍出发前一切都要考虑周全，否则到了现场便难以补缺。要搞一次高水平的、客人满意的大型外卖销售是很不容易的，只有坚持严格管理和提供优质服务的酒店才能应对自如。

案例9 家乡菜

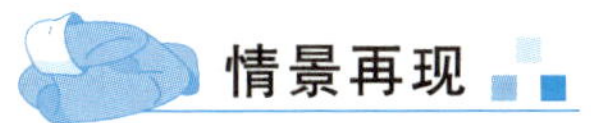

情景再现

一天,访问祖国的一个海外华人贵宾团入住浙江某酒店。访问团成员的原籍大部分是浙江。酒店方面为款待这些有特殊身份的浙江老乡,在宴会上特意安排了浙江风味小吃,菜式也以浙江菜为主,款款家乡菜散发出一股股清香,浓浓的乡情尽在不言中……这些有针对性的精心安排,既体现了家乡人对访问团一行的真诚欢迎,又能勾起他们对家乡的眷恋之情和对祖国的思恋之情。

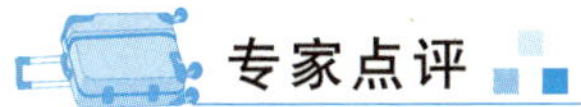

专家点评

"悠悠游子心,浓浓故乡情",离开了家乡的人,不论走到哪里,总有千丝万缕的乡情萦绕在心头。酒店为原籍是浙江的海外贵宾,贴心安排了浙江风味小吃和浙江菜,让客人感受到了家乡的欢迎和问候。人们总是把对家乡的感情埋在心底,当这种感情外露时,就表现在对老乡的感情、对家乡的津津乐道,还有对家乡菜的依恋上。

品尝特定的菜肴有时会勾起人们深切、缠绵的回忆。当美食通过对感官的刺激唤醒饮食者沉睡多年的饮食记忆时,饮食者所得到的美味享受,是无法用语言形容的。一旦将回忆与美食结合起来,或者由美食而引起回忆,那么其味就分外悠长了。

案例10 机器人送餐

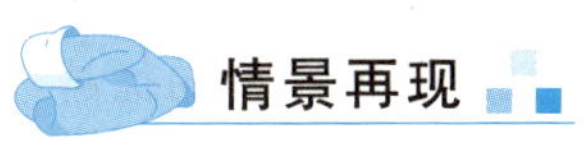

情景再现

某酒店机器人餐厅,智能机器人可以根据桌号传菜,每次能传一桌菜(或同时为多张餐桌送餐),机器人跑一趟相当于服务员跑两三趟。服务员选好桌号,轻轻一点,机器人便能准确地将菜品送到对应的桌上。等菜品被端上餐桌后,服务员只需轻轻抚摸一下机器人的头部,机器人便会回到原地等待下一个送餐任务。机器人自主避障系统避免了汤汁洒出、高峰期碰撞等情况的发生,基本上能够做到零失误。

专家点评

目前，餐厅机器人主要有迎宾机器人、点餐机器人、送餐机器人等。迎宾机器人能够智能迎宾，播放渲染餐厅气氛的音乐；点餐机器人能够通过智能语音自助点餐，通过语音推荐特色菜，根据顾客需求点餐，并将顾客点的菜品云同步到厨房显示器上；送餐机器人能够将菜品精准送到顾客所在餐位，还能回收餐具等。

随着AI技术的发展，机器人已开始在酒店、超市等经营场所占据一席之地，帮助人们完成基础的、重复性的工作，使员工有更多的时间和精力与顾客互动。

案例11　烛光晚宴

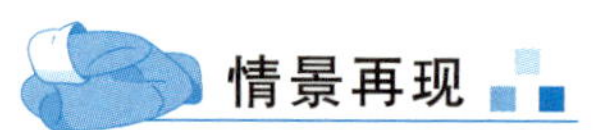

情景再现

某星级酒店餐厅，服务员小李正在雅间服务，突然电灯灭了，雅间内一片黑暗，客人议论纷纷。小李立即对大家说："真对不起，临时停电，给大家带来了不便；不过，大家是否愿意趁此机会尝试一下烛光晚宴呢?"此时，其他服务员恰好送来两个西餐烛台。在得到客人的应允后，小李将烛台摆在餐台上，又从备餐桌的抽屉里取出了事先准备好的西洋风情画挂在墙上，在窗台上放上一个西式盆景。片刻间，整个雅间由中式餐厅变成了一个充满温馨、浪漫气氛和异国情调的西餐宴会厅，一看这从天而降的烛光晚宴，客人非常高兴，纷纷赞不绝口。过了一会儿来电了，小杨想吹灭蜡烛，客人忙把她拦住，说："不要吹灭蜡烛，请关灯，还是烛光晚宴好!"

专家点评

酒店餐厅突然停电，服务员在了解停电的原因是临时停电后，立马安抚客人情绪，点上蜡烛，将中餐厅改成浪漫的西餐厅，给客人带来了别样的用餐体验。

一般情况下，酒店停电几秒钟后就有应急电源供电，因此服务员应沉着，不应惊慌或惊叫，应设法稳定客人的情绪。在应急电源还没供电前，打开应急照明灯，点上蜡烛。了解停电的原因，向客人解释，并提供服务。恢复供电后，应巡视餐厅，向客人道歉。平时，餐厅里应备有蜡烛，而且应该放在固定的位置，取用方便；如备有应急灯，平时应该定期检查插头、开关、灯泡能否正常工作。

案例12　大生意

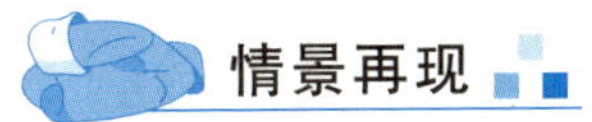

情景再现

一位在某五星级商务酒店入住数日的客人，在离店的前一天，偶然在电梯里碰到了进店时送他进房间的行李员。两人打过招呼后，行李员问他这几天对酒店的服务是否满意，客人直率地表示酒店各部门的服务都比较好，只是他对中餐厅的某道菜不太满意，觉得现在菜的味道不如从前，因为几年前他曾多次在此品尝过。

当晚这位客人再到中餐厅用餐时，中餐厅经理专门准备了这道菜请他免费品尝。原来，说者无心，听者有意。与客人分开后，行李员马上打电话将此事告知了中餐厅经理。当客人了解事情的原委后，非常高兴，他没有想到自己随便说说，酒店居然如此重视。客人真诚地说："这件小事充分体现出贵酒店员工的素质及对客人的服务态度。"

几天后，这位客人的秘书打来电话，将下半年公司的三天研讨会及一百多间客房的预订生意放在该酒店。秘书还说，上次在酒店下榻的这位客人是他们集团公司的总经理，他回到公司后，高度赞扬了酒店员工的素质，并决定将研讨会及入住预订从另一家商务酒店更换到该酒店。几乎不费吹灰之力，酒店就做成了一笔可观的生意。

专家点评

本案例中，行李员和中餐厅经理的行为之所以能得到客人的称赞，是因为酒店提供的服务已超过了客人的期望，即服务出色得令客人无法想象时，客人才会受到震撼，并会由此对酒店忠诚与信任。此案例中，顾客的满意是在前厅的行李员和中餐厅经理的通力合作下达成的。可见，酒店内部成员之间的配合是至关重要的。在酒店以各种形式销售产品的过程中，各部门必须共同努力，通力配合，最终才能取得树立整体品牌的效果。

其实，顾客在酒店的体验是由顾客与服务员的每一次接触构成的。这些接触分别是：门童欢迎并协助顾客进入酒店；前厅服务员为顾客办理入住手续；行李员引导顾客进入客房并向客人介绍酒店服务设施；客人享用客房内各项服务设施和用品；餐厅服务员引导并帮助客人进餐；当顾客离店时，收银员快速为客人结账，并真诚感谢顾客的光临；等等。

在整个服务过程中，客人接受了前厅、客房、餐厅等多个部门的服务，任何环节出现差错都会影响整个酒店的服务质量。只有当以上的任何接触点均由有经验的服务员自始至终为顾客提供服务时，才能保证顾客有一个良好的体验。为此，酒店部门之间要进行密切的配合和沟通，避免部门之间各自为政，才是上策。

案例13　脾气突变的客人

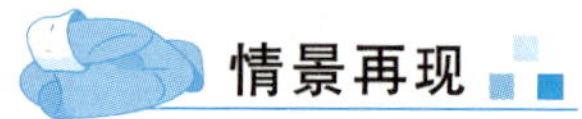

情景再现

某酒店餐厅晚餐时分，常来用餐的李先生与女友一起来到餐厅。他们径直穿过餐厅过道，来到非吸烟区，在平常坐惯了的饭台前坐下来。服务员见了忙走过来，上茶、递菜单、点菜，一切都在有条不紊地进行着。突然，李先生愤怒地对他身边的服务员说："这里是非吸烟区，为什么有人吸烟？你们连这点儿小事都做不好，还算什么五星级酒店？去，把你们经理叫来！"这突如其来的非难使服务员吃惊不小。服务员反映，李先生平常不是这样的，而且前天他还跟几位朋友一起在这儿吃过饭。李先生前天与今天对非吸烟区有人吸烟的态度不一样。表面看来是客人投诉吸烟，其实是"醉翁之意不在酒"。因为他虽不吸烟，但并非不能忍受别人吸烟。从他径直穿过餐厅，到坐下来，服务员没有按熟客的方式招待他、没有按熟客给他优惠，使他在女友面前脸上无光，投诉只是借题发泄不满而已。

专家点评

直接提出换台是不明智的，因为按道理应该把吸烟的客人换到吸烟区去。但如果客人拒绝怎么办？为李先生换台也不合适，一来难保其他地方的客人不吸烟，二来因为这里本来就是非吸烟区，所以李先生多半也会拒绝。有两点可以借鉴：

第一，以姓氏热情地称呼对方、给予优惠、道歉等都可以使客人感到有面子，自尊心得到满足，继而放弃投诉。所以，服务工作中要注意观察，认真分析，透过现象看本质，只有这样才能真正解决问题。

第二，以此事作为经验教训，对全体员工进行培训，让所有员工增强服务顾客的意识。

案例14　会议餐

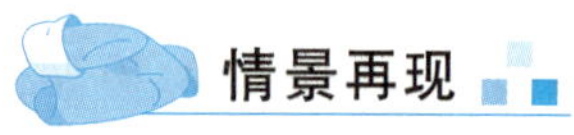

情景再现

某农机系统在一家三星级酒店召开为期三天的大型会议。开会前一天上午，会务组同志先到达，稍事休息后，会务组的三位负责人在营业部经理的陪同下来到了餐饮部办公室。

一番简短的寒暄后，会务组同志重申了餐饮的预订标准，即每人每天120元，扣去第一天的早餐和最后一天的晚餐，每人餐费计240元，与会人员约240人，餐费总计约为5.76万元。

会务组同志走后，酒店餐饮部正副经理和总厨师长进行了细致的研究。

总厨师长首先发言："第一，不要平均使用餐费，除早餐与午餐、晚餐的标准不一样外，三顿午餐和两顿晚餐虽然都是每人40元，但不宜平摊，应统筹安排。第一天的午餐是会议集中的第一餐，要把菜肴和服务都搞得好一点，开个好头；最后一餐也要搞得隆重、丰富些，给与会者留下深刻印象。而其余各餐则可以相对简单一些，上一些经济实惠的菜肴和点心。第二，因为与会者来自全省各地，所以菜肴要兼顾全省各地的地方风味，以保证客人吃饱吃好。"

随后，总厨师长草拟了一套会议菜单，餐饮部经理看后接着发言："由于会议标准不是很高，所以我们一定要坚持薄利多销的原则，既让客人吃饱吃好，又要保证一定的利润，因此必须对菜肴原料进行综合利用。例如青鱼这道食材，第一天可以做成豆瓣青鱼，第二天中午则可以做成红烧划水，第三天晚上可以用来炖砂锅鱼头。另外，还要粗料细做，发挥我们酒店厨师力量雄厚的优势。"餐饮部副经理强调，虽然会议餐标准较低，但服务不应失水准，要拿出酒店应有的服务水平，确保客人满意。

最后，餐饮部三位领导对菜单进行了十分细致的研究，经几次调整后才最后确定下来。

会议开得很成功。在三天会议过程中，用餐十分顺利，240名会议代表在一片祝酒声中结束了会议。

专家点评

会议接待很不容易做好，特别是一连数天的用餐：一要让上百名的客人吃得开心；二要把餐饮费用控制在会务组规定的范围内；三要保证酒店在经济上有所收益。做到三方面兼顾是相当有难度的，关键在于酒店餐饮部门内部要有科学的管理和巧妙的安排，还要与会务组加强沟通，掌握信息。虽然会议客人不好接待，餐饮利润又薄，但因为参加会议的客人一般数量较多，即使餐饮方面经济收入不丰，但客房和其他消费还是比较可观的，淡季时会议客人还能填补客源空白，所以酒店不能忽视对这一市场的开拓。

这家酒店接待农机系统的会议，餐饮部几位主要负责人一起研究具体的安排，这是该酒店管理意识的体现。一家酒店的餐饮成功与否固然与其厨师力量是否雄厚有关，更重要的还在于管理。接待各类团队客时，管理的重要性更甚于烹饪水平。如果管理妥善，纵然厨师实力单薄些，团队客的用餐还是可以搞得很好的。而该酒店的厨师力量在当地享有盛名，菜肴品质更是有口皆碑。

该酒店一个约240人的大型会议有如此高水平的管理，又有手艺高超的厨师掌勺，客人皆大欢喜自在情理之中了。

案例15　赔礼

情景再现

一位宾客参加在某五星级酒店举行的鸡尾酒会。当时，他与朋友正边吃边聊，突然“咔嚓”一声，他咬到了一块小铁皮，于是招来服务员，告诉服务员点心里有一块小铁皮。服务员立即十分内疚地表示歉意。客人看到其真诚道歉的样子，而自己并没有受伤，就没再说什么，也不打算投诉了。

服务员向宾客道歉之后离去，这位客人以为这件事就这样了结了。但令他惊讶的是，大约过了5分钟后，服务员竟然带来主厨向他表示歉意，并主动提出让他到酒店的医务室或当地医院去检查。这家酒店如此重视令客人感到极受尊重，有一种温暖的感觉，也忘了小铁皮曾给他带来的不快。

专家点评

这家酒店能成为著名的五星级酒店，其关键不在于不会出任何差错，而在于其面对差错、面对客人抱怨时的态度。每个员工都能以尊重客户权益的态度去面对差错，这就是五星级的品位。有了这种品位，就能自然地把酒店的产品与服务推向炉火纯青的境界。五星级酒店品位的形成来自管理制度的熏陶，来自各级领导行事风格的感召，这就是企业文化的源头。这家五星级酒店“位卑言轻”的服务员能叫动“位高权重”的大厨负起责任，这在酒店业内按传统“行规”是不可思议的事。但是，这个服务员做到了。在这个服务员请出大厨的不寻常举动的背后，是酒店打破常规的管理制度和企业文化的强力支持。

事实上，在激烈的市场竞争中要真正把高层次服务落到实处并非易事。高层次服务落实必须通过优良的企业文化与严谨的管理制度两者相互作用才能克尽全功；“零缺点”目标的发扬，必须使每个员工都有正确、积极的营销理念，只有这样，他们才能在面对偶发性的品质问题时，自信从容地以“尊重顾客权益就是维护酒店利益”的态度去解决问题。换言之，就是形成五星级酒店的品位。只有如此，员工才能意识到偶发性品质问题的发生是酒店精益求精的契机，应坦然面对。反之，一味隐瞒、逃避，留给社会大众的将是一个极不好的企业形象。得失之间，取决于酒店的管理制度、企业文化是否能让每个员工养成五星级酒店品位的服务态度。

第三章 客房服务与管理

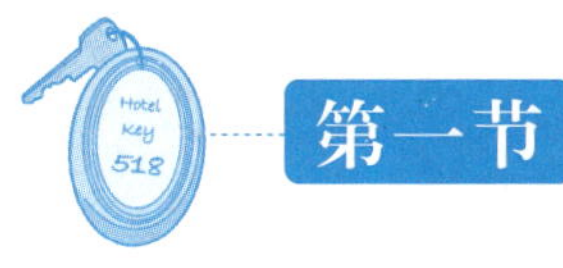

第一节

新手上路篇

案例1　VIP卡不见了

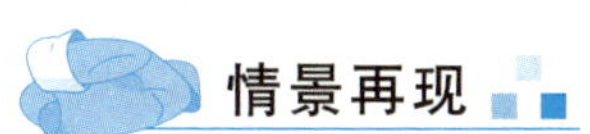

情景再现

1108房客人司徒先生回到房间，发现自己插在取电盒上的VIP卡不见了。这张VIP卡是司徒先生的个人消费卡，卡里不但有大量的消费积分，而且留有部分余额。司徒先生立即火冒三丈，打电话到房务中心质问："是谁把我的VIP卡偷走了？"房务中心小李赶紧向客人道歉，并明确表示了解后会立即给予答复。经查询，确实是客房服务员小张在清扫房间后，把客人的VIP卡当成自己的取电卡拿走了。区域领班小周立即陪同小张向司徒先生道歉，司徒先生也表示原谅。

专家点评

本案例中，房务中心小李能及时上报，区域领班又能及时稳妥地处理，并上门致歉，最终取得了客人的原谅。但客房服务员小张清扫住客房时，未能执行住客房清扫制度：

（1）清扫住客房时，不得挪动、使用客人的物品。发现取电盒上有房卡或客人的取电卡时，一律不能随意拔取，并在客房服务员清扫报告上做好记录。

（2）如取电卡是插着取电的，应仔细查看房内是否有需要用电的，确定没有的将取电卡拔出斜靠在取电盒上，有手机在充电的，应关闭房间内所有电器，只保留手机充电。

（3）加强客房服务员住客房清扫制度的培训，杜绝同类事件的发生。

（4）如客房服务员未挪用客人的取电卡，经查找也未找到的，区域领班也要及时将结果反馈给客人，并做好记录。

案例2　一个快递盒子

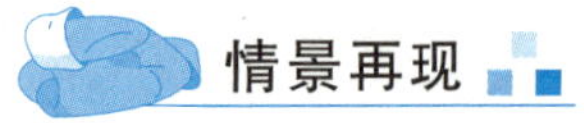

情景再现

中秋节后的第一天早上8点，1818房客人退房，是房务中心小林去查房的。当时写字台上放着一个快递盒子，盒子里有一个袋子，她打开袋子一看还有几层防护膜，再看看防护膜足足有三层，就通知前厅收银查房了。

早上9点，房务中心的电话突然响起："我是1818房的，早上退房的时候在写字台上遗留了一个快递盒子，正在赶回酒店的路上。"说完就匆匆挂断了电话。区域领班赶紧去房间查看，打开快递盒子，撕开防护膜，发现里面是一个崭新、挺括还没有撕膜的手机包装盒，里面肯定有一部新手机。半小时后客人就急急地赶到了，由客房主管陪同区域领班一起向客人说明了事情的原委，并表示了深深的歉意，最后取得了客人的谅解。

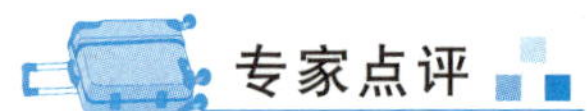

专家点评

本案例中小林在检查客房时，尽管打开了快递盒子检查，但未打开袋子进行仔细检查，造成了工作失误，给客人带来了不必要的麻烦。客房服务员在客房检查时，无论是客人动用过的客用品还是遗留物品，必须打开后仔细检查，以免有所疏忽。

案例3　一副老花镜

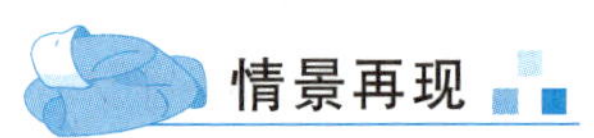

情景再现

某日中午，客房服务员小胡正在整理从工作车上撤换下来的脏布件，忽然从布件里掉下个东西，她定睛一看："怎么有一副老花镜？"这下可把她难住了："撤了那么多的脏布件，究竟是哪个房间的呢？"她想了想，急急忙忙地跑进客区，一边举着老花镜，一边挨个问客房服务员："你们有谁见过这副老花镜？"可是谁也没见过。此时的小吴更加着急了，眉头紧锁："怎么办？我到底是从哪个房间夹带出来的呢……"正在这时，客房服务员小江手里抱着刚领来的布件从楼梯上来，看到小胡急急忙忙的样子，奇怪地问："你怎么了？这么急？"小胡举起手里的老花镜，叹着气说："这副老花镜，我也不知道从哪个房间里夹带出来的。"小江仔细一看，惊讶地说："这是2525房的客人扔在垃圾桶里的，我觉得还可以用就没有丢弃，怎么会在你这儿呢？”小胡回答说：“是我整理布件时抖出来的。”小江恍然大悟：“哦，肯定是我没放好，掉进布件袋了。”

晚上8点2525房客人回来后，准备看书，却发现老花镜不见了。他打开房门，大声叫喊：“服务员！服务员！谁把我的老花镜拿走了？”小江应声而去：“您好，先生！请问是老花镜吗？”“是的，你把它拿到哪里去了？”小江赶紧解释：“我看见老花镜丢弃在垃圾桶里就把它拿出来了。”小江的话还没说完，客人就提高了嗓门：“谁说的？明明是放在写字台上的，怎么会在垃圾桶里呢？”小江解释说：“真的是丢弃在垃圾桶里的。”客人坚持说不可能，小江进房指着写字台边上的垃圾桶，委屈地说：“我就是在这里捡的。您看会不会是从写字台上掉下去的？”客人看了看垃圾桶，又看了看写字台，还是摇着头说‘不可能’，但说话的口气略有好转。这时，小江再次面带微笑，委婉地向客人解释：“我们酒店是有规定的，除了客人丢弃在垃圾桶里的物品，其余物品一律不得动用。”客人摆了摆手，说：“算了，算了，找到就好。”小江连忙向客人致歉：“对不起，先生，给您添麻烦了！”他后退两步，转身离开了房间。

专家点评

本案例中，服务员具有高度的工作责任感，在客人投诉时具备灵活的应变能力。

（1）客房服务员按照工作程序逐件整理脏布件，且工作比较认真、仔细，及时发现了老花镜。发现后能挨个询问同事，直到查明事情真相为止。

（2）客房服务员清扫房间时发现垃圾桶内丢弃的物品并有疑义，能及时捡起来，说明该员工工作比较认真、仔细。

（3）客人投诉时，客房服务员能够灵活应对，且能正确引导客人。

（4）客房服务员在受委屈时，仍能面带微笑，委婉地向客人解释并做好致歉工作，充分体现了该服务员具有“宾客至上”的服务理念。

案例4　工作车上的裙子

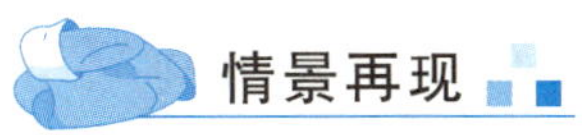

情景再现

1214房客人退房，服务员小高查房完毕。客房服务员小李清扫房间时，发现棉被里裹着一条裙子，就直接把裙子放在自己的工作车上，继续清扫房间。下班前区域领班检查工作车时发现了这条裙子，经了解是小高检查走客房时未发现客人遗留的裙子，小李清扫房间时发现了但未及时上报房务中心。区域领班马上把裙子送至房务中心，并在宾客遗留物品登记本上做好记录。根据客人的预订信息查找联系方式，立即与客人取得了联系，并且真诚地向客人致歉："张先生，非常抱歉！由于我们工作的疏忽，给您带来了不便，请您谅解！请问是否需要我们帮您把裙子邮寄过去呢？"张先生说："不用了，过几天我还要去开会的，到时候来拿。谢谢！"

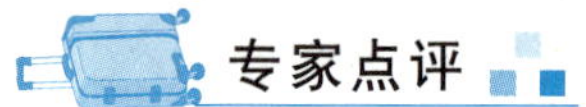

专家点评

本案例中，服务员检查走客房时未按照《检查走客房程序和标准》进行操作，导致未能及时发现遗留物品，客房服务员清扫房间发现了遗留物品，但未按照《宾客遗留物品处理程序和标准》进行操作，给客人带来了不必要的麻烦。

区域领班按照程序检查工作车，及时发现了遗留物品，积极地与客人取得联系。她不但主动承认了服务员工作中的疏忽，也承担了自己的管理责任，取得了客人的谅解，最后还就是否需要邮寄征求客人的意见。把事情由被动化为主动，充分地体现了酒店人性化的服务，最终赢得了客人的认可。

案例5　我错了吗？

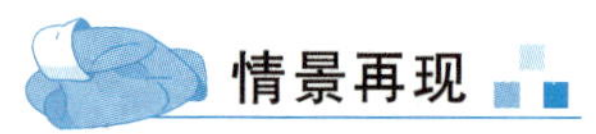

情景再现

某日下午，几位客人坐在大堂休息处的沙发上边聊天，边一支接着一支地抽烟，气氛十分融洽。这时清洁员小董看到烟缸中已经有了四五个烟蒂，赶紧过去为客人更换烟缸。她微微地弯下腰，将干净的烟缸轻轻地叠放在脏的烟缸上，将两个烟缸同时撤下，然后按规范将干净的烟缸放回茶几的中间位置。此时客人刚要弹烟灰，却发现烟缸不在刚才的位置，就将烟缸移至自己方便的位置。在客人继续抽了三支烟后，小董再次前来更换烟缸，她还是按规范将干净的烟缸放回茶几的中间位置。其中一位客人忽然站起身，大声叫嚷："你能不能把烟缸放在我的面前？"小董被吓了一跳，脸涨得绯红，胆怯地回答说："对不起，先生，我们的服务标准要求我们将烟缸放在茶几中间的位置。"客人大发雷霆："把你们的老总叫来，我要问问他，是你们的服务标准重要还是客人的方便重要……"整个大堂的客人都不约而同地看过来，此时的小董又害羞又委屈，一句话也答不上来。领班听到客人的骂声，立即赶到现场，带着满脸的微笑上前向客人赔礼道歉："对不起，先生，您千万别生气！这是我们新来的员工，可能服务不太周全，让您生气了，您千万别往心里去。对不起，请原谅！我们一定改进！"她一边道歉，一边拽着小董说："赶紧给客人道个歉，下次改进！"小董再次委屈地给客人道歉，这时客人的朋友们纷纷拽着他说："走吧，走吧，算了，别为难小姑娘了。”

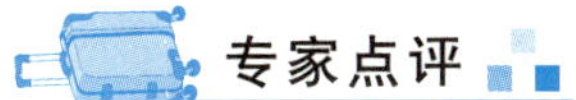

专家点评

本案例反映了酒店制定的工作标准还是不够细致、不够完善。一是在清洁保养工作中，所有客用设施设备及物品的摆放均应考虑到客人的使用方便。二是在具体的服务过程中，应照顾到客人的使用习惯，尊重客人的意愿。三是服务员不够灵活，只是片面地考虑工作标准。在服务过程中要灵活处理，小董完全可以在更换烟缸后，尊重客人的习惯，将干净的烟缸放回客人所喜欢的位置，而不是服务标准规定的位置。四是我们应以满足“宾客需求”为中心，不断修改与完善我们的工作程序和标准，为宾客提供更为人性化的服务。

案例6　茶叶到底是谁的

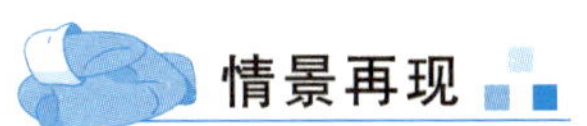

情景再现

2216房客李先生是从北方来杭州参加全国性会议的，晚上回到房间，发现写字桌上放着一个礼品盒。他仔细一看，是礼品装的龙井新茶，心里一阵高兴：“杭州的酒店考虑得挺周全的，眼下正是龙井茶上市的时候，竟然还赠送了茶叶。”李先生喜滋滋地把茶叶放入了自己的行李箱。

第二天中午李先生去总台退房，当时退房结账的人挺多的。总台收银员小王面带微笑，礼貌地向李先生致歉：“对不起，请您稍等！”李先生摇着头说：“没关系，你们酒店的服务态度真好啊！”小王笑着回答：“谢谢您的夸奖！”李先生满脸堆笑：“你们酒店不但服务好，而且考虑得特别周全，房间里还赠送了龙井新茶呢！”小王以为是自己听错了，又问了一次：“请问是房间里吗？”李先生奇怪地问：“是啊，你还不知道吗？”小王一下子蒙了：“奇怪，没听说房间里赠送龙井茶啊？”小王赶紧朝李先生微笑着说：“对不起，李先生，请您稍等！我确认一下。”小王赶紧与房务中心联系，确定房间里没有赠送茶叶。房务中心立即查找了前一天发放礼品的会议房，经核实是服务员把会议礼品放错了房间，房务中心立即逐级上报。客房主管赶紧去总台，把事情的来龙去脉向客人做了解释，再三向客人表示了歉意，客人也表示谅解。

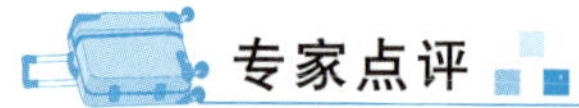

专家点评

本案例中,收银员小王工作热情、细致,反应灵敏,能及时发现、解决问题,值得表扬。查找到出错的原因后,客房主管能第一时间赶到总台,向客人表示歉意,取得了客人的谅解,从根本上有效地遏制了事情的进一步发展。

在酒店里,服务员送物品进房间是比较平常的事情,如果不按程序操作,很容易出现差错。服务员送入房间的任何物品,房务中心必须有完整的记录,包括记录时间、物品名称、送物品人、开门人等。送物品之前必须与房务中心核对房号是否正确,发现房号不同的应查明原因后放入。如是总台、会务组提供房号的,也要先核对再把物品送入房间,并做好记录,避免送错房间。

案例7　失而复得

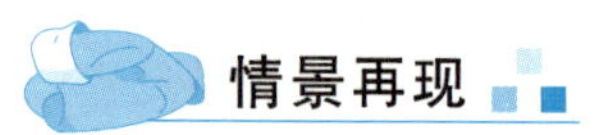

情景再现

某日,房务中心的电话突然响起,是离店的1114房客人打来的,说在房间里遗留了一块玉佩。房务中心小帅立即查找了宾客遗留物品登记本,但上面没有记录,小帅问了当天的客房服务员,服务员也说没有见过玉佩。第二天,这位客人又打来电话说,玉佩肯定是落在房间里的,要求服务员再仔细找一下。按照客人的要求,区域领班陪同客房服务员一起对房间再次进行仔细查找,依旧没有着落,并回复了客人。五天后小帅和房务中心服务员小部在员工食堂吃饭时,无意中提到了客人找玉佩的事,小部马上跳起来说:“有的,是我找到的,已送到总台去了。”小帅说:“那你怎么没记录啊?”小部挠了挠头皮,一头雾水:“哎呀,肯定是我忘了,客人走了,怎么又来找了呢?”经过核实,是房务中心小部检查的走客房,当时小部就把遗留的玉佩送到总台了,但客人已经离开酒店了,总台就把玉佩放在抽屉里了。当时小部及总台都没有做任何交接,玉佩至今还在抽屉里呢!客房部经理接到上报的情况后赶紧联系客人,真诚地向客人表示歉意。客人在电话里非常恼火,经理再三致歉,承认是酒店人员工作的疏忽,给客人造成了不必要的担心和麻烦,并表示会派人亲自把玉佩送还给客人。最后客人表示谅解。

专家点评

本案例明显地反映出房务中心、总台服务员的操作不规范,给客人带来了不必要的麻烦。

未按程序做好遗留物品记录及交接工作，在客人已经离店的情况下，总台应将遗留物品交回房务中心，并在宾客遗留物品本上做好记录，以备房务中心寻找遗留物品。特别是客人确定物品在房间的情况下，总台应与当班检查走客房员工、客房服务员及区域领班一一核实，并要求区域领班陪同客房服务员再次进房彻底检查，以免有遗漏的角落。

部门经理知道情况后能立即与客人取得联系，充分显示了对客人的尊重、对此事的重视。她再三致歉，承认是他们酒店工作上的疏忽，给客人造成了不必要的担心和麻烦，并表示会派人亲自把玉佩送还给客人。正是她的真诚才使酒店取得了客人的谅解，没有因此而失去了客人。

案例8　小龚的迷茫

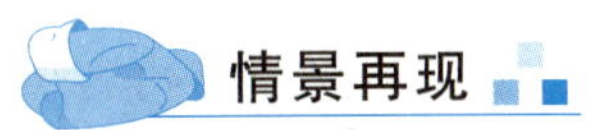

情景再现

服务员小龚第一天上班，被分在酒店主楼12层做值台，因为她刚经过3个月的岗位培训，所以对做好这项工作充满信心，自我感觉良好。一个上午的接待工作也确实颇为顺手。

午后，“叮当”一声，电梯门打开了，走出两位港客，小龚立刻迎上前去，微笑着说：“先生，您好！”她看过客人的住宿证，然后接过他们的行李，一边说“欢迎入住本酒店，请跟我来”，一边领他们走进客房。小龚随手给他们沏了两杯茶放在茶几上，说道：“先生，请用茶。”接着她又用手示意，一一介绍客房设备设施：“这是床头控制柜，这是空调开关……”这时，其中一位客人用粤语打断她的话头：“知道了。”但小龚仍然继续说：“这是电冰箱，桌上文件夹内有‘入住须知’和‘电话指南’……”未等她说完，另一位客人掏出钱包抽出一张面值10元的外汇券不耐烦地递给她。霎时，小龚愣住了，一片好意被拒绝甚至误解，她感到既沮丧又委屈。她涨红着脸对客人说：“对不起，先生，我们不收小费，谢谢您！如果没有别的事，那我就告退了。”说完便退出房间回到服务台。

此刻，小龚心里乱极了，她实在想不通：自己按服务规程给客人耐心介绍客房设备设施，为什么会不受客人欢迎呢？

专家点评

小龚对客人积极主动的热情服务首先应该被充分肯定，她按服务规程不厌其烦地给客人介绍客房设备设施，一般来说也并没错（客人给她小费，本身也包含了对她服务工作的肯定，说明她所做的工作并没有错）。但是，服务规程有个因人而异、灵活运用的问题，对服务分寸的掌握也有个度的问题。这样来看,小龚对两位港客太周到的服务的确有欠妥之处。

显然,详细介绍客房的常用设备设施甚至普通常识,对绝非初涉酒店的档次较高的港客来说是大可不必的。特别是当客人已显出不耐烦时,服务员还是继续唠叨,那更是过头了,会让客人感到对方以为他们未见过世面,使其自尊心受到挫伤,或者误解服务员是变相索要小费,从而引起客人的不满和反感。好心没有办成好事,这是满腔热情的小龚始料未及的,其中蕴含的服务技巧问题,值得酒店同行深思和探讨。

案例9　叫醒服务不周到

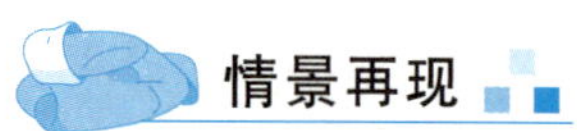

情景再现

住在酒店1102房间的周先生,在某日晚上9点临睡前,从客房内打电话给店内客房服务中心。客人在电话中说:"请在明晨6点叫醒我,我要赶乘8点起飞的班机离开本城。"客房服务中心的值班员当晚将所有要求叫醒的客人名单及房号(包括周先生在内)通知了电话总机接线员,并由接线员记录在叫醒服务一览表中。

第二天清晨快要6点之际,接线员依次打电话给五间客房的客人,他们都已起床了,当叫到周先生时,电话响了一阵后,周先生才从床头柜上摘下话筒。接线员照常规说:"早上好,现在是早晨6点钟的叫醒服务。"接着传出周先生的声音(似乎有些微弱不清):"谢谢。"

谁知周先生回答以后,马上又睡着了。等他醒来时已是6:55了。等他赶到机场时,飞机已起飞了,他只好折回酒店等待下一班飞机。

客人事后向酒店大堂值班经理提出飞机退票费及等待下一班飞机期间的误餐费的赔偿问题。值班经理了解情况之后,向周先生解释说:"您今天误机的事,我们同样感到遗憾,不过接线员已按您的要求履行了叫醒服务的职责,这事就很难办了!"客人周先生并不否认自己接到过叫醒服务的电话,但仍旧提出意见说:"你们酒店在是否弥补我的损失这一点上可以再商量,但你们的叫醒服务大有改进的必要!"

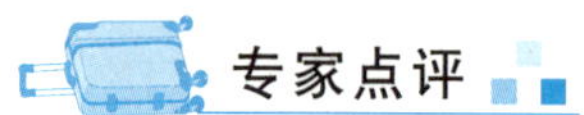

专家点评

客人周先生最后的表态,的确有一定的道理。理应受到客人信赖的叫醒服务项目,该酒店却没有完全做好,至少应当吸取以下几点教训:

(1)酒店应当确认,叫醒服务是否有效。当话务员叫醒客人时,如果觉得客人回答不大可靠，保险起见应该过一会儿再叫一次。

(2)如果许多客房的客人要在同一时间叫醒，为了避免叫醒时间的推迟，应当由两至三名话务员同时进行，或通知有关人员直接去客房敲门叫醒客人。

(3)最好在客房服务中心安装一台录音电话，将叫醒服务的通话记录下来，作为证据保存，录音至少应保存两天，这样遇到有人投诉时便容易处理了。

案例10　到底是谁的错

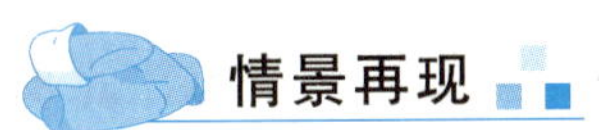

情景再现

一天中午，住在2972房间的VIP客人从外面回到酒店，进到客房内，发现客房的卫生还没有打扫。VIP客人有些不满意地找到了9楼的服务员说："我都出去半天了，怎么还没有给我的房间打扫卫生？"服务员对VIP客人说："您出去的时候没有将'请即打扫'牌子挂在门外。"VIP客人说："看来倒是我的责任了。那么现在就打扫卫生吧，过一会儿我还要休息。"于是，服务员马上为2972房间打扫卫生。

第二天早晨，VIP客人从房间出去时，把"请即打扫"牌子挂在了门外的把手上。中午，VIP客人回来后，发现客房卫生仍然没有打扫。这位VIP客人又找到这名服务员说："昨天中午我回来的时候我的房间没有清扫，你说是因为我出去的时候没有把'请即打扫'牌子挂上。今天我出去时把牌子挂上了，可是我现在回来了，你们还是没搞卫生。这又是什么原因呢？"这名服务员又用其他理由解释，说一名服务员一天要清扫十几间房，得一间一间清扫，由于比较忙，没注意到挂了"请即打扫"的牌子……VIP客人问："你工作忙，跟我有什么关系？这样挂'请即打扫'的牌子还有什么意义？"服务员还要向VIP客人解释，但VIP客人转身向电梯走去，找到大堂经理投诉。

事后，这名服务员受到了客房部的处理。

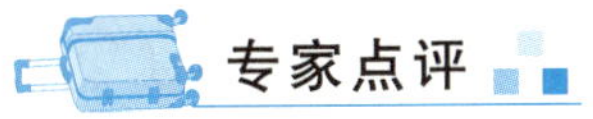

专家点评

在这个案例中，服务员遭到VIP客人投诉，主要有以下几个原因：

第一，VIP客人前一天找到服务员，问为什么没有搞卫生时，服务员的回答就存在问题。服务员应先向VIP客人表示歉意并及时清扫，同时，还应告知VIP客人"明天我们一定尽早给您打扫房间"，并应及时通知领班做好记录，以便及时跟进落实，避免第二天再次出现同样的情况，而不应该说是VIP客人出去时没有把"请即打扫"牌子挂在门上。如果这样说了，那就表示自己没有责任了，反而成了VIP客人的责任。其实VIP客人挂牌或不挂牌，只是清扫的先后与急缓不同。确认VIP客人上午出去，中午不会回房，服务员就应当在中午前将房间清扫完毕。

第二，服务员在工作中没有按照规定的工作程序操作。服务员在每天早晨开始工作时，应先了解住客情况，检查有无挂"请即打扫"牌子的房间，以确定客房的清扫顺序。从第二天的情况看，服务员根本没有按照规定的工作程序操作，只是按房间顺序清扫，这样自己工作起来方便。另外，跟VIP客人讲自己一天负责清扫多少间房子，要一间一间清扫，就更没有道理了，那不关VIP客人的事。如果这是理由，不管有什么情况都是按自己的方式一间一间清扫，那么VIP客人提出的要求和"请即打扫"的牌子以及工作程序就失去意义了。

第三，服务员在任何时候都不要将责任推给VIP客人。VIP客人并不想知道你的原因，客人要的是你的行动和结果，否则VIP客人会因此失去对酒店的信任。如果说服务员第一天不知道，那么，自己告诉VIP客人挂上牌子，第二天VIP客人挂了牌子而服务员依然不去理睬，说明服务员对VIP客人说的话根本没当回事。对VIP客人的要求，既没向领班汇报，也没有做记录，服务员是不负责任的。给VIP客人的感觉就是服务员在敷衍、戏弄他。

从表面上看，这名服务员说话的语气和方式也存在问题，服务员总是解释、强调自己的理由。其实关键是缺乏宾客意识。服务业是依靠顾客生存的，VIP客人是服务员的衣食父母。如果该服务员不从根本上转变观念，类似的投诉会更多。在VIP客人失去对酒店的信任后，酒店就会失去VIP客人。

案例11 谁进了我的房间

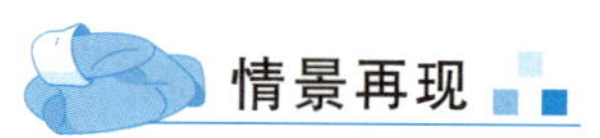

情景再现

本店的VIP常客——IBM公司的王先生气冲冲地跑到总台大声问道："谁进了我的房间？我不是交代过没有我的同意任何人不得进入我的房间吗？"值班经理立刻迎上去了解事情经过。原来王先生是酒店的长住客，今天出门时送洗了衣服，晚上回来洗澡时发现，前一天送回来的衣服不见了，而早上送洗的衣服却已洗好放在了房间，因此断定服务员在未经他同意的情况下进入了房间。值班经理向客人道歉后，找到楼层服务员了解情况。经查，事情发生的主要原因是服务员未按交接记录要求擅自将当天的衣服送入房间，发现错误后想掩盖，又进入房间将衣服取出，却误将前一天的衣服取出，这才引起了客人投诉。第二天，王先生扔下一句话："我们公司的人以后都不来这里住，一点安全感都没有。"

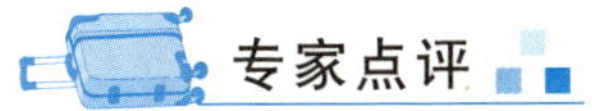

因一件很简单的事情得罪了一位重要的客人。本案例中服务员犯了两个错：

第一，服务员对交接事项不重视，以致擅自将衣服送入了房间。第二，服务员为了掩盖事情真相又进入房间将衣服取出。就是这个重大的错误导致客人离去。如果服务员能够主动向宾客承认错误，那么，客人应该不会愤然离去。

另外，商务客人为防止商业资料外泄对酒店保密工作要求较高，因此在接待商务客人时须特别注意做好保密工作，严格按客人的要求做事，防止不愉快的事情发生。

案例12　一句话引发的投诉

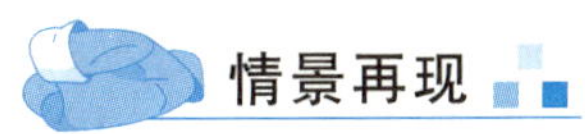

一天早上，客房新员工小张按照服务中心指令，前往716VIP客人的房间进行退房的查房工作。

小张迅速赶到该房间，礼貌敲门后，发现房间还有客人，于是及时询问客人是否退房，客人说“是的”，并要求小张查房。小张为了快些查完房间，看到两位客人还在谈话，就说：“我要查房，请你们出去吧。”小张的话让其中一位客人很是不满，马上指责小张素质太差并进行投诉，然后愤然离开。

事情发生后，总经理办公室人员赶往调查，发现该房住的是酒店的一位常住客人，后经过多方协调致歉，客人才表示谅解。

本案例中，从表面上看，小张说话语气不够婉转，是造成宾客投诉的主要原因，但是从中也折射出了酒店管理的不足。针对这种情况，部门应从强化服务意识开始，教育员工尊重、明白宾客的需求，不管是主管需求还是心理愿望，让员工从心里明白服务的标准和需要达到的境界。在工作中，尤其是对客服务工作中，应采用换位思考的方式进行工作。

如本案例中，宾客在房间谈话，服务员应适时提醒宾客，给宾客一个选择的空间。目的是请两位客人离开房间，服务员尽快查房，这样才能尽快地为宾客办理退房手续。“两位先生是否还要在房间停留一会儿？如果是这样的话，我可以待会儿再来查房。”话语怎样讲，不做统一要求，只是让员工明白不同的说话方式会达到不同的效果。

以上案例，给了我们一定的教训和警示，那就是酒店无小事，做任何事情都要认认真真，严格按照工作流程，把工作一环一环落到实处。若每一个点都做到位，那么这条线也就贯通了，让宾客满意也就水到渠成了。

案例13　报错房号退错房

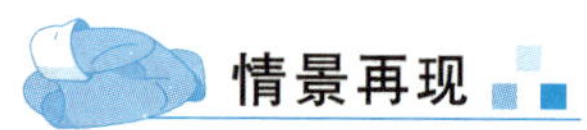

情景再现

总台接待员小李见到常客金先生拎着一个包向总台急匆匆走来，便迎上前去笑吟吟地打了声招呼。金先生点了点头立即说道："我要离开台州两天，过两天还要回来住，我还有押金在你们这里，你先把我现在这个房间退了，但先不要结账。我住6016房间。"

说完递来他的门卡。"没问题，您放心吧。您回来后还要住原来的房间吗？"小李接过房卡，关心地问道。"随便。"金先生说完就急匆匆掉头而去。

小李目送高先生走后，立即通知房务中心说6016房退房。没过多久，楼层服务员打来电话称6016还有不少行李。小李想，也许金先生过两天还要回来，所以没有把行李全部提走吧，于是她通知行李员将6016房行李搬下来，暂存行李房。当天下午约3点，一位客人来到总台反映所住6016房间门卡不灵，进不去房间了。

仍在当班的小李心里一惊："又是'6016'！上午9点时金先生不是退房了吗？"小李接过这位客人的房卡经过复读还原，的确是6016房的门卡。小李似乎明白了一切，再细查资料，原来，金先生住的是5016房。金先生离开时将房号报错，才导致此结果。于是小李赶忙向客人做了解释，并表示道歉，同时立即指示行李员赶紧将行李搬回6016房间。为了稳住客人情绪，小李对客人说："行李员正在将您的行李搬回房间，大堂副理请您到咖啡厅喝杯咖啡，请您好好休息一下，您看可以吗？"客人淡淡一笑，不再说什么。当大堂副理将真正的6016客人请到咖啡厅后，小李终于舒了一口气。

专家点评

小李失误的地方是，对既定的操作规范随意"偷工减料"，把本该有的环节省略掉，在接过金先生房卡时未加以复读确认。现实中因未确认导致失误的现象并不少见。比如：未确认客人点的菜单就送进厨房，导致客人对某道菜不认账而拒绝买单；未确认送洗衣服的纽扣已丢失，导致衣服送还时引发客人的不满；等等。总台的特殊岗位更体现细节的重要性。

案例14　没有补上的洗衣袋

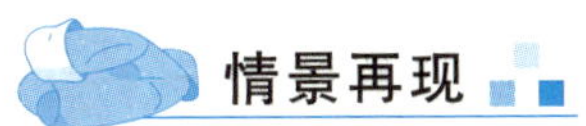

情景再现

早上客人退房时，在结账清单上发现多了20元，就问是怎么回事。当班服务员解释查房时，发现他住的客房少了洗衣袋。按酒店规定，如果客人拿走一个洗衣袋（棉纺布品）要扣罚20元，就这样前厅加收了客人20元。前厅服务员的解释就是多的20元是他拿了一个洗衣袋扣的钱。客人听了很生气地说："什么洗衣袋？我没有拿过。是你们的服务员昨天拿了没有补回去。"他在大堂里大吵大闹。

后来，房务中心打电话给前天值早班的小芹及清洁服务员和领班。清洁服务员和领班都没印象，而小芹想起来了，这完全是她的错，她确实收了客人的衣袋拿去洗衣，没有补回去，交班时也没有登记。最后还是由经理出面向客人赔礼道歉，给客人房费打了八折，客人才罢休。

专家点评

客房服务一定要按照工作程序进行，不能图快而忽视质量；工作时一定要注意客人房间里的物品和设施，多了什么，少了什么，心里一定要有数，既保证酒店在经济上不受损失，也能杜绝客人的投诉，维护酒店的声誉。

本案例中，酒店的工作人员都没有按照岗位程序进行规范化操作。否则，不会出现好几个人进入了房间都没有发现少了洗衣袋，尤其是领班，她最主要的职责就是查房间的物品齐不齐、设施有没有损坏。

发生这种事情，对酒店造成的影响很大：第一，这位客人以后可能不会再来该酒店消费，这样该酒店就损失了一个回头客；第二，客人在前厅大吵大闹，很多其他客人都看到了，这使酒店的声誉受损；第三，给客人房价打八折，酒店在经济上也受到了损失。

案例15　客人遗留了物品

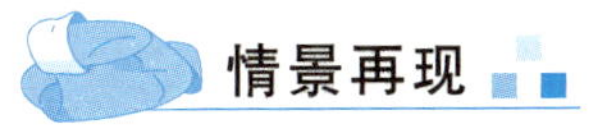

情景再现

一天，客房部领班在查房时，发现客房抽屉里有几件遗留的衣服。她感到很奇怪，立即打电话到房务中心查询此房间的客人是否已离店，并向客服中心通报了客人有物品遗留在房间里，要求做好记录，留备客人查询。然后，在工作表上做了详细记录，注明时间和所发生事情的概况。

经过向台班服务员小谢和房务中心了解，客房部得知此房客并没有离店，而是换房去了其他楼层。而服务员小谢在查房时，由于没有认真检查，没有发现客人遗留的物品。晚上11点，客人从外面回来。房务中心通知他领回自己的衣服时，他才发觉遗失了衣服。

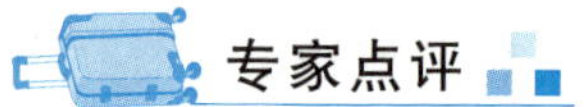

专家点评

客人入住酒店，渴望酒店能给他们带来家的感觉，因此他们对房间及服务员服务态度等方面的要求都很高，特别是对入住时间较长的客人来说更是如此。所以，挑剔的客人要求换房是经常发生的。换房时，由于客人觉得不是离店，加上当时的心情因素，在收拾物品时会不太细致而遗留一些物品在房间里。特别是不急用的东西，就更容易被忽略。这就对当值台班提出了很高的要求，在查房的时候一定要认真仔细、一丝不苟。

本案例中，台班服务员粗心大意，没有发现客人遗留在抽屉里的衣服，肯定是认为没有必要检查抽屉，从而导致问题的出现，这是她的失职。

遗留物品未及时发现导致的后果有两种。其一，原住客一旦发现自己遗留了物品，而原房间又住进了新客人，再去寻找就麻烦了。要从新房客的房间中取回原房客的物品不是一件简单的事情，需要很好地与新房客解释、协商。其二，客人换房后未发现自己遗留了物品，若之后办理了离店退房手续，那就更麻烦了。即使酒店发现了这些遗留物品，也只能将其交给礼宾部或是房务中心保管，查清客人地址主动寄还给客人或是等客人下次入住时再交还。

领班在工作中必须非常认真、仔细，发现问题后，严格按照规定的程序来处理客人遗留的衣服，立即找房务中心协调解决。由于发现及时、处理妥当，换房的客人找回了自己的衣物，避免了上述两种情况可能带来的麻烦。

案例1　客人入住了吗

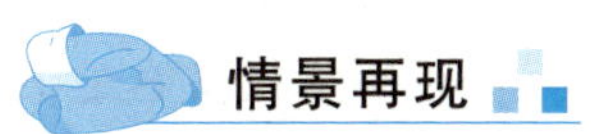

某日早上1109房客退房，客房服务员小赵查完房刚想关上房门时，看见布件员小孙就在前面的房间撤布件，心想："反正小孙马上要来撤布件了，就不用锁门了。"随手将房门虚掩着与小孙打了声招呼，就去查其他房间了。15分钟后小赵去打扫1109房，却发现房间里有客人。客人一见服务员，就大声问："房间都没打扫，怎么回事啊？"小赵以为是客人已入住了，一边给客人道歉，一边就开始打扫房间。很快小赵就清扫完了，与房务中心核对房态，却发现1109房没有安排客人入住。这下可把小赵急坏了："房间没安排入住，可确实有客人啊？我是忘了核对房卡了，怎么办？"她赶紧逐级上报，主管陪同领班一起进房与客人核对房卡。她一看房卡袋上的房号是2109，原来是客人走错了楼层，看见门开着就进去了。小赵进一步与总台核对了客人的信息，确定客人是2109房的。主管连忙向客人表示道歉，并主动征询客人的意见："请问您是愿意继续住在这间客房，还是去住另一间房？我们已经问过总台了，总台说都是可以的。"客人说："房间是一样的吗？"主管说："是的，就是楼层不一样。"客人说："算了，我就住在这儿吧！"主管立即让领班去总台帮助客人办理换房手续并更换了房卡，客人表示满意。

本案例中，客房服务员小赵发现异常情况能及时上报，主管陪同领班及时进房核对客人身份，灵活、妥善地进行了处理，确保客房的安全性，客人也表示满意。但仍暴露出员工工作中未按工作流程操作，这存在着重大的安全隐患：

任何房态的房间，必须随手关门，避免安全隐患。房门未关的情况下，发现有客人入住应及时核对客人身份。客房服务员在打扫房间时，如有客人要进入，必须礼貌地核对身份，核对无误后方可让其进入房间。同时做好工作记录，以备查阅。

案例2 一厘米钩丝的代价

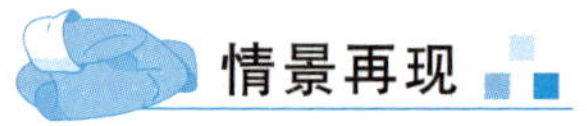

情景再现

晚上11点，房务中心小王把白天熨烫好的真丝礼服送进2324房。这位女客仔细地检查了一遍，突然脸色变了："礼服怎么破了？怎么回事？"小王一下子就傻眼了。在女客的指点下，对着灯光看了又看，才看清礼服没有破，但下摆有一根一厘米的钩丝。女客说正是这一厘米的钩丝造成礼服松紧不一，还有一尺长的色差，完全影响了礼服的视觉效果，并要求赔偿。小王立即上报，经理得知情况后亲自出面处理。经了解这位女客是某某美术馆开馆的特邀主持人。经理亲自登门道歉，真诚地向客人解释礼服没破，不会太影响效果，但确实是由于他们工作不够仔细造成的，所以也会适当地给予赔偿。但女客执意要全额赔偿，声称这件礼服是全真丝的，是在礼服专卖店定制的，花了4000元。经过多次协商，最终酒店赔偿了1000元，女客表示同意。

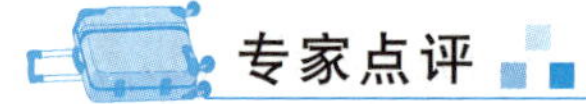

专家点评

本案例反映出服务员收洗客衣的时候，未按照程序操作，几个环节都存在问题，最终导致此类事件发生。

(1)收洗客衣、送洗衣房洗、洗好送回的每一道程序都应仔细检查，明确个人责任，避免类似情况出现。

(2)收洗客衣发现有破损、污迹时，必须与客人确认，并在洗衣单上注明，由客人签字认可。如客人不在房间，填写留言单，等客人回来确认后再洗。

(3)真丝礼服、皮衣等高档客衣，应婉转地建议客人去专业洗衣店处理。仅仅是要求烫一下的，可以把蒸汽熨斗借给客人使用。

(4)类似礼服等比较长的服装，拿取过程中更要仔细，必须套上包装袋，以免拿取过程中服装被钩破。

(5)交接班也必须仔细检查客衣，确定无问题后签字接收。

此案例存在的问题是显而易见的，赔偿也是必然的。经理在与客人的多次协商中，始终坚持"大事化小，小事化了，不影响山庄声誉"的原则，这是值得我们大家学习的。我们一定要从中吸取教训，杜绝同类事件发生。

案例3　究竟是谁的笔记本电脑

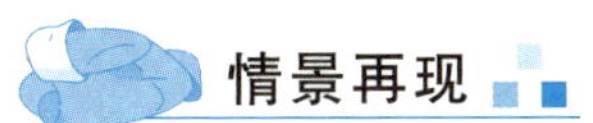

情景再现

某日下午5点，房务中心的电话突然响起，传来一个男人很着急的声音：“我是2218房的客人，早上退房时把笔记本电脑遗留在房间的电视柜内，现在我在从上海赶回杭州的路上，你们给我查一下。”话还没说完电话就挂断了，房务中心立即上报了领班小洪。小洪仔细地核对宾客遗留物品记录本，却发现上面没有记录，心想：“服务员查退房时，如果发现笔记本电脑遗留，肯定会说的，笔记本电脑会不会还在房间里呢？”想到这，小洪马上察看电脑入住记录，发现此房已入住了另一位客人。事不宜迟，小洪赶紧带上一名服务员去房间查看，刚好客人不在房间里。电视柜内确实有一个电脑包，里面有笔记本电脑、十多张银行卡，这下可把小洪难住了：“怎么办呢？到底是谁的呢？”正在这时，小洪发现电脑包的夹层里露出一张身份证，仔细一看是原2218房陈先生的。小洪赶紧提着包离开了房间。10分钟后，陈先生满头大汗、铁青着脸赶到了山庄。他急急忙忙地打开了包，侧过身子，数了数银行卡，一句话都没说。小洪赶紧赔礼道歉，并按程序办理了认领手续，陈先生只是说了句“再见”就匆匆地离开了。

专家点评

本案例中，领班小洪办事果断、干练，灵活、及时地处理了突发事件，有效地阻止了事态的进一步发展，是一名合格的管理人员。但是从中也暴露出了一些严重的问题：

(1)客房服务员未按照工作程序检查走客房，导致房间有笔记本电脑遗留未被发现。

(2)酒店中客人的遗留物品比较多，工作人员一定要严格按照程序查走客房，尽量避免有客人的遗留物品。

(3)一定要从中吸取教训，不要因为一时的疏忽，给酒店、自身造成很大的经济损失或影响酒店的声誉。

案例4 请速打扫

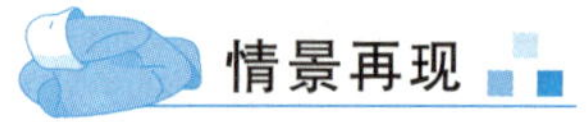

情景再现

某日中午，有一位男客站在2216房门口，大声叫喊："服务员，服务员！"客房服务员小陈应声而去，客人指着"请速打扫"提示牌，极其生气地质问小陈："你们是怎么回事？为什么我的房间到现在还没打扫？"小陈赶紧向客人致歉："对不起，先生，那边有间房在打扫。"客人继续说道："什么酒店啊？服务那么差，我要投诉你们。"小陈吓得不敢再解释了，小心翼翼地征询客人意见："请问我现在帮您打扫房间，可以吗？"客人生气地挥了挥手，很不耐烦地说："算了，等我出去再打扫，先把房门给我打开。我要休息，快点！"小陈赶紧掏出自己的清洁卡给客人开了门，再次向客人表示歉意，男客"嘭"地就把房门关上了。

下午3点，突然楼道上传来了一位客人的大喊声："服务员！服务员！"小陈再次应声而去。只见2216房的房门大开，一位男客站在房门口，像热锅上的蚂蚁般走来走去，一见小陈，大声训斥："我的电脑和2万元钱都没了……"顿时，小陈的脑袋"嗡"地就炸开了："不好，我闯大祸了！"小陈立即逐级上报，很快保安部、派出所都赶到了现场，进行了调查取证。经调查，确定是第一位男客冒充2216房客进入房间作案，窃得笔记本电脑、现金等，折合人民币3.5万元。客房服务员小陈在未核对客人身份的情况下，随意给其开门。最终由酒店赔偿客人的损失。

专家点评

本案例严重地暴露出服务员缺乏安全防范意识，让犯罪嫌疑人有机可乘，给客人带来了财产损失。服务员未严格执行房卡使用制度，在未核对对方身份的情况下，擅自给陌生人开门，最终给酒店造成了经济损失等恶劣的影响。

我们一定要从中吸取教训，严格按照工作程序和标准执行，并且强化安全防范意识培训，杜绝同类事件发生。

案例5　一粒扣子

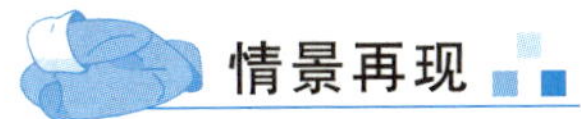

某日晚上，一位韩国LG公司的宾客金先生送完访客，叫服务员小李过去收拾房间。小李无意间发现金先生的外套上有一粒扣子摇摇欲坠。小李连忙提醒道："金先生，您衣服上有粒扣子可能会掉，需要我帮您缝一下吗？"金先生不好意思地摇摇头，说了声："谢谢！"随手一把摘掉了那粒扣子，并准备放入口袋。他笑笑说："缺粒扣子，不会很难看吧？不麻烦了。"小李心想金先生身处异国他乡，工作又挺忙的，还是帮他缝好吧！于是便打趣地说："金先生，您是怕我这个小裁缝不合格吧？"金先生急忙辩解道："怎么会呢？谢谢还来不及呢！""那您就是不介意啰，让我试试吧！"小李高兴地笑着说道。

接过衣服后，小李来到办公室，一针一线地将扣子缝好并送回去。金先生接过上衣，高兴地说："李小姐，你真细心，我真不知道怎么感谢你，我想这粒扣子永远也不会掉下来了，谢谢。""举手之劳，您太客气了！"小李谦虚地答道。

从此，金先生成了该酒店的常客，还经常推荐朋友来此入住。

一粒扣子虽小，但服务员能细心观察，想客人所想，主动为客人解决困难，得到客人的认可，使其成为酒店的常客，这就是服务的魅力。市场商品以质取胜，酒店经营也同样如此。在众多酒店中，能规范服务，在标准服务的基础上进一步升华，进行超常服务、超值服务，也就一定能胜人一筹，吸引更多的客人。

案例6　"不翼而飞"的劳力士手表

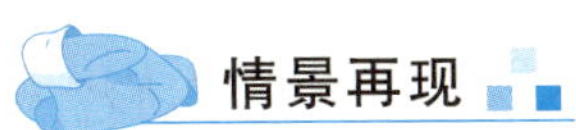

晚上7点半，某大酒店客房服务员向客房部经理报告称：816房客人投诉，在房间内丢失限量版劳力士手表。接到报失后，客房部经理和客房服务员迅速赶到现场。据了解，客人是来自香港的重要客户，他想要去洗澡了，便把手表放在了桌子上，但是当他洗完出来后却发现手表"不翼而飞"了。客人一口咬定是服务员所为，并气愤地说："你们服务员可真厉害呀!”

听完客人的叙述后,客房部经理一边安慰客人不要着急,一边表示要积极调查此事。据楼层员反映:晚餐后她按工作程序到816房给客人开夜床,但是她明确表示,她打扫的时候桌子上并没有劳力士手表。

为了维护酒店声誉,确保客人财产安全,必须尽快找到手表。客房部经理仔细分析问题的症结所在。突然,客人的叙述引起了经理的注意:客人说自己摘手表的时候正好接到了老婆的电话,于是,他便回到沙发上,跟自己的老婆聊了会儿天之后才去洗澡。于是,客房部经理马上去沙发边查看,手表躺在沙发垫后面,正好被遮住了。

客人双手接过“失”而复得的劳力士手表,感到非常惭愧,再三表示:自己错怪了服务员、错怪了酒店,今后再来这座城市,一定还住该酒店。

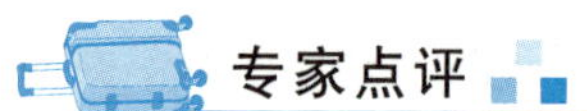

专家点评

经理听到客人在自己的酒店中遭遇这样的事情,马上安慰客人,并且立马处理这件事情。这体现了酒店对客人的重视,也体现了酒店对这件事情的重视。客房部经理比较敏锐,当客人在陈述的时候,马上找到症结的所在,并且分析事情的来龙去脉,帮客人找到了“丢失”的贵重物品。

案例7　客人离店被阻

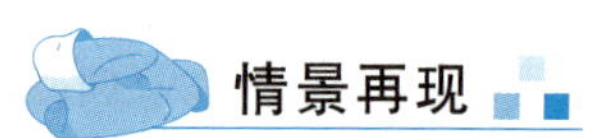

情景再现

南方某酒店,四十来岁的客人张先生提着旅行包从510房间匆匆走出,走到楼层中间拐弯处服务台前,将房卡放到服务台上,对值班服务员说:“小姐,这张房卡交给您,我这就下楼去总台结账。”不料服务员小赵不冷不热地告诉他:“先生,请您稍等,等查完您的房后,再走。”随即拨电话召唤同伴。张先生顿时很尴尬,心里很不高兴,只得无可奈何地说:“那就请便吧。”这时,另一服务员小红从工作间出来,走到张先生跟前,将他上下打量了一番,又扫视了一下那只旅行包。张先生觉得受到了侮辱,气得脸色都变了,大声嚷道:“你们太不尊重人了!”

小赵也不搭理,拿了房卡,径直往510房间走去。她打开房门,走进去不紧不慢地查看和清点:从床上用品到立柜内的衣架,从冰箱里的食品到盥洗室的毛巾,一一清查,还打开电控柜的电视机看看屏幕。然后,她离房回到服务台前,对张先生说:“先生,您现在可以走了。”张先生早就等得不耐烦了,听到了她放行的话语,更觉得恼火,待要发作或投诉,又想到要去赶火车,只得作罢,最后带着一肚子怨气离开了宾馆。

专家点评

服务员在客人离店前检查客房的设备、用品是否受损或遭窃,以保护酒店的财产安全,这本来是无可非议的,也是服务员应尽的职责。然而,本案例中的服务员小赵、小红的处理方法是错误的。在任何情况下都不能对客人说“不”,这是酒店服务员对待客人的一项基本准则。客人要离房去总台结账,这完全是正常的行为,服务员无权也没有理由限制客人去付账,阻拦客人离去。随便阻拦客人,对客人投以不信任的目光,这是对客人的不尊重,甚至是一种侮辱。其正确的做法应该是:

第一,楼层值台服务员应收下客人的房卡,让他下楼结账,并立即打电话通知总服务台,××号房间客人马上就要来结账。总台服务员则应心领神会,与客人结账时有意稍稍拖延时间:或与客人多聊几句,如“先生,这几天下榻宾馆感觉如何? 欢迎您提出批评意见”“欢迎您下次光临”;或查电脑资料时放慢节奏,如与旁边同事交谈几句,似乎在打听有关情况;或有电话主动接听,侃侃而谈;等等。

第二,客房服务员也应积极配合,提高工作效率,迅速清点客房设备、用品,重点检查易携带、供消费的用品,如浴巾、饮料、食品等,随即将结果告诉楼层服务台,楼层服务员则应立即打电话转告楼下总服务台。

第三,总台服务员得到楼层服务员“平安无事”的信息后,即可给客人办理离店手续。

案例8　是干洗还是水洗

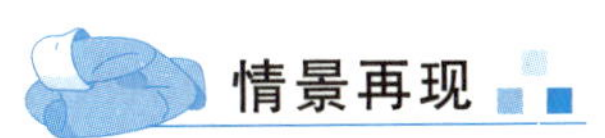

情景再现

江苏省某市一家酒店住着台湾某公司的一批长住客。那天一位台湾客人的一件名贵西装弄脏了,需要清洗。当服务员小江进房送开水时,客人便招呼她说:“服务员,我要洗这件西装,请帮我填一张洗衣单。”小江想客人也许是累了,就爽快地答应了,随即按她所领会的客人的意思帮客人在洗衣单一栏中填上水洗,然后将西装和单子送进洗衣房。接手的洗衣工恰恰是刚进洗衣房工作不久的新员工,她毫不犹豫地按单上的要求将这件名贵西装进行了水洗,不料在口袋盖背面造成了一点破损。

台湾客人收到西装后,发现有破损,十分恼火,责备小江说:“这件西装价值4万元,理应干洗,你们为何水洗?”小江连忙解释说:“先生真对不起,不过,我是按照您交代,填写水洗的,没想到会……”客人更加气愤,打断她的话说:“我明明告诉你要干洗,怎么硬说我要水洗呢?”小江感到很委屈,不由分辩地说:“先生,实在抱歉,可我确实……”客人气愤之极,抢过话头,大声嚷道:“真不讲理,我要向你上司投诉!”

客房部曹经理接到了台湾客人的投诉,并要求赔偿西装价格的一半2万元。他吃了一惊,立刻找小江了解事情原委,但究竟客人交代的是干洗还是水洗,双方各执一词,无法查证。曹经理十分为难,他意识到问题的严重性,便向主持酒店工作的蒋副总经理做了汇报。蒋副总也感到事情十分棘手,召集酒店领导做了反复研究。考虑到这家台湾公司在酒店有一批长住客,尽管客人索取的赔款大大超出了酒店规定的赔偿标准,但为了彻底平息这场风波,稳住这批长住客,最后他们还是接受了客人的过分要求,赔偿了2万元,并留下了这套西装。

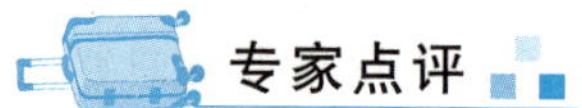

专家点评

本案例中,将名贵西服干洗错做水洗处理引起了赔偿纠纷,虽然起因是客房服务员代填洗衣单,造成责任不清,但主要责任仍在酒店。

第一,客房服务员不应接受替客人代写的要求,而应委婉地拒绝。在为客人服务的过程中,严格执行酒店的规章制度和服务程序,这是对客人真正的负责。

第二,即使代客人填写了洗衣单,也应该请客人过目后予以确认,并让其亲自签名,以作依据。

第三,洗衣房的责任是确认洗衣单上有没有客人的签名,不该贸然水洗。其实,如果洗衣工对名贵西服要水洗的不正常情况能敏锐发现问题,重新向客人核实,则可避免出错,弥补损失。这就要求洗衣工工作细致周到,熟悉洗衣业务。

另外,就本案例的情况而言,酒店一般可按规定适当赔偿客人损失,同时尽可能将客人的衣服修补好。考虑到投诉客人是长住房客,为了稳住这批长住房客源,这家酒店领导采取了同意客人巨额赔款要求的处理方法,这是完全可以理解的。尽管客人的确也有责任,但酒店严格要求自己,本着“客人永远是对的”原则,从中吸取教训,加强服务程序和员工培训,是很有必要的。

案例9　一个烟头引发的故事

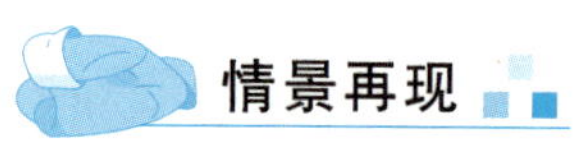

情景再现

一个烟雨蒙蒙的下午,大堂副理刚处理完客人不能上网的事情往前厅走时,就听到了前厅服务员与回头客吴先生的争执声。于是,她赶紧上前问候客人并了解情况。

吴先生是酒店的VIP客人，经常和朋友到酒店入住，之前一直都住得很愉快，信誉也很好，但这次，却因为退房时服务员说房间地板被烫了个烟头印要索赔而发火。他表明自己抽烟很小心，怎么可能会让烟头掉地板上烫坏了地板呢。大堂副理见状，立即将客人引到了大堂吧休息处，随即递上自己的名片，与吴先生聊了一通后，所做出的处理如下：

（1）告知吴先生酒店绝对相信他的信誉，但酒店的查房制度也是非常严格的。在上一个客人退房之后和他入住之前，服务员和主管都做了检查，并且是在确保房间物品没有任何问题的情况下才安排客人入住的。这个烟头印也许是他或他的朋友不经意间烫的，所以没注意到，询问他是否愿意一块到房间查看并做个确认。（确认烟头印，让吴先生心里有个底。）

（2）告知吴先生因为他们不是故意的，所以现在的赔偿只是地板的部分价格，并且由于地板的破损，酒店就要把此房列为维修房，在修好之前此房间都不能住客，那酒店的损失就不只是这块地板的价格了。同时，他也是酒店的会员，在赔偿价格上，酒店会给予相应的优惠，希望他能体谅酒店的难处。

吴先生听完大堂副理的解释后，才恍然回想起，这次与他一块来的小周是个烟鬼，说不定真的是他前一天不小心弄的。当初自己就是因为这家酒店的服务态度与信誉都很好，所以才决定花费8800元购买会员钻石卡的，酒店应该是不会乱给客人挂账的。最后，吴先生同意了赔偿此笔费用，并表示下次他一定会多加留意。

专家点评

客人损坏物品，酒店方索赔，这是酒店通常会遇到的情况。本案例中，吴先生在退房时，前厅服务员告知其应赔付地板烫坏费。但由于一开始没有与客人沟通好，这引起客人的不满。虽然后来进一步沟通使问题得到了圆满解决，也得到了客人的理解与支持，但从中仍能看到酒店前厅服务及客房服务存在的不足。

（1）客房服务员平时做客房清洁时，没有及时发现烟头印，导致酒店方未能及时与客人沟通，使得客人直到离店时才被告知，也令客人觉得茫然和不满。

（2）当客房服务员报告客房的地板有烟头印时，可按以下程序处理：大堂副理上楼查看烟头印现场，交代客房服务员先不要清理现场，待客人回房后通知大堂副理。客人回房后，即与客人取得联系，说明情况，告知酒店的赔偿政策。如客人否认，则可提醒客人是否是访客所为。最后提醒客人，为了本人及酒店的安全着想，吸烟时应多加注意。在确定客房存在破损的情况下，待客人离店后及时将房间封闭为维修房，待修复后可再安排客人。

案例10 你是要赶我们走吗

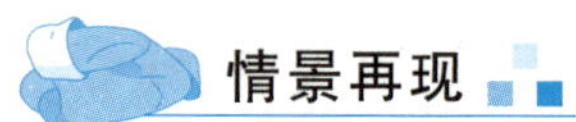

情景再现

一日，房务中心接到8515房间客人打来的电话，要求办理退房，于是房务中心马上通知了五楼的服务员立即前去查房。刚过试用期的新员工周某接到通知后，迅速来到8515房间准备查房。当她轻敲房门后，发现房内有一位女客人正坐在沙发上看电视节目，另一位男客人正在卫生间内洗漱。周某轻声询问客人："您好！先生，您要退房是吗？我是来查房的。"男客回答："等一下再查。"周某："对不起，是前厅通知我来查房的。"这时，女客大发其火："我们又不是付不起钱，你是要赶我们走吗？真是的。"周某顿时感到很委屈，不解地退出了房间，通知房务中心该客人不退房了。楼层主管接到此信息后，立即赶往该楼层，问清事情来龙去脉后，详细地分析了周某需要改进之处，并在该楼层等候，为8515房间客人致歉并做好欢送服务，同时周某迅速查房并报到前厅收银处，使8515房客人到达前厅立即就得到结账单以及热情的送别服务，最后客人满意地离去，表示下次仍然会选择该酒店入住。客人离去后，周某将查房获知的客人习惯等信息通知前厅，做好客人客史档案记录。

专家点评

新员工在独立上岗后，虽然在专业技能方面基本能够独当一面，但在事件处理程序上的灵活性以及分析客人心理方面仍有一定的欠缺，需要加强培训。该案例中，虽然客人提前通知房务中心退房以便减少等待的时间，但服务员发现客人仍在房间内时，应向客人礼貌地打招呼："您好，先生，您需要退房吗？我待会再过来查房可以吗？打扰您了。"随即致电前厅告知延迟查房的原因，同时关注房间动向，待客人一离开，立即查房，减少客人等待的时间。这样，既可节约客人的时间，又可避免客人发火。

查退房的基本流程：

(1)敲门进房，礼貌地向客人问询是否可以查房；如客人不便，则约定好查房时间和是否需要行李服务后退出客人房间。

(2)致电前厅和房务中心说明延后查房的原因，并说明自己会继续跟进查房或需要请他人代为查房，同时请前厅收银处先准备好客人的其他账单。

(3)在楼层随时守候，待客人出门时，可为客人提供提行李、送梯服务，并礼貌地向客人道别。

(4)立即进房间快速查房,将查房结果报前厅收银处,尽量缩短结账时间。

(5)对于有投诉的客人或熟客,应将查房获知的客人信息做好客史档案记录。

案例11　谁来为污染的布草买单

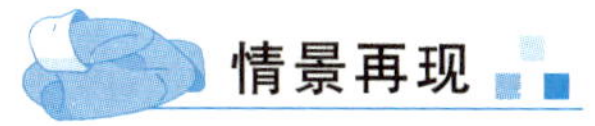

情景再现

某日清晨,一位客人正在办理退房手续。结账时,楼层服务员报前厅该客人入住的房间布草被污染了。收银员礼貌地告知该客人后,该客人表示不满,称布草在他入住时就已污染,拒付布草赔偿款。值班经理在接到投诉后,立即到前厅与该客人进行了沟通,并与客人一起到房间实地察看。到房间后发现该房间的床上、墙上都有新的被吐出来的酒污染的痕迹,如果真如客人所说,是他入住前污染的,那他就不会在宾馆连住两天。很显然,布草的污染确系该客人所为。

耐心地和客人进行沟通后,得知客人在入住第二天因醉酒污染了布草,但因害怕赔偿而没有声张,想在退房时蒙混过关。值班经理在了解了详细的情况之后,耐心地向客人解释:"我们酒店是不可能将脏房间给客人的,同时客人在入住时也是不可能住脏房间的,所以您必须对污染的布草进行赔偿。"

该客人见此也无话可说,自知理亏,只好按原价进行了赔偿。

专家点评

这个案例是酒店接待过程中经常会遇到的情况。处理起来比较棘手,尤其是那些不讲道理的客人,无法理解酒店的善意解释,有些甚至闹得很厉害。

本案例中的客人在醉酒后,将布草污染了,但为了逃避责任,隐瞒了这一情况。当天值夜班的服务员在开夜床的时候,也没有及时告知客人,同时次日清晨也没向白班服务员进行交接,更未向领班汇报,导致信息沟通脱节,从而使客人在前厅与服务员发生争执,给酒店带来了负面影响。如果楼层夜班服务员在开夜床发现布草被污染时及时告知客人,就不会发生这一情况。

为避免类似情况发生,楼层服务员必须将每班发生的情况及时写入交接班记录本,以便提醒白班服务员在查房时特别注意,并应在第一时间告知客人。如客人不在房间,可写留言条委婉地告知客人,及时解决问题,避免发生争执。

案例12　客人的巾类物品丢失

情景再现

2007年6月27日，1611房的台湾客人致电服务中心，反映她自己带的一条浴巾、两条中巾不见了，客人说她因有洁癖，用不惯酒店配备的巾类物品，所以自己带了几条出门用，现在找不到自己的巾类物品，要求酒店调查此事并给予回复。

房务管家接到投诉后，马上对此事展开了调查。原来该楼层服务员小杨当天在整理1611房时，将客人的巾类物品连同布草一起撤出送洗（客人自带的巾类物品和酒店客房的巾类物品颜色是一样的），后将此情况告知了1611房客人。客人的意见是，她的巾类物品混同酒店布草一起洗后她就不要了。酒店决定去外面超市买来给其赔偿，但客人又讲酒店买的她可能也不会满意，坚持要求照价赔偿，浴巾499元一条、中巾199元一条，均为新台币。经过对此事的调查，按照客人的要求给其现金赔偿，而督导培训方面也负有连带责任，最后决定服务员小杨赔偿100元，酒店房务部赔偿110元。

专家点评

此案例反映了服务员小李在日常的工作过程中不细心，造成客人投诉。首先，服务员在撤布草时没有认真查看巾类物品标志是否有不同的地方；其次，没点数量，客房配备的巾类物品有固定数量，撤出多了应引起警觉。另外，客人自带巾类物品体现了客人对清洁卫生的重视，其中最为关注的是与自己身体接触的设备和用品的卫生程度，因此服务员在日常服务过程中应特别注意这类用品的清洁卫生。

此案例中的客人显然是经常住酒店而且十分关注卫生状况的。因此，当她得知自己的巾类物品混同其他物品一起洗过时，就自然怀疑自己的巾类物品不卫生了，她觉得自己的卫生习惯得不到保证，自然要向酒店投诉索赔。因此酒店应严格执行操作流程，加强对员工业务操作的培训，工作中做到细心、耐心、留心，以防止类似的投诉再次发生而给酒店的服务及经营带来影响。

案例13　是否一定要按照顺序打扫

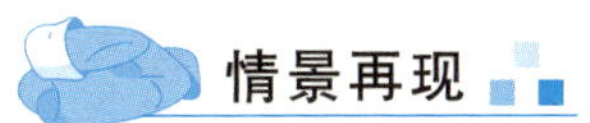

情景再现

住在810房的两位客人王先生和李先生来自浙江温州，他们今天上午刚抵达杭州，经朋友介绍下榻到这家酒店。早上8点半，他们接到客户电话说过来谈一笔生意。

挂上电话后，王先生说："那副总还有半小时便到达，房里还是乱七八糟的，请服务员快来打扫吧。"

李先生开门出去找楼层值台服务员时发现一辆服务车已停在801房外面，801房的门敞开着，显然服务员已经开始在那儿做客房清洁工作了。

李先生来到801房，说明情况后请两名服务员立即打扫810房。

两名服务员听到他的要求后却说："我们每天打扫房间都是按规定的顺序进行的。早上8点半开始打扫801房，然后是803、805等，先打扫单号，接着才是双号。估计在10点左右打扫810房。""那么能不能临时改变一下顺序，先打扫810房呢？"李先生问道。"那不行，我们的主管说一定要按规范中规定的顺序进行。"服务员断然拒绝了李先生的要求。

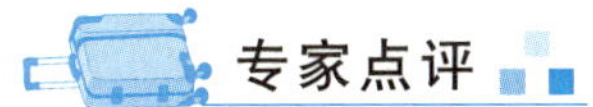

专家点评

本案例反映了该酒店在管理上存在问题。在员工培训方面，管理人员片面强调服务员执行规定和操作程序，没有把服务上的灵活性告诉他们。一切规范和程序的根本目的是保证服务质量，因此制定各种规范和程序的唯一依据是站在客人的立场上，为客人考虑。一味强调程序，固然能在一般情况下保证大多数客人的满意，但毕竟还有一部分客人的特殊需求不在规范之内，甚至可能与酒店服务程序有悖。只要那些特殊需求是合理的，酒店就应尽量予以满足。

第三节

精益求精篇

案例1 多一分关注，多一点照料

房务部小李值班时，发现长住603房的王小姐一天都没出过房门，也没见她出来用餐，感到不安。她按规范敲门，也不见动静。小李担心王小姐，于是决定用房卡开门。小李进房后，只见王小姐躺在床上，直哆嗦，没有精神。小李上前询问，原来王小姐是因昨晚空调温度太低感冒了。小李忙取出备用的被子为王小姐盖上，为其倒上一杯热水，并联系酒店医生前来查看。晚饭时，小李还送来了酒店给病人做的套餐。安排好后，小李还不忘跟下一班的服务员交代。第二天，小李还特意去看望王小姐，见她好多了，也就放心了。王小姐感激地说："你是我见过的最好的服务员。"

专家点评

这是有关客人生病这一特殊情况处理的案例。

客人在外身体不适，特别需要别人的关心和帮助。服务员应勤于观察，恰当提供服务，主动细致地关心和帮助客人，以真情打动客人的心。

如病情危急，服务员不要轻易乱动客人，或擅自拿药给客人吃，而应立即报告客房部经理，并立即打电话与附近医院联系，由酒店医务人员护送病人到医院抢救。

案例2　酒店做夜床的方式

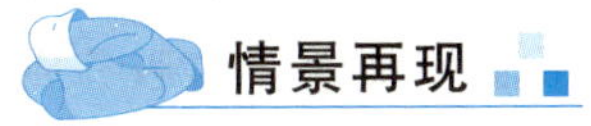

情景再现

下午3点多，刘小姐入住某酒店某房间，因为公司业务的需要，她将在此逗留一周。刘小姐放下行李，休息了一会儿，近傍晚6点时到餐厅用餐。当她用餐完毕回到房间时，发现夜床已经做好，服务员为她开的是靠卫生间墙壁的一张床，床单和毛毯已经拉开一只角了。刘小姐打开电视机，靠在开好的一张床上看电视，但觉得电视机的位置有些偏，不是很合适，于是去将电视机的方向转至合适位置。

第二天，刘小姐办完事情回到酒店已经是晚上7点左右了，夜床已经做好。刘小姐惊奇地发现，这次服务员为她开的是靠窗户的一张床，而且电视机也已经摆正。

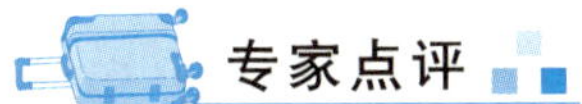

专家点评

客房清扫工作包含着服务的内容，这种服务虽然不像面对面的服务那样直接，但也体现着酒店员工对客人的关注。在本案例中，刘小姐虽然没有看到过为她提供服务的人员，但一定感受到了酒店对她的友好和关注。客房服务员从客人转动的电视机中了解到了客人的需求，想看电视而方向不对，并主动调整了第二天所开的夜床。

所以，在客房服务中，只要服务人员有心，即使是开夜床这样的常规工作也可以做得更加出色，让客人感受到酒店对他们的看重，进而赢得客人的心。

案例3　尴尬的会面

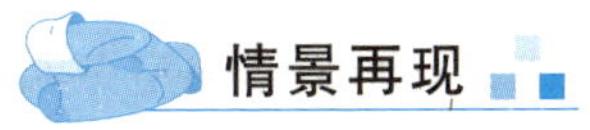

情景再现

王先生在某城出差，上午办完事，在回酒店的路上巧遇多年未见面的老同学，两人高高兴兴地来到酒店客房，准备叙叙旧。没想到，一到客房，发现房间还没打扫，房内连热水都没有，看看楼道里也没有服务员，王先生很尴尬，但碍于老同学的面子，不好发作，但事后，还是向酒店投诉了。

专家点评

客人住店后，各种需求多，而且要求快。客房服务员要做大量琐碎的看起来很不起眼的工作。但是“酒店服务无小事”，这些事若做不到、做不好，就会影响对客的服务质量，甚至影响酒店形象。

客人住宿期间，客房清扫人员要关注客人的动向，尽量选择在客人外出时清扫房间，保持客房整洁。若客人提出会客服务，应在客人来访前做好会客前的准备工作，并做好茶水服务，访客离开后及时收拾房间。

案例4　尴尬的洗衣服务

情景再现

小张是一名四星级酒店的客房服务员。一天晚上7点，她接到客服中心紧急电话：“1208房间有客人要求洗衣服务。”忙碌中，她迅速放下手头的事情，赶往房间。小张按照服务规程敲门，但房内无回应，于是她顺理成章地用楼层房卡打开房门。经过查找，发现椅子上确实有一件衣服，绿色的T恤，但由于房内灯光较暗且天色已晚，好像看不出有什么污渍；核对一下洗衣单，还是加急的，要求4小时内送回！小张丝毫不敢怠慢，火速将待洗的衣服拿到工作台，拨通洗衣房客衣组电话，要求立即前来收取洗衣。大约5分钟后，客衣组小邵急急忙忙赶到，经过双方签字确认后，衣服被送往洗衣房洗涤。

时间过得很快，3个多小时后，小邵气喘吁吁地拿着洗好并包装精美的衣服送上楼来，递给了小张，小张看了看时间，离要求的时间还差十几分钟，于是马上送入了客人房间。工作终于顺利完成，两人会心地笑了。

“你们四星级酒店是怎么洗衣服的！好好的衣服怎么洗出来黄渍？叫我还怎么穿！你们必须赔我衣服！”第二天一早，客人怒气冲冲地指着衣服领子上的黄色污渍向房务经理投诉。刚刚上班的小张傻眼了：怎么会这样？黄渍是从哪儿来的？客房主管立即展开了调查：小张说收衣服时，由于光线比较暗，确实没有看清楚有无污渍；洗衣房小邵说，衣服洗涤之前，本来就有一块污渍，并且是洗不掉的污渍；客人却说，他的衣服在洗涤之前，不可能有污渍……污渍究竟是由哪方造成的？由于缺乏有效的证据，客房主管陷入尴尬。随后，只好和大堂经理共同与客人协商处理，可是，客人不依不饶，要求赔偿那件价值1000多元的衣服。

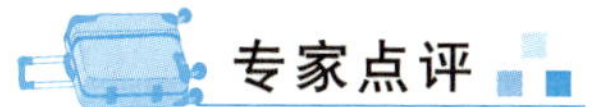

洗衣服务是四星级酒店对客服务项目之一。本案例中,小张和小部工作热情、积极肯干、时间观念也很强。但是,他们却忘记了酒店“四心”(爱心、热心、诚心、耐心)服务之外最重要的一心,即“细心”。

酒店的好品质和优秀的服务质量,是通过员工不断创造的个性化服务体现出来的,而要创造这种满意加惊喜的服务,就必须做到“细心”——细心观察宾客饮食起居,细心留意宾客习惯行为等微小环节。

(1)客房部小张收取待洗衣物时,如果能够非常细致地查找待洗衣物是否有污迹,就可以避免客人投诉:有污渍,及时向客人说明可能会洗不掉,对于刁蛮客人不合理的投诉也能直面应对;没有污渍,小张心里自然有底,也便于查找出真正的原因。

(2)洗衣房小部同样不够细心:如果和小张交接脏衣时多一些细心检查,就能判断有无污渍,将小张的疏忽予以弥补;如果在洗衣之前多一个心眼,发现有难以处理的污渍,给小张打一个电话沟通,也能避免投诉。

案例5　高价饮料

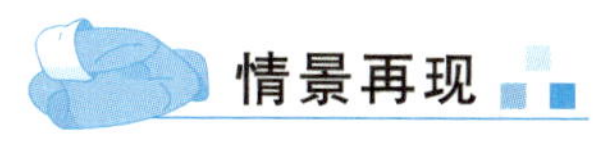

在某四星级酒店的客房内,里面备有供客人享用的酒水、饮料和巧克力。一天,客人离店,服务员小王去查房,她打开冰柜,看了看酒水数量,又看了看巧克力,发现都没有动,就向总台报查房完毕。客人离店后,领班来查房时,发现其中一瓶饮料并非原酒店的那种。原来是客人把饮料喝了后,去超市购买了类似品牌的饮料放进冰柜。对此该服务员用酒店的价格购买了该商品,还受到了警告处分。

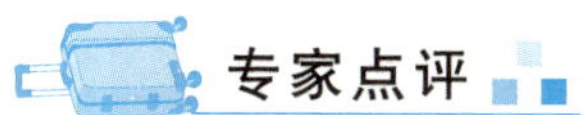

在住店期间,有时也会遇到这样的客人,有的可能是不知情,有的可能是故意的。服务员查房时,必须认真仔细,不得马虎。本案例中的小王用高价购买了该商品,是个教训。服务员在查房时除了查酒水的数量外,还应查看酒水有无启封、有无过保质期等情况,发现情况及时报告相关人员及部门。

案例6　敬语缘何招致不悦

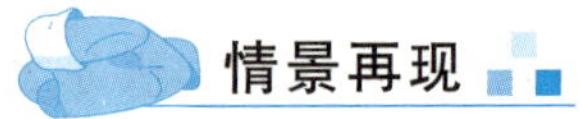

情景再现

某日中午,一位暗访人员到酒店入住。前厅服务员微笑地说道:“您好,先生。”客人微笑地回道:“您好,小姐。”走到电梯口时,一名女服务员很有礼貌地向客人点头,说:“您好,先生。”当客人走进餐厅后,引位员发出同样的问候:“您好,先生。”那位客人微笑地点了一下头,没有开口。客人吃完中饭,来到酒店公共区域。当走出大门时,一名男服务员又是同样的一句:“您好,先生。”这时客人下意识地点了一下头。等到客人重新走进大门时,见面的仍然是那个服务员。“您好,先生”的声音又传入客人的耳中,此时这位客人已感到不耐烦了,默默无语地径直去乘电梯准备回客房休息。恰巧在电梯口又碰见了那名小姐,还是一成不变的套路:“您好,先生。”客人实在不高兴了,装作没有听见似的,皱起眉头,而这名服务员小姐却丈二和尚摸不着头脑!

这位客人在暗访报告中这样写道:“在短短的中午时间内,我遇见的几名服务员竟千篇一律地简单地重复着一句‘您好,先生’。”

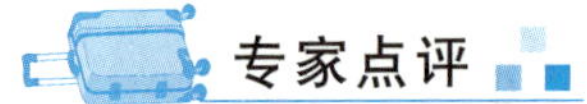

专家点评

在酒店培训中有“您早,先生(夫人,小姐)”“您好,先生……”的敬语使用范句。但是服务员在短短时间内多次和同一位客人打照面,不会灵活地使用敬语,也不会流露不同的表情,结果使客人听了非但毫不觉得有亲切感,反而产生了厌恶感!

案例7　客人的纽扣

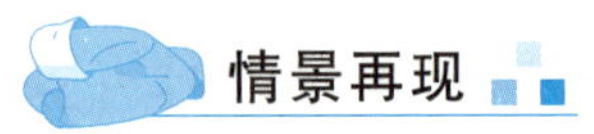

情景再现

某年8月23日,李先生入住某酒店,要求送洗衣服,当服务员在为其熨烫衬衫时,发现有一粒纽扣掉了。因为是名牌衬衫,所有的纽扣都有图案与衬衫的颜色相匹配。酒店洗衣房未配有此物。在征求客人意见时,客人豪爽地说“不碍事”。虽然客人说不碍事也并没有要求服务员做什么,但是洗衣房的员工却利用下班之余,在市场上寻找同样款式与颜色的纽扣。皇天不负有心人,在找了多家专卖店后,洗衣房的员工终于买到了同样的纽扣。当将清洗的衣服送还客人时，客人惊讶地发现那粒掉了的纽扣“回来了”。此时李先生马上致电房务经理，连声称赞，说真的有种回家的感觉。

专家点评

酒店服务工作中，要把每件事情都做好，没有点完美主义是不行的，这就要求我们面对每一个困难时，都要以积极的态度去面对。这个案例表明，员工要真正站在客人的立场上完成此项工作，把工作做到完美。

案例8　客人淋浴时被烫伤

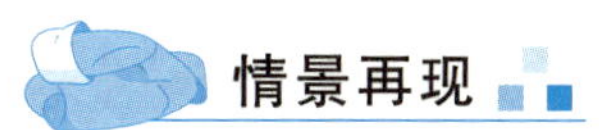

情景再现

一天，在某酒店客房的浴室中发生了一件令人不愉快的事：客人本想放水在浴缸内泡澡，后来嫌浴缸不干净，洗干净太麻烦，于是改用淋浴器冲洗身体。客人把水温调好，便马上冲洗起来，由于浴室内温度低，淋浴开始片刻，水温突然自行热了起来，结果将客人的皮肤烫伤了一块。

客人非常恼火，匆匆穿上衣服后把客房楼层管理员喊来，投诉说：“你们是怎么搞的？淋浴器根本不能用。你们的淋浴设备没保养，如果没有故障，那绝不会突然流出开水把我烫伤！”

管理员根本不买账，对着客人解释道：“我们酒店供给浴室的大炉水，温度最高是60℃，通常情况下是不可能烫伤人体的。多半是由于你不注意，将水龙头开关的方向拧错了，以致放出大量热水。拧动开关后，还要等一会儿，淋浴器流出来的水温才会相应发生变化。”客人听了后非常恼火地阻止管理员再讲下去，抢着说道：“你真是岂有此理，明明是淋浴设备失灵，反而倒打一耙，怪我不注意。我要找你们经理讲讲清楚，你们酒店要负责支付治疗费和赔偿费。”

酒店经理觉得如果像管理员一样，继续和客人争论下去，是无法解决问题的，于是采取息事宁人的态度，口头上表示了歉意，并表示如果客人确因烫伤而产生的医疗费用由店方负责。问题算是勉强解决了，但如果要消除隐患的话，还有下面的事情要做。

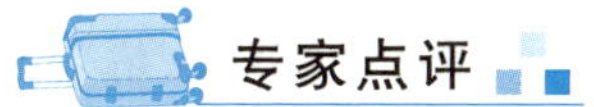

专家点评

第一，该酒店的淋浴器是老式的，出水口固定在上方，下面是开关的把手。用这种结构的淋浴器，只得一边淋着还没有调节好的水，一边调节水温。最好将原有的淋浴器改成不固定、带有把手、可自由移动的，这样，在身体不淋水的情况下也能调节好水温。这种新型的淋浴器排除了危险因素，客人使用起来也方便。

第二，该酒店以为使用淋浴器的方法是常识性的，事先不必明确告诉客人，这样就令不少客人十分为难。就拿水龙头的开关来说，右边是冷水，左边是热水，往右拧开关水流减少，往左拧开关水流增大。红色的记号是热水，蓝色的记号是冷水。这些虽然是常识，但还是应该将它的使用方法以简明的文字告知客人，这样自然就消除客人被水烫伤之类的隐患了。

第三，当客人提出申诉或索赔时，酒店服务员和主管人员应该掌握客人的心理，注意使用合适的语言技巧，乱顶硬争、不留余地都会使事态恶化，带来不良的后果。

案例9　还是两张房卡好

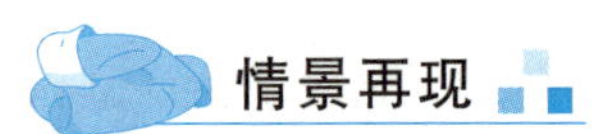

情景再现

某中外合资企业的张工程师与刘技术员两位男士出差某市，下榻酒店。在总台登记后，接待员给了他们一张房卡。上楼，打开房门，一定要将房卡插入节能电源插口内，电源才接通。小刘一一开启电灯，室内明亮。这是一间普通的标准间。过了一会儿，张工与小刘两人商量了各自的工作分工。张工去电子元件厂要晚些回来，而小刘去购买机票则早去早回，房卡由谁拿成了问题。由张工拿着，小刘早回进不了门；由小刘拿着，张工离去前房里就没了灯。考虑再三，房卡由张工拿着。小刘天没黑就先回来了，没有房卡，拿出住房登记卡，叫楼层服务员开了门。进门后，他自作聪明，找个硬纸先插入节能孔里，想着同样能接通电源，然而不行，换其他东西硬塞，也没用。他去问服务员，服务员告诉他，房卡内安装了磁性片，所以能接通电源，其他东西是不行的。机灵的小刘这下可傻了眼。问服务员，她也没有多余的房卡。小刘就这样黑灯瞎火地躺在床上，焦急地等张工回来。

张工心里也不踏实，办完事，马上叫出租车回来了。进门插上房卡，小刘这才“重见光明”。张工打开文件包一检查，发现电子元件厂给他准备的几份资料忘记拿了，他与小刘打了个招呼，赶快下楼，又去电子元件厂了。

张工来去匆匆，按门铃叫小刘开门。此时小刘正在洗澡，听到门铃声也没办法，光着身子泡在浴缸里，咋开门呀！他只能拉开卫生间的门，大声嚷嚷：“张工，我在洗澡，请等3分钟！”张工总算听见了，他想找楼层服务员开门，却找不到，估计是吃晚饭去了。就这样，张工在楼道里来回踱步，等小刘擦干身子来给他开门。

晚餐后回房，张工有点累了，他一会儿翻阅资料，一会儿看看电视。小刘倒是精神焕发，独自逛夜市去了。10点钟，张工想睡了，这时，他才发现小刘没拿房卡。怎么办？人虽累了，却不敢躺下睡，他靠在床沿打盹，等小刘回来。11点半，小刘的门铃声把他惊起，开门后，才脱衣睡觉。临睡前，张工嘟囔了一句："两个人只给一张房卡，可把我折腾苦了。"

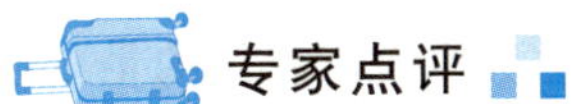

专家点评

现在大多数酒店，给同住一间标准客房的客人只发一张房卡。从酒店来说，管理上是方便了，也减少了房卡丢失的可能性，但这样做，客人很不方便。两位客人住在一个房间里，并不说明他们的活动也是一起的。当分头活动时，一张房卡会给客人带来种种麻烦。案例中所展示的只是其中的几种情况而已。

从服务质量考察，酒店首先应满足宾客的需要，而不能图自己的方便。下面，我们提出几种办法，为宾客解除房卡之忧：

(1)总台应配三张房卡，两张分别给两位客人，一张总台备用。

(2)总台备有三张房卡，一般只给客人一张。若两人同住，并提出要两张房卡时，第二张房卡可采取付押金的办法，以免客人带走。

(3)楼层服务员(或总台)可备有房卡，只用于接通电源。在两人共用一张房卡的情况下，可付押金另租一张房卡。房门则可出示房卡由服务员开启。

案例10　给客人折扣的学问

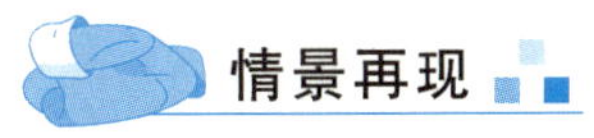

情景再现

西安市某进口设备公司的周经理到广州办事，在该市东风大酒店办理住店手续时，要求房金给予优惠。经请示，经理同意打八折，并在住房单上写明。

第二天早晨客房服务员小张进客房后发现客人周经理还没有起床，经询问才知客人的老毛病肩周炎突然发作了，肩部疼痛，两手不能动弹。于是小张和另外一名服务员小于商量以后，安慰那位周经理不要着急，并答应另外利用业余时间帮助他解决日常生活中的不便之处。周经理在广州举目无亲，既然有人肯热心相助，他就安心在店内休息。

周经理住店一周，小张和小于几次送他去医院就诊，还多次帮他洗衣服，发微信打电话这一类的事也由他们承担。周经理很是感动，屡次坚持要付给她俩小费以表谢意，但都被婉言谢绝。

当离店结账时，周经理坚持取消八折优惠，要求改按全价支付住宿费，因为他觉得住在这样的酒店，享受如此超值的服务，全额支付完全值得而且是理应如此。

专家点评

酒店在房金等方面打折扣，一方面是市场促销的需要，另一方面是酒店高层管理人员对某些客人表示尊重。几乎所有的酒店都有这方面的内部规定。但应该注意的是，给予客人折扣以后绝不能降低服务质量，同时切忌把给客人的优惠放在嘴巴上讲，否则客人听了会感到受了污辱，产生不良的影响。

广州东风大酒店不少住客(包括上述案例中的周经理在内)，之所以表示主动放弃优惠，是因为该店的员工广泛开展“对客人要有爱心，服务工作要精心、细心、耐心，处处让客人放心”的“五心”活动，并且把这一活动与评选“礼貌大使”、优秀员工、服务技能创新能手结合起来，还在前台设立了评选意见箱和意见簿，及时对客人提出的意见加以分析，研究改进措施，并对员工开展活动的情况定期进行检查评比。

难怪不少客人在第一次时要求给予优惠，但因为酒店服务质量好，他们对酒店产生好感后，有的在再一次前来住店时就不再要求给予折扣，有的在结账时主动提出按全价付房金。可见，单纯用折扣优惠的办法来招徕客人是不可取的，因为客人如果对酒店的服务有意见，那么即使得到房金折扣，也还是会被气跑的。

案例11　客人将楼道消防玻璃打破

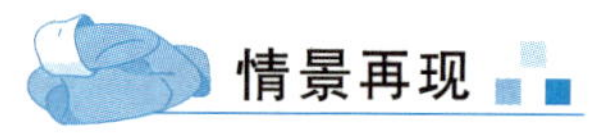

情景再现

一天夜里，客房部报告有两位客人将楼道消防玻璃打破了。

大堂副理第一时间赶到现场，经查看有一个消防栓的玻璃被打破了，当事人已经进入房间。

大堂副理在征得客人同意进入房间后，发现宾客明显醉酒了，并且无受伤迹象。就为客人打开了空调，善意提醒客人多喝水、注意身体，随后离开了房间，并交代员工多留意此房间客人动向。

次日早上待客人酒醒后，大堂副理再次来到客人的房间了解情况。

首先，征询客人对酒店的工作有什么意见和建议，是否满意，客人表示肯定。然后，大堂副理提到昨晚客人不注意，碰到酒店消防玻璃，问是否伤到身体，然而客人却矢口否认。随后，大堂副理向客人一五一十地讲述他们昨晚打破玻璃一事的整个经过，但客人仍然坚持否认自己打破了玻璃,并且态度坚决,不容大堂副理再做任何解释,并要求见酒店总经理。

随后酒店总经办主任来到客人房间,礼貌地向两位宾客问好并就这件事情表达了酒店的意见和看法:"首先,对两位光临本店表示欢迎。贵公司是IT行业非常优秀的公司,我们酒店的所有电脑都是贵公司的产品。对于贵公司的产品以及信誉,我们非常认可。同时贵公司还是我们酒店重要的签约协议单位,我为本酒店能长期与贵公司友好合作而感到荣幸。所以我深信两位先生有较高的自身修养。其次,打破玻璃事小,了解到两位先生没有受到伤害我们也就放心了。不过请两位相信,大堂副理所讲属实,我们可以提供监控录像供两位查看。"

客人听后支支吾吾地说:"可能是我们昨晚喝醉了,这件事情我们会负责。"随后客人办理了赔偿手续。

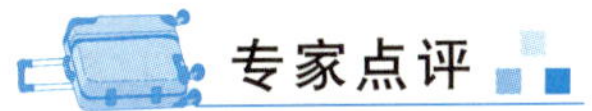

专家点评

本案例体现了处理赔偿事件的两个原则:

1. 以礼感人

礼节礼貌作为酒店服务工作最基本的要求,大多数酒店都能做到。而在处理此件事情的过程中,大堂副理做到了无可挑剔的程度,进入客人房间首先表示关心,询问客人是否受伤,然后再告知客人昨晚无意之中碰破了消防玻璃。同时办公室主任到房间以后,先对宾客表示欢迎,然后对客人、客人所在的公司以及客人公司所生产的产品都给予了高度评价和认可,引导客人以高姿态来看待此件事情并承认事实。

2. 以理服人

处理此类事情时,在与客人交涉之前,酒店方已经做了充分的调查工作,有确凿的事实证据,从而避免客人否认,给酒店的财产尤其是对酒店的声誉造成重大影响。此件事情,事实明确,证据确凿,宾客无任何否认推托的余地,只好同意赔偿。

第四章 综合服务与数字化运营

第一节

新手上路篇

案例1 客房人员紧缺的烦恼

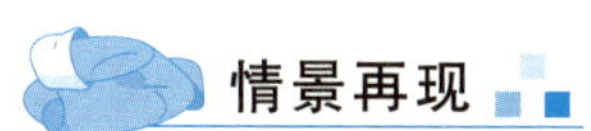

情景再现

宁波某国际联合酒店客房行政管家张经理近期一直被人员紧缺的事情所困扰：春节过后，部门楼层服务员跳槽频繁；合作的楼层外包单位也经常掉链子，关键时刻找不到人员；PA（public area，公共区域）的几个保洁员也提出离职。三四月份即将迎来住客高峰期，如何尽快招聘到合适人员，安排上岗培训，确保服务质量，是非常重要的一项工作。

专家点评

酒店客房部洗衣房、PA大多为年纪较大的大姐或大叔，通过常规的酒店招聘渠道，如最佳东方、智联、前程无忧等很难找到应聘者。当地酒店市场竞争激烈，各个大小酒店、楼盘物业均缺少基层岗位服务员，真正熟练的会做客房打扫的楼层服务员或PA保洁技工非常紧俏，薪资待遇也水涨船高。

针对楼层服务员、PA技工等岗位员工大多文化程度不高、上网投简历少的情况，酒店人力资源部可按照以下思路应对：

（1）大力推行“员工推荐奖”。更新酒店招聘职位，发动在职员工、周围同事、亲朋好友来推荐，比如成功推荐候选人并入职满3个月一次性奖励200元。

（2）利用本地人才招聘网，挖掘潜在候选人来酒店应聘。

（3）在酒店附近小区张贴招聘广告。

（4）挖掘竞争酒店的离职人员。

案例2　入职顾问

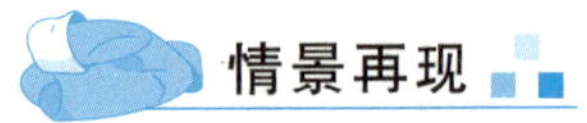

情景再现

宁波某国际联合酒店人力资源主管统计的数据显示，当月客房部离职5人，餐饮部离职3人，销售部离职1人，其中入职时间在1—3个月的离职人数共计5人，占离职人数的56%，入职时间3—6个月的2人，入职时间6—12个月的1人，入职时间12个月以上的1人。对离职原因进行分析后发现，离职员工中60%感觉不太适应，20%另有发展，20%为其他原因。

专家点评

合理有效地控制员工离职率是酒店人力资源的重点工作。客房服务员和餐饮服务员等一线基层岗位人员流动较大，需要从招聘、入职、培训、发展等方面入手，让新员工尽早真正融入酒店。入职未满3个月的新员工离职较多，和部门的带教有很大关系，说明在落实酒店入职顾问项目上出现了偏差，建议做以下优化措施：

(1)人力资源部和用人部门需把好招聘源头关，清晰告知酒店新员工的工作责任和要求以及员工自身的薪酬福利等。

(2)入职顾问的目的是让每一个新入职的员工有一个成功的开始，提升入职体验。入职顾问由至少有6个月酒店工作经验的部门领班或主管/经理担任，通常要求有开放性的沟通和领导风格，乐于助人。入职顾问的职责是为每一名新员工的到来做好欢迎准备，陪同新员工熟悉酒店工作及环境，确保完成入职培训检查清单内容，帮助新人融入部门。在新员工顺利转正之后，入职顾问可以享受酒店的现金奖励，获得荣誉证书。

(3)人力资源部和部门负责人应不定期关注新员工，以及入职顾问的带教情况，及时发现并解决新员工的思想和实际困难，体现关爱。培训部定期开展入职顾问培训，帮助好的“师父”带出出色的“徒弟”。

案例3　某集团酒店的领导力培训

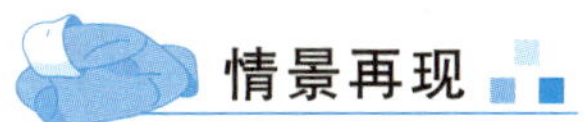

情景再现

上个月，酒店刚入职了两位部门总监和两位分部门经理，他们虽然有丰富的酒店工作经验，但是属于新加入集团的，对集团酒店的企业文化、领导力架构还不是很清楚。在以后的经营管理中，部门总监和经理将起到非常重要的作用，因此总经理要求人力资源部开展一次关于领导力的培训。

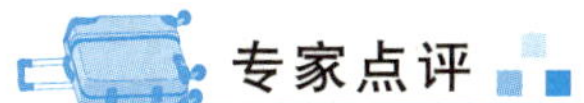

专家点评

与普通员工的相比，酒店中层管理者的入职培训有很大不同。酒店管理层对酒店的经营和管理至关重要，要求他们既具备具体的业务能力，也具备领导部门员工的领导力，所以新入职经理们的培训计划和实施就显得尤为迫切。

（1）遵循国际酒店通用的学习原则——70/20/10法则，即70%的学习来自实践操作，20%的学习来自向他人或导师学习，10%的学习来自课堂。

（2）按照酒店集团领导力架构，培训分为超前思考、主导变革、领导员工、发展员工、成效驱动、全面协助六大模块，每个模块为期1个月，一共6个月。学员每个月运用学习方法结合当月的学习主题，开展具体实践、思考，并在每个月的会议上相互分享心得，以此提升自身的领导能力。

（3）导师支持。部门总监的导师是酒店总经理，分部门经理的导师是部门总监，总经理出席领导力培训课程的开课仪式和结业仪式。

案例4　一次工伤事故

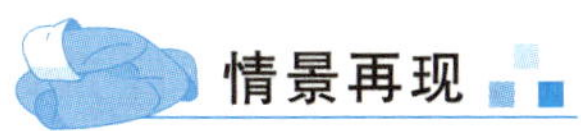

情景再现

工程部维修工小王和小李晚上8点多接到报修电话，酒店大堂一处照明灯需维修，两人即刻准备好维修工具包来到大堂。小王在下面扶住2.5米高的人字梯，小李上去换灯泡。就在小李登上梯子转身拿工具时，不慎摔倒。因当时感觉肩膀有点疼但无大碍，小李并未在意，换好灯泡后继续上班。第二天，小李将此事报告给工程部总监，称肩膀疼得较厉害,需要去医院。

医院检查结果显示,小李肩部韧带损伤,需要休养治疗1个月。人力资源部接到小李和工程部的报告后,申请了工伤流程。1个月后小李的肩伤康复了。

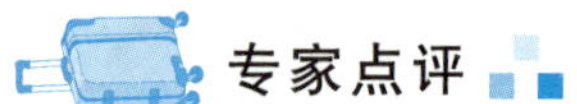

专家点评

本案例反映了员工操作时麻痹大意导致工伤事故的情形。另外,酒店员工的意外伤害事件经常会发生,如果没有为员工缴纳保险或没有购买雇主责任险,酒店将面临较大的风险和损失。

服务优化:

(1)酒店员工的意外伤害需在24小时内报告人力资源部、值班经理、保安部,并第一时间视受伤情况带员工去医院治疗,由当事人或见证人填写员工意外伤害事故报告。涉及工伤的,由人力资源部依规申请工伤流程。

(2)人力资源部、保安部、当事部门有责任制定意外伤害预防措施,并开展相应的培训,以此降低风险。

(3)针对工伤较严重的员工,酒店应开展多种形式的慰问,关爱员工。

案例5　员工入职简历中的工作经历不实,酒店能否解雇

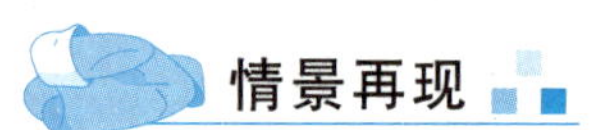

情景再现

张某于2021年8月12日入职宁波市A酒店,双方签订的合同期限为2021年8月12日至2023年2月11日,约定张某的工作岗位为西餐厅主管。2021年10月13日,酒店向张某送达了《解除劳动合同关系通知书》,内容为:张某,您好!2021年8月12日您与我公司双方订立了劳动合同。经我公司核实,您所提交的杭州××酒店“离职证明”存在虚假信息,且与事实严重不符,现正式通知公司与您解除劳动合同关系,双方劳动合同关系自2021年10月16日解除,请您于16日上午10点到人力资源部办理离职手续。张某以要求撤销酒店的《解除劳动合同关系通知书》,继续履行劳动合同为由,向宁波市鄞州区劳动人事争议仲裁委员会提出申请,仲裁委员会裁决驳回张某的仲裁请求。

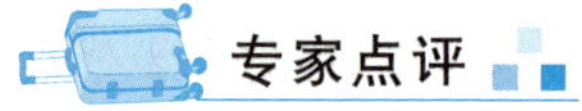

专家点评

A酒店(甲方)与张某(乙方)签订的劳动合同中第二十三条约定:“乙方有下列情形

(包括但不限于),足以影响甲方对乙方的录用决定,视为欺诈,甲方有权与乙方解除劳动合同且不予以经济补偿;乙方被查实在应聘时向甲方提供的其个人资料(包括但不限于离职证明、身份证明、户籍证明、学历证明、体检证明等)是虚假或伪造的。”第九条约定:乙方在签订劳动合同之前,应如实向甲方提供与劳动合同直接相关的基本情况,包括但不限于劳动者的学历证明、履历、资格、体检证明或任职证书(明)以及以前劳动关系是否解除或终止等。劳动者应当如实说明,并应书面承诺其真实性。若因故意隐瞒前述基本情况,骗取甲方签订劳动合同的,经甲方查出或被原单位追诉的,甲方有权依法申请认定本合同自此无效,由此给甲方造成的损失,应由乙方全部承担。张某入职时提交的入职人员登记表中载明其2017年12月至2021年7月就职于杭州××酒店,而社保缴费明细显示张某的工作情况均与入职人员登记表中显示的情况不符,上述事实可佐证张某并非2017年12月至2021年7月就职于杭州××酒店。因此,宁波市A酒店依据入职声明书及劳动合同的约定,解除与张某订立的劳动合同并无不当,故仲裁委员会驳回张某的仲裁请求。

员工在入职时必须签订劳动合同,且公司需在其入职前与其前任职单位进行背景调查,在员工入职后再根据其社保状况进行排查,以确认其提供信息的真实性。如员工所提供的个人资料是虚假或伪造的,则可根据《中华人民共和国劳动合同法》解除与其签订的劳动合同。

案例6　员工因主动辞职而无法领取失业保险金，公司是否需要赔偿

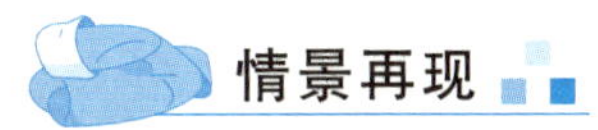

情景再现

刘某于2018年1月13日入职宁波市A酒店,双方签订的合同期限为2018年1月13日至2021年7月12日,约定刘某的工作岗位为管事员(洗碗工)。2021年6月11日,刘某因个人原因向酒店提出辞职申请,公司予以同意。其本人于2021年7月11日办理离职手续并离开宁波市A酒店。2022年5月11日,刘某向宁波市鄞州区劳动人事争议仲裁委员会提出申请,要求宁波市A酒店赔偿其本人因合同终止而无法领取的失业保险金7000余元。仲裁委员会裁决驳回刘某的仲裁请求。

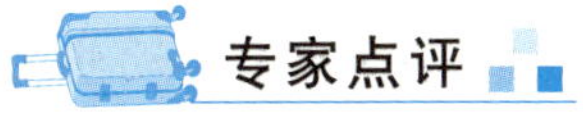

专家点评

失业保险金的领取条件为:(1)按照规定参加失业保险,所在单位和本人已按照规定

履行缴费义务满1年;(2)非因本人意愿中断就业,即失业人员不愿意中断就业,但因本人无法控制的原因而被迫中断就业的。劳动保障部发布的《失业保险金申领发放办法》对哪些情形属于非因本人意愿中断就业做了规定,主要包括:终止劳动合同,职工被用人单位解除劳动合同,职工被用人单位开除、除名和辞退的,用人单位违法或违反劳动合同导致职工辞职的。出现上述情形造成职工失业的,职工有权申领失业保险金。

仲裁开庭期间,宁波市A酒店提供了刘某本人书写并签字确认的《辞职申请书》,以及刘某的离职考勤和离职工资发放明细,以进一步佐证刘某因其个人原因申请辞职,且情况属实。刘某在2021年7月11日离职后,于2021年9月入职宁波市C酒店,申请仲裁时并非待业状态,根据刘某的情况,其为本人意愿中断就业,且其本人为就业状态,完全不符合失业保险金的领取条件,故仲裁委员会驳回刘某的仲裁请求。

人力资源部要规范员工离职申请程序以规避法律风险。宁波市A酒店规定,员工提出离职申请时必须由员工本人书写辞职申请书并签字按手印,由人力资源部存档,并且酒店会要求员工所在部门负责人填写人事变动表、辞职通知书,由员工本人签字、员工所在部门负责人签字确认并提交给人力资源部及总经理进行审批。审批完成后,申请辞职员工的辞职申请书、人事变动表、辞职通知书将存于申请员工的档案中,且离职员工的档案保留年限为两年,如遇离职员工申请劳动仲裁,酒店可提供完整的材料以进行辩护、佐证,从而降低酒店的风险并规范人力资源管理程序。

案例7 虚开收入证明所带来的风险

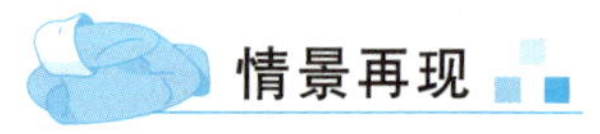

情景再现

2021年11月23日,曾某入职宁波市F酒店(以下简称“酒店”)从事中餐厅服务员工作,双方签订了三年半期限的书面劳动合同。2022年1月5日,曾某因买房需要,向酒店提出出具一张月收入5000元的证明,酒店考虑到“举手之劳”就能帮助到员工,从而满足了他的要求。2022年3月5日,公司以严重违反公司规章制度,解除了与曾某的劳动合同。随后,曾某向宁波市海曙区劳动人事争议仲裁委员会申请仲裁,请求公司支付工资差额等共计2万余元。开庭期间酒店辩称:(1)曾某是酒店的中餐厅服务员,实际工资为3200元,其所在部门的同岗位人员也都是这个工资标准,其所称月工资5000元不属实;(2)公司给其开具的月收入5000元的证明,是其为买房获得更高的贷款额度要求公司虚开的。公司提供了曾某离职时签名确认的工资表、银行流水凭证等予以证实。劳动仲裁委员会裁决驳回曾某的仲裁请求。

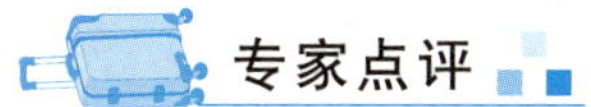

专家点评

酒店不该虚开员工的收入证明。在现实生活中，用人单位开具的收入证明由于具有一定的担保作用，在一些社会关系中得到广泛认可，其作用不可小视，比如办理保险理赔、购买房屋时银行按揭贷款、办理银行信用卡等等。员工为了获得更多的资源，往往要求酒店开具高于其实际收入的证明，而酒店往往由于缺乏相关的法律风险意识，认为这只是“举手之劳”，也就愿意为之，却不知给酒店经营带来了极大的风险。虚开收入证明的行为妨碍了民事诉讼，属违法行为。《中华人民共和国民事诉讼法》第一百一十四条规定诉讼参与人或者其他人有下列行为之一的，人民法院可以根据情节轻重予以罚款、拘留；构成犯罪的，依法追究刑事责任：

（一）伪造、毁灭重要证据，妨碍人民法院审理案件的；

…………

人民法院对有前款规定的行为之一的单位，可以对其主要负责人或者直接责任人员予以罚款、拘留；构成犯罪的，依法追究刑事责任。

在员工提出要求开具收入证明时，人力资源部应当规范操作，查看员工实际薪资状况并如实填写，且在填写收入证明时应当注明用途。将收入证明发放给员工时需要员工进行签收。不可以虚开收入证明，填写与员工实际收入不符的薪资信息，以防给酒店带来风险。

案例8　如何提升面试技巧，为酒店甄选合适人才

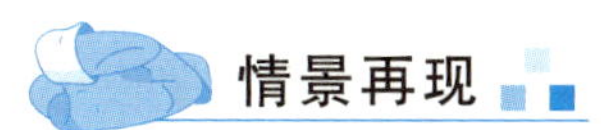

情景再现

暑期将至，宁波市B酒店营运繁忙的时刻即将到来，可西餐厅的人员短缺问题令餐厅经理开心不起来。2023年6月西餐厅新入职两名员工陈某和谢某，但两人均在入职不久后离职。陈某于2023年6月3日入职，6月12日离职；谢某于2023年6月8日入职，6月20日离职。为什么两名新入职的员工在不到1个月的时间内相继选择辞职呢？

专家点评

人力资源部分析了两人离职的原因：陈某因为不适应西餐厅的劳动强度而决定离职，其在之前的酒店为咨客，工作内容仅为来客登记与问询，并未从事点单、领位、收餐等

服务工作;谢某因为不适应西餐厅的夜班而决定离职,其表示并不知道西餐厅有夜班,且自己患有低血糖,上夜班会影响身体健康。

根据人力资源部对两名离职员工的离职原因的分析,不难发现,两名员工对所应聘职位的工作时间及具体岗位职责并不了解,导致其入职后产生心理落差,不适应岗位工作内容及班次安排,并最终申请离职。面试官在第二轮面试过程中未明确告知应聘者工作岗位职责及班次时间安排。

面试是酒店筛选人才的关键步骤,酒店会根据用工需求、应聘者履历、应聘者在面试中的表现等因素录用合适的人才。同时,面试也是应聘者了解酒店信息、所申请岗位工作职责、班次时间安排、薪资福利等信息的重要途径。这也就要求面试官在面试的过程中准确传递信息,确保应聘者知晓所申请岗位的工作职责、班次时间安排及薪资福利等信息,以免应聘者因不知晓以上信息而在短期内选择离职,使酒店离职率提高。

分析了原因后,人力资源部发现西餐厅经理并未参加完整的“基础行为面试技巧”培训,仅仅完成了在线课程学习。人力资源部经理为西餐厅经理开展了一对一的“基础行为面试技巧”培训,带着西餐厅经理梳理了面试的流程,并向其强调了面试环节的重要性。在面试过程中应遵循STAR面试法则(S:详细、具体的时间。T:时间节点。A:所采取的行动、行为。R:如何解决问题)向应聘者提问,以了解应聘者在之前工作单位的具体情况。并且,在面试过程中必须告知应聘者所申请岗位的工作职责、班次时间安排及薪资福利等信息,评估该应聘者被录用的可能性及稳定性,从而减少新入职人员在短期内离职的风险。人力资源部经理在培训结束后,与西餐厅经理一起参与了三名应聘者的第二轮面试,确保西餐厅经理熟练掌握面试技巧。

案例9 我到底有什么权限可以处理对客服务问题

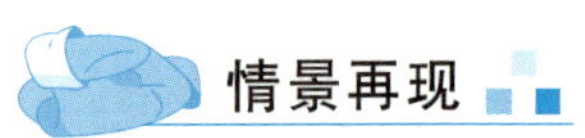

情景再现

2023年7月,夏季所带来的热浪席卷着整座城市。在炎热的夏天,酒店是一个避暑的绝佳去处。黄女士带着自己4岁大的儿子到宁波市D酒店,准备在酷暑中寻觅一丝清凉,游个泳后再到大堂吧享用一杯冷饮,完美至极。似乎对于清凉的渴望过于迫切,黄女士的儿子在跑向健身中心的时候不小心滑倒了。保洁阿姨正在做地面清洁,地面有些湿滑,黄女士的儿子因此摔了一跤,大声哭喊着。健身中心的服务员小王听到哭喊声后急忙跑了过去,连忙致歉并安慰黄女士。夏日的燥热本身就让人情绪容易激动,黄女士一直在抱怨为什么清洁的时间安排得如此不合理,且工作做得不够细致,没有放提醒牌。幸运的是,黄女士儿子并无大碍,但黄女士却连连抱怨,发泄着心中的不满。小王一直在倾听着，但除了倾听黄女士抱怨外并不能做些什么。眼见客人多了起来，黄女士的状态只会影响到其他客人。该状态持续了10分钟后，小王拨打了经理的电话，向经理寻求帮助。健身中心陈经理赶到现场后第一时间询问了黄女士儿子的伤情，倾听了黄女士的不满并表示理解，同时也向黄女示表达了歉意。陈经理让保洁阿姨停止清理地面，并使用干抹布清理湿滑的地面。为了进一步表达歉意，陈经理邀请黄女士和她的儿子到大堂吧喝了杯冷饮。黄女士的烦躁情绪才彻底消除，她称赞了陈经理的专业。

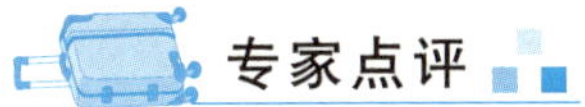

专家点评

在服务过程中随时会遇到突发状况，如果无法及时解决客人所遇到的问题，客人的不满情绪就会因等待而增强，并且还有可能会影响到其他客人以及酒店的声誉。所以，如何在最短的时间内解决客人遇到的问题是妥善处理客诉的关键。如果小王拥有处理客人投诉的授权，那么他就可以用最快的速度处理黄女士所碰到的问题，而不必进一步向经理汇报，让黄女士焦躁地等待问题的处理。在处理对客服务问题时，小王拥有哪些权限呢？

经过对本次事件的处理，陈经理也意识到了授权的重要性。他及时找到了培训部郑经理寻求帮助，想制订详细的授权指南以进一步明确员工在处理对客服务问题时的权限，以便提升服务品质，提高客户满意度。郑经理与陈经理一同制订了授权计划，并对常见的客户投诉进行了分类，将授权分为三个等级：员工可拥有80元人民币的签单权限用于处理客诉；领班可拥有120元人民币的签单权限；主管可拥有200元人民币的签单权限。且在处理完投诉后，必须第一时间汇报给部门经理，并提交详细的事件报告，由部门经理签字后交由培训部审核。明确员工授权是提升服务品质的绝佳途径，当员工明确自己的权限范围时，就可以及时、高效地解决客诉问题，从而提升顾客的体验感。

案例10 基层员工不一般的展示方案

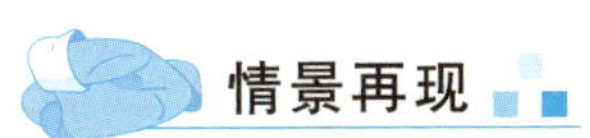

情景再现

酒店拟组织开展一个员工工装展示活动并选出优秀者参加市级比赛。经过相关部门管理人员的讨论，最终敲定了思路，制订出展示方案。之后人力资源部便着手从全店范围内选拔10名选手。第一次排练时，人力资源总监亲自参与动员工作，动员会上总监决定先将展示方案介绍给10名来自基层岗位的选手，然后让他们对方案提建议。结果你一言我一语，10名选手提出了各式各样的建议，其中有个方案很有创意，非常不错，总监当场就决定采纳这一方案，替换原管理人员讨论决定的方案。最终比赛时采用选手们提议的方案，酒店派出的选手获得了市级大赛的冠军。

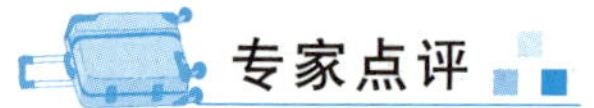

专家点评

集思广益，善于听取基层员工的意见和建议，制订出的方案才更接地气。

从此，酒店凡是组织大型活动或修订、出台新政策，均从全店各层次人员中招募讨论小组成员，共同探讨，集思广益，从中听取好的意见和建议。

案例11 员工异常未到岗

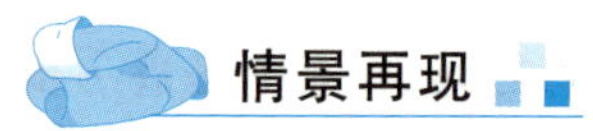

情景再现

宁波某酒店，5月2日，部门开班前会点名时，发现有名员工李某未到岗，部门经理立即询问同宿舍的人员是否知道相关情况。同宿舍人员反馈，只见李某一直在睡觉，具体情况不清楚。部门经理结束班前会后，立即同主管一起赶到宿舍了解情况。到宿舍一见到李某，便发现情况不对劲，李某的意识不清，部门经理便立即叫车送李某到附近的医院。结果医院告知，李某突发心脏疾病，如再晚些送医院就有生命危险。最后，李某在医院住院治疗10天后，康复出院。

专家点评

该案例涉及员工关系中，企业对员工的日常关心和关注度。事故的避免得益于部门经理具有较强的责任心，在第一时间了解到员工未到岗的情况。

酒店以此为案例，制定政策，要求各部门管理人员，发现员工异常未到岗时，应第一时间了解员工去向及具体原因，以排除安全事故或及时为员工提供帮助，加强对员工的细节管理。

案例12　面试问询的技巧

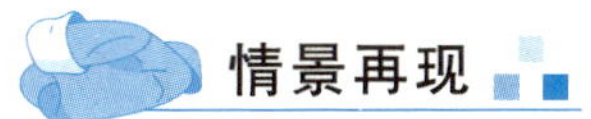

情景再现

4月25日，酒店人力资源部小黄和往常一样，跟进一位网约人员张某的面试工作。张某通过网上预约应聘酒店市场销售部协调员一职，小黄指导张某填写完整的个人履历表后，便就履历表的个人信息向张某了解细节情况。谈及张某为何选择本酒店时，张某实则因为男朋友在酒店工作，想离得近些，但张某觉得这是个人隐私，不愿意告知，又没想清楚怎么回答这个问题。而面试者小黄发现张某回答这个问题时支支吾吾的，感觉不太对劲，就一个劲地想了解真实情况，结果导致张某事后到人力资源部经理处投诉小黄。

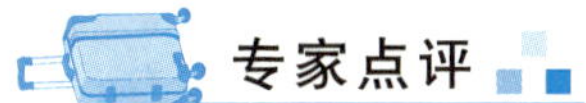

专家点评

该案例中，小黄作为招聘面试人员，掌握面试者的个人想法是必需的，但方式方法不当，最终适得其反。

要提高招聘面试人员的面试技巧，如需了解应聘者较私人的信息，可考虑先正式地问完工作、经验、规划等问题后，邀请应聘者一起到所应聘岗位的工作场所走走，或在面试间递杯茶水后，先同其放松地闲聊一点轻松的、额外的、不敏感的话题，拉近双方的心理距离，待时机合适，插入需要了解的个人问题，并结合其回答的内容和肢体语言来判断。

案例13　员工丢失客房万能卡时如何处理

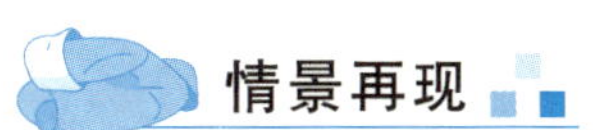

情景再现

酒店管家部保洁员姜某，日常工作中表现良好，工作较认真。有一次在工作中竟大意地将工作手机和能开整个楼层的万能房卡丢失。这一行为的最大隐患就是房卡有可能被图谋不轨之人拾取并引发一系列问题。部门管理人员便依据员工手册条例对该员工进行书面警告，并要求其自行赔偿工作手机费用。该员工当即情绪激动，认为部门管理人员对自己不近人情。

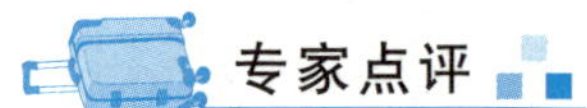

专家点评

该案例中，部门管理人员的处置让姜某觉得不近人情，伤了员工的心。然而从企业员工管理的角度来说，若不处置，就不能给予员工警示，部门便报送人力资源部，征询处理意见。人力资源经理找姜某谈话后，发现该员工很清楚是因为自己的不负责任导致了这样的错误，也明白这个行为有可能造成的隐患，只是心疼要赔偿500元。人力资源经理最后同管家部沟通达成一致意见，这次行为已违反酒店员工手册相关制度，酒店必须依照制度给予处罚。鉴于姜某日常工作中的表现较好，最终决定按制度给予姜某书面警告，但不予罚款和要求赔偿，改为由部门来承担损失。姜某听到这样的处理意见，非常开心，并表示自己今后会加倍认真工作，不再给部门、酒店添麻烦。

人力资源部制订了“非处罚性处分”方案，其核心思想是提倡责任自负，认为每个员工都是成熟、负责、可信任的成年人。

案例14　细心的培训专员

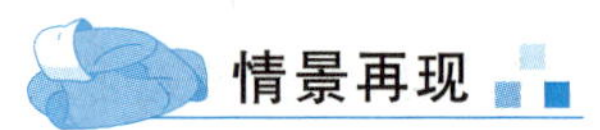

情景再现

小玲是人力资源部的培训专员，主要负责培训和员工活动的组织与开展。7月28日，随着第二季度“五心服务大讲堂”的开展，小玲也开始忙碌了起来。按照以往的惯例，获奖员工的自助晚餐券会直接装进红包里，在颁奖时一起颁发给员工。考虑到有些员工不会及时在会后进行签收，且签收时场面会比较混乱，容易耽误工作进程，细心的小玲便想到了制作一张兑奖券装进红包颁发给员工，获奖员工凭兑奖券到人力资源部兑换奖品。

专家点评

“尊敬的×××先生/女士，祝贺您荣获……”虽然只是一张小小的兑奖券，但避免了现场秩序的混乱，提高了工作效率，而且温馨的言语还能温暖员工，使其获得归属感与荣誉感，这些都体现了小玲在工作中的细心与贴心。

没有满意的员工就没有满意的顾客，人力资源工作本质上是为一线员工做好服务，对待员工也应该像一线员工对待顾客那样，多为员工着想，关注细节，采取各种办法提高员工的满意度。

第二节

老将出马篇

案例1　储值卡与免费券

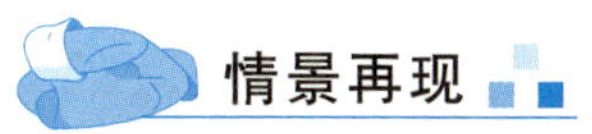

情景再现

酒店推行储值卡业务，储值卡有专门的储值卡系统，同时企业也会推出各种优惠券及免费卡赠送等活动。针对储值卡，财务专门出具了财务操作制度，包括储值卡入会及储值人员的分开、入账的流程、每日报表及每月报表的更新、领卡及券的流程等。但是在财务每月突击检查中，在盘点卡和券时发现：赠券信息类别在卡和券发放给客人时登记不全；未按照模板要求登记相关内容，确保按卡实发赠券，且客人领券时不必签字和备注联系方式。

专家点评

对储值卡的管理比较正规，但是对免费券的管理就比较松散了。一般认为卡是有价值的，所以会比较重视，但是因为免费券是免费的，所以未做好票券的管理工作。但是对酒店来说，不管是免费券还是出售的券都属于有价票券，应视同有价票据一起保管。免费券一般用于维护客户关系或服务补救，这种直接送出的免费券申请时需要客人基本信息，便于财务日后不定期抽查做电话回访，以防员工申请为己用；售卖券一般有固定的价格，由餐厅提前申请一定数量的备用券，用于餐厅日常售卖，售出时做好登记，及时入账便于财务核算，对于还未售出的券财务不定期进行盘点。售卖券用完再申请时，需要提供之前的销售记录。

酒店所有的储值卡、免费券以及售卖券全部由财务部保管。各部门需要时，必须提交申请得到酒店管理层批准后方可领取。领取时财务让领取人签字并做好相关登记工作；财务提供登记表格，在领取新的免费券时，必须出示之前已发出的登记表，经过财务核对后才能领取新的免费券;基于储值卡由财务保管的原则,可不定期以抽查的形式盘点部门领取的储值卡。

案例2　员工价那回事

情景再现

宁波某酒店财务部于2023年4月10日至2023年4月16日对最近1个月(2023年3月10日至2023年4月10日)本酒店员工使用集团员工价的情况进行检查,并让保安部同事配合查询监控进行核查,发现有违规操作:员工价房间入住的非员工本人,而是客人直接到前台报员工姓名,使用员工价入住。

专家点评

员工价是酒店集团给予员工的福利。因价格偏低,所以要遵循预订流程,规定员工必须申请集团的账号,通过网络使用员工价预订。集团之前规定不能预订本酒店的房间,随着福利范围的扩大,开放了本酒店的预订,且一次可以预订两间;但是必须为本人入住或者与同行亲属一起入住。故对前厅服务人员来说,会有使用员工价倒卖酒店房间的漏洞,对酒店收入造成损失。员工价和亲友价是两个不同的概念:员工价只限于员工本人预订且本人入住,亲友价是指亲友注册并绑定该员工账号后享有的价格。集团推出员工价和亲友价两种不同的价格优惠政策。

酒店可实行员工通过官方网站不能使用员工价预订本人所在酒店的制度。员工以员工价预订自己酒店可作为酒店内部员工福利,需内部申请,管理层批准后方可预订;加强审查,对于每一次的员工价入住,必须严格要求本人入住登记,即使是给亲属朋友开的房间,其中一间也必须由员工本人入住;前厅应附员工证件与账单一起交给财务;财务不定期进行抽查,对用员工价倒卖酒店房间的行为应予以严惩。

案例3　被掉包的做房记录

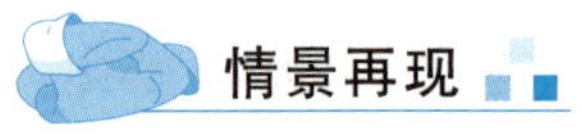

情景再现

酒店客房进行部分外包清洁服务,财务对10月份提交的客房外包做房奖励表进行审核时，发现以下问题：

2023年9月16日至10月15日的做房报表中，9月18日和9月19日两天的清洁服务实际上是酒店员工A做的，但是登记在外包公司的名下，且取得了酒店客房部副经理B的确认，而当日员工做房的记录没有找到。

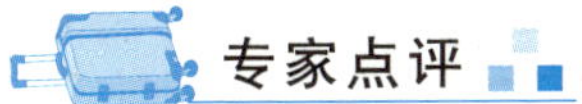

专家点评

外包每间房的清洁费用是20元，酒店员工的做房奖励是15元，故中间有5元的差价。酒店员工做清洁的房间，伪造成是外包员工做的，应该是员工与外包负责人之间的私下约定。一来若外包人数不够，可以抵扣做房数量的要求；二来也可以减少人工费用支出，不用额外招聘员工，而酒店员工可以拿更高的奖励。如果客房部主管或者经理都不监督的话，很难被发现，但会导致酒店成本增加。

客房部应创建严格的分房操作流程，登记与分配做房人员和做房人分开；主管或经理要每天审阅做房报表；财务要求提供原始的工作单以便核查；一旦发现伪造，要严厉惩戒；条件允许的话，酒店客房清洁工作最好全部外包给第三方清洁公司。

案例4　删单的秘密

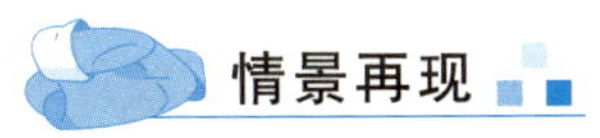

情景再现

在某一季度的现金检测中，检测人员发现客人在行政酒廊点的一份金汤力的钱未录入财务，账单被删减。调取监控后发现收银员在收银台进行操作。按照投入的账单看，账单被删，删单也按财务要求投入了财务，并备注了理由：重新开单到×××××单号。查×××××号账单发现，确实有一笔金汤力及一份薯条，挂入1215号房间，且1215客人退房时已付账。通知保安部对该员工进行问询，员工承认将钱存入小金库，保安搜出小金库盒子，里面有378元现金。

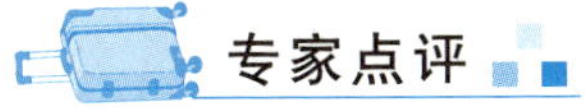

专家点评

如果不是现金检测，按投下的账单看毫无问题，且按财务要求对删单也进行了备注，且备注里的内容属实。这说明该收银员已经熟练应用“偷钱”技巧，如果出现一样的点单，就会将现金支付的账单删除，将现金占为己有，并将其备注到挂房账的单子上，这样财务就没法查出问题了。

酒店严禁员工使用本人二维码收钱，所有微信、支付宝收款均使用酒店账户。所以要严格加强员工培训；对餐厅删除或取消账单设置权限，设置为餐厅经理或者主管才有权限删除或取消账单，所有取消单需要餐厅经理签字并备注原因；对于大堂吧、酒廊等收入不大、金额较小的营业点增加现金检测的频率。

案例5　信息技术是财务信息最好的保鲜剂

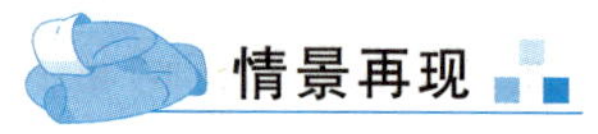

情景再现

年底，领导要求财务部的同事A制作一份近5年的财务汇总报告，并进行相应的对比分析。A开始查找之前的数据档案，发现由于最初几年有的数据资料不全，无法做出完整有效的对比分析。

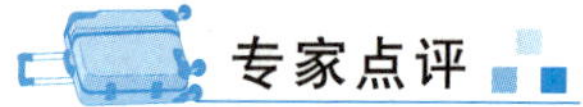

专家点评

财务信息也有保质期，谁都不希望昨天费老大劲整理出来的财务信息，不久以后就成了一堆垃圾。财务信息更不能变质，一方面管理者当期决策时有得用，另一方面未来决策时也可用。前者讲究的是信息的保鲜程度，是效率层面；后者追求的是信息质量的长期保质，所以财务信息的保鲜期要求更长。为了达到这个效果，我们也在尝试各种手段，包括流程优化、纸面账簿、电算化等。总的看来，不管是财务信息的当期效率，还是长期质量，都离不开信息技术的支持，所以说信息技术是财务信息最好的保鲜剂。

在财务信息的当期质量方面，及时性最为关键，信息越新鲜价值越大。不过回过头来看酒店的实况，很多酒店在本月的10日还拿不到上个月的财务报表，有的甚至到20日才能召开上个月的经营分析例会。这个时候，一个月已过大半，财务信息再准确再完整，可惜已过时。“快鱼吃慢鱼”，酒店管理层的经营决策讲究的是时效性，需要的只是大数据参考。这个时候，财务信息需要考虑如何更快，从而更及时。而要保证财务信息效率的达成，非信息技术莫属；通过集团系统，每月可很快出财务报告。

财务本身作为一个信息系统，目的是支持企业管理者的经营决策，如果用一个公式来描述财务信息价值的话，那就是财务信息价值=准确度×完整度×及时度×需求满足度。四个要素都是用百分比来表达的，它们之间是乘数关系，而不是单纯的累加，这也就意味着只有四者同时优秀，结果才可能卓越，因而体现的是综合素养。从上述公式可以看出，即使财务信息的准确度和完整度达到最完美的100%，如果及时度只有50%，那财务信息价值也会打对折。

在财务信息的长期质量方面，准确度、完整度和及时度已不是问题，关键在于信息的可用性，也即需求满足度的达成情况。在未来决策时，由于决策目的和决策事项的差异，对信息的需求也不一样，这就对财务信息的精细程度提出了要求，所以在一开始进行财务信息采集的时候就要有所预期。虽然未来需求不可完全预测，好在常规的需求基本上可以提前把握，比如对预算的控制等，有了这些信息，未来的需求基本上都可以满足。也就是说，对于财务信息的质量，核心在于信息的足够精细化，属性足够充分，以使未来的需求都可以通过信息单元的排列组合进行满足。这就使得财务信息具备了相当的弹性，也就降低了信息变质的风险。但这种弹性带来的挑战在于，信息的保质期越长，弹性越大，意味着信息量越大，工作量也越大。海量信息的采集，加工、报表生成等，如果仍用手工管理，无疑是一个不可能完成的任务，此重担又落到了信息技术上。特别是在报表生成方面，维度属性越丰富，报表的灵活度就越大；而且，在报表的使用方面，需要达到随时随地查阅报表的效果，这更是信息技术的强项。

因此，在信息技术的帮助下，即使时间再长，信息都可用、好用，财务信息的准确度、完整度、及时度和需求满足度都能达成。有此效果，财务信息自然不会变质，财务信息的价值自然得到了体现。所以说，信息技术是财务信息最好的保鲜剂。

案例6　合理采购的重要性

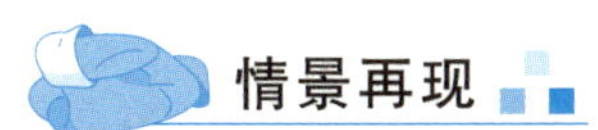

情景再现

2018年A酒店实现销售收入1.34亿元，较上年增加了20.4%，净利润2000万元，比上年增长了37.9%；而B酒店营业收入1.87亿元，净利润1500万元。排除其他原因分析：2017年第四季至2018年上半年，A酒店财务建议趁某些保质期较长的原材料价格处于低位时增加采购库存，而保质期较短、成本较高的原材料相应减少采购库存，因此保持了现时的毛利率水平。

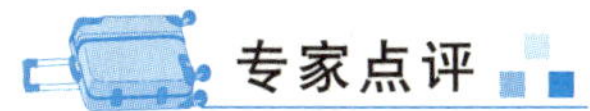

专家点评

财务采购作为酒店的一个重要部门，与各类供应商打交道，熟知市场价格规律，在采购的源头为酒店把控商品质量，在保证供应商高品质服务的同时，也能减少酒店的成本。采购作为成本控制的一个重要环节还是需要加强管理的，不然等采购执行完毕、生米煮成熟饭到生产环节控制就有些亡羊补牢了。

财务采购怎样控制和管理成本体系？企业应当如何对采购环节进行体系化管理才

能减少采购支出，提高采购效率，扩展利润空间，提升经济效益呢？

1. 完善采购管理流程。

（1）计划管理：在保证无计划不允许采购的前提下，以完整、准确、及时为原则，参照生产计划、原始统计数据、消耗定额及其他内部资源制订采购计划，充分发挥计划的指导作用。

（2）采购管理：以质量和效益为中心，坚持“四比”（比质量、价格、服务、资信）、“三公开”（产品明细、厂家报价、采购结果）、“两必须”（货比多家、签订合同）、“一到底”（谁采购谁负责到底），做到采购程序公开，厂家参与机会平等，竞争有序。

（3）到货验收制度：凡是采购的物资必须检验和验收合格后，方可投入生产。

（4）资金与核算办法：一要加强资金管理，合理分配资金用途，防止有限资金被分散，提高资金利用率；二要严控成本项目核算，进行奖惩控制，形成动力机制；三要在保证效益最大化总目标的前提下，做到采购计划与财务计划的统一，实现财务对采购的有效监管。

2. 完善采购组织建设。

（1）加强生产、财务、仓管、采购等部门的联系，建立采购需求的联动机制。

（2）在采购部门内部建立有分工有合作、既能紧密衔接又能相互制约的内部运行机制。

3. 合理选择采购方式。

4. 与供应商建立合作伙伴关系。

案例7　财务部门属于职能部门还是业务部门

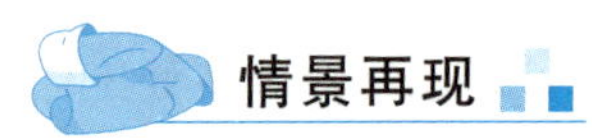

情景再现

酒店运营部门一般与客户直接打交道，是直接为酒店创造效益的部门，如商务发展部等，而财务部则划归后端职能部门，为业务部门提供服务与支持。可是酒店里运营部门某些人员有时大放厥词，说财务部是他们养活的，这就让财务部门的员工听了极为不爽。

专家点评

其实，酒店财务部门不仅是职能部门，同时也是业务部门，如需要追讨拖欠款时，就需要财务部门协同。财务部门把自己当作业务部门，一方面可以提升在公司中的重要性与价值，另一方面也可以形成业务角度的思维，以及全局观的视角。

（1）提升内部职能素养。对于决策层，财务部要提供战略价值评估，战略规划，财务情报、分析和报告等方面的信息与服务；对于业务经营，财务部要提供计划和分析、管理会计、成本会计、预算、绩效考核、风险管理、价格分析、运营资本管理、财务信息管理等信息与服务，例如，财务要对合同条款把关，对增值税发票相关项目把关。

（2）优化部门间协同。财务部门要想真正参与到酒店经营中，成为酒店价值的真正创造者和管理者，就必须去了解业务，懂得业务部门的语言。财务人员要从改变财务部门的定位开始，要把财务部门变成酒店价值的管理者，变成业务部门的合作伙伴，要做财务分析、预算、内控，要帮助业务部门赚钱。财务工作在酒店的成本控制、定价策略、风险管理等方面的作用也越来越被业务部门认同。良好的财务监控能够反映出各项工作的成果和不足，业务部门不应将财务部门的规定和要求（计划、制度、回款、费用控制等）视为对业务的束缚，财务部门也应该根据业务特点和市场情况给业务部门提供灵活的政策和支持。财务部门宜定期拿出最详细的数据，如成本预算与实际对比、项目销售预算与实际对比、项目利润预算与实际对比等资料，以便告诉业务部门实际业绩怎样，并在此基础上讨论如何改进、哪些是重点以及时间表和责任人等，关键是细节方面的数据统计、分析和沟通讨论。比如经营成本高了，业务部门需要明确哪一部分成本高了，原材料中的哪一个项目、哪一个产品的成本高了，是报价低了还是实际生产控制的问题，等等。对于客户和供应商，财务部要处理应付、应收、固定资产管理、信用管理和收款等。

案例8　酒店财务审计的“四性”

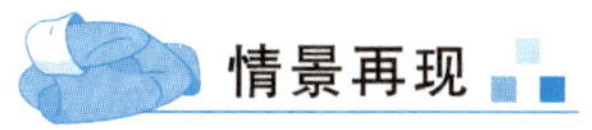

C酒店属大中型综合酒店，各种设施较为齐全，且拥有优越的地理优势。餐饮部分设两个中餐厅和两个西餐厅。中餐厅经营情况一直良好，餐食成本能够控制在合理的水平，客源比较稳定。西餐厅经营情况不稳定，餐食成本率一度达到92.67%。基于上述情况，审计人员对酒店管理情况进行了专项审计，并根据审计结果提出了改进建议。

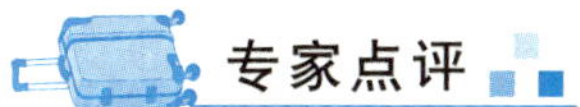

当酒店形成一定规模后，往来的账目款项会越来越复杂，再加上公司部门众多，人员出入频繁，财务复杂性可想而知。为了确认财务收支情况，发现问题并给予运营部门相应的改进建议，做财务审计是非常有必要的。

先要检查各类报表是否齐全,仔细阅读报表说明,注意报表反映的一个会计期间的财务状况、经营成果以及资金变动情况与其他会计期间的分析对比,是否揭示有关重大影响因素,并结合报表内容的审计,验证报表附注说明是否真实。通过有效的财务审核,可以确保以下几项:

(1)公司财务的真实性。为了确保财务账目的真实性,在特定期间,检查相关业务与账户记录是否相符,资产、负债余额及收入等有没有出现虚列的情况。

(2)公司财务的完整性。被记录的账目会在是否计报表中列出,应检查其间是否发生遗漏、隐瞒经济业务,有无账外资产。

(3)公司财务的合法性。根据《企业会计准则》及其他有关财务会计法规的规定,查看公司报表的结构、项目、内容等是否合法,确保经过调整后没有违规事项。

(4)公司财务的准确性。对公司报表各项目进行分析,确保信息准确无误,并能反映到相关会计报表中。

案例9　一封陌生邮件引发的信息安全问题

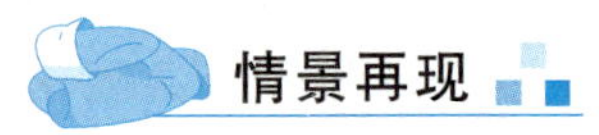

情景再现

酒店某财务工作人员接收到一封陌生人发来的电子邮件,以为是集团信息,点击邮件中的链接,结果造成了电脑信息的泄露。

专家点评

网络信息安全已然成为酒店一个不容忽视的大问题,千万不要随意点击陌生链接。酒店财务信息技术部门应明确信息安全管理的范围,对信息安全的风险进行识别与分析。在此基础上,制定信息系统风险应对的措施,从而进行风险控制,降低信息系统风险,以保障信息系统的安全。陌生人发来包含链接的电子邮件在酒店很常见,建议酒店员工使用集团邮箱处理工作;信息技术人员要加强信息安全方面的培训,如遇特殊情况应及时解决。

(1)做安全需求分析,确保整个系统在建设之中和建设之后维护的安全性,所涉及的范围包括:信息,包括数据、资料等;硬件和软件;环境及支持设备;参与人员的管理;网络通信设备;存储设备;等等。

(2)风险识别与分析:从潜在的危险和系统的安全威胁等方面进行风险识别与分析。

(3)风险响应规划:根据上面风险识别与风险分析结果,制定相应的风险应对措施。

(4)要有信息涉密级别管理方案,如:建立私密文件夹,设立权限;建立部门文件夹,各部门文件夹不通用;对特殊岗位设专属文件夹;等等。

(5)涉密介质安全使用管理方案:U盘、硬盘、光盘、磁带等涉密介质应标明级别,并按相应密级管理;酒店电脑一般不能插入U盘、硬盘、光盘等,如必须使用时,需要使用信息技术人员提供的安全U盘。

(6)身份管理方案:处理秘密级信息的涉密系统可采用口令进行身份鉴别,口令长度不得少于八个字符,口令更换周期不得长于一个月。

(7)风险监控的策略:①建立合理的、科学的信息安全工作体系。②减少威胁:通过身份认证、访问控制、网络监控、入侵监测、审计和防病毒软件安装等技术措施,建立黑客防范系统和恶意代码防范系统,减少信息系统受到内部员工黑客和恶意代码攻击的机会。③减少薄弱点:通过教育和培训强化员工的安全意识和安全操作技能,建立和完善信息安全管理制度,强化安全制度的检查和落实。④降低威胁带来的影响:应用密码技术对信息的存储和传输进行加密处理,建立并实施业务系统的应急响应计划,此计划包括备份保护、应急响应、测试维护等。

(8)安全解决方案动态调整:安全解决方案的基础是风险分析,应该根据风险的变化进行动态调整。一成不变的静态风险管理,在风险发生变化时不仅起不到应有的安全作用,反而会产生负面影响。因此,风险管理应该动态进行,形成风险预测、实时响应、降低风险的良性循环。

案例10　酒店开具了假发票?

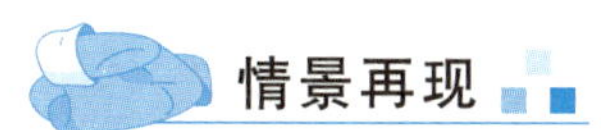

情景再现

2023年2月末的一天,某酒店审计经理的手机接到一个陌生电话,告知审计经理她是某公司的财务,因酒店于今年2月中旬开具给他们公司的发票,多次验证均失败,怀疑酒店开具的是假发票,要求酒店予以解决。审计经理的私人电话是由酒店前厅员工提供给客人的。审计经理询问了相关信息后,添加了客人微信,对方财务将发票票面信息和国税网的验证信息均发给审计经理。审计经理仔细核对了票面信息和验证信息,发现是客人将验证码161738输成了131738,所以验证失败。

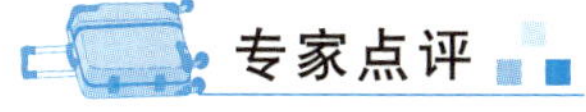

专家点评

客户表示发票无法验证,前厅部未按照正常流程与客人核对票面信息,而是直接将审计经理的电话推给对方财务，这是不符合酒店规定的，尤其是将私人号码给对方。正常情况下，酒店财务部不属于运营部门，一般不对客服务，以防出现服务不标准引起的投诉。

客人的发票显示无法验证的情况在酒店经常出现，不能验证的原因也有很多。根据以往惯例，大部分是因为填写发票验证信息时，信息填写有误。对此，作为一线营业部门，前厅应加强发票的一些常规知识培训，了解发票的验证流程。财务部也可根据实际情况，对该信息进行整合并分享，提高解决问题的效率。

案例11　因押金不足引起的酒店坏账

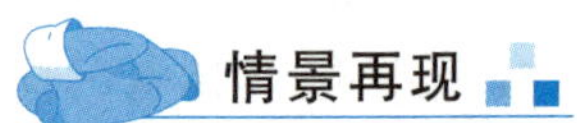

情景再现

有一外籍客人入住宁波某高端酒店，办理入住时因前厅服务人员接待失误，未收取客人押金。后与客人联系请求补交，客人坚持无须交付押金，退房后一定会一起结账。因宾客服务经理未提交每日Credit Limit Report（信贷额度报表，反映客人交付的押金是否能够满足在店期间消费的报表），财务部信贷组未及时发现该漏洞。客人入住二十多天后，财务部才从Credit Limit Report发现此问题，并立即以邮件的形式通知前厅部。前厅部经理与客人沟通，客人表示因业务需要，需在酒店入住1个月左右，先支付半个月房费2万元，后半个月待退房时一起支付。为维护客户关系，前厅部经理同意客人的要求。然而未等到客人退房，该客人就被公安局抓走。原来该外籍客人是欺诈犯，已在世界各地犯案。酒店立即报警，但于事无补，客人在店消费的3万元无人支付，且很有可能成为永久烂账。

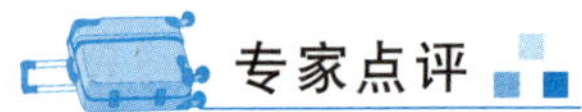

专家点评

(1)前厅在客人办理入住时未按标准流程收取押金，且因对方是外籍客人，前厅主观认为外籍客人信用度高，擅自决定免押入住，成为该事件的源头；宾客服务经理未将每日Credit Limit Report上交财务，以致财务未能及时发现此漏洞；前厅部经理在客人交付半个月房费之后，在不知客人背景、没有任何担保的情况下同意了客人继续免押入住，没有风险意识，以致最终产生高额账单无人处理。

(2)财务部也有监管不力之责。宾客服务经理未提交Credit Limit Report，财务部未每日催交，且财务系统也有相关报表可供检查在店押金情况，但财务部未主动审核；后续客人仍免押入住，却因前厅部经理口头担保而不予理会，没有采取相关的防范措施。

(3)收取足额的押金是前厅接待的重要工作内容之一,也是上岗前的必要培训内容。如有特殊情况,应立即上报前厅部经理,由管理层决定如何处理。除有合作协议外,有销售人员或其他管理层担保,也可视情况做免押入住。一般担保的额度不超过担保人工资的80%。

(4)信贷额度报表是审核收银操作是否正常、房费是否足额收取等的重要途径,也是各大品牌酒店要求检查的项目之一。宾客服务经理与财务部都应该按各自的标准作业程序进行复核,以使及时发现问题。

案例12　电脑文件数据丢失该如何应对

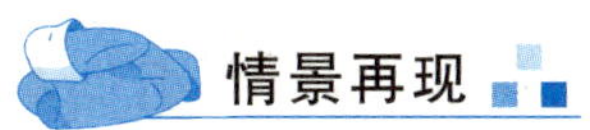

情景再现

2018年5月中旬,一种名叫"勒索病毒"的新型电脑病毒入侵众多国内品牌酒店服务器。一时间酒店内的Opera、Sun、MC、Outlook邮箱等系统全部宕机,各部门保存在电脑C盘的资料、文件等全部遗失。因信息技术人员当月未及时备份相关数据,财务部全员耗时近1个月才将当月的系统数据补回。

专家点评

信息技术部门除了平日帮各营业点解决网络、系统维护等问题外,服务器重启维护和数据备份也是其重要的工作内容。本案例中,因病毒入侵,酒店系统崩溃、数据遗失,因采取措施及时,未造成客户资料的泄露,但这仍属于酒店的重大问题。因此,平时就要做好以下几点:

(1)信息技术部门应根据实际情况,定期刻录酒店各系统数据的光盘备份。

(2)信息技术部门应定期对酒店服务器进行维护,加固防火墙。

(3)建议各部门的重要文件等尽量保存在E、F盘,保存在C盘遗失风险较大,且容易引起系统卡机等问题。

(4)各部门员工勿使用酒店网络进入非正规网站,这样会加大安全隐患。信息技术部门也应加强对外网使用的管制,未经管理层批准,一律不予开通外网。

案例13 酒店微信营销案例分析

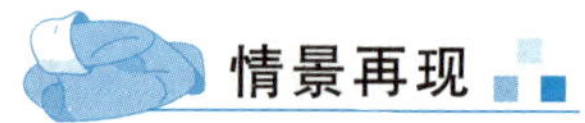

情景再现

6个月时间,7天连锁酒店微信公众号粉丝从0增长到100万,其中80%用户是7天连锁酒店的会员。7天连锁酒店微信公众号订单量日均突破5000单,远远高于OTA平台订单。退订比例由原先20%降到4%。7天连锁酒店微信运营团队很庞大吗?不,他们只有1个微信运营、2个技术开发和30个微信客服。对于提升用户体验,相较于招行微客服产品,酒店行业因其业务特殊性并不能完全依赖机器人应答,更多还是得靠人工去处理,但微信客服相较于电话客服来说,具备延时应答、一对多应答、通话数据可存可查、住客方便管理等特点,大大提升了客服的工作效率。以前100个人每天的电话接听量在5000个左右,而微信客服30个人每天能处理10000多次会话。

“7天约稿”增加用户互动。对于大多数品牌商来说,微信运营的一个关键是如何以用户更愿意接受的方式向其传递信息,除了被动接受信息外,用户主动贡献内容也是微信运营的另一个方向。7天连锁酒店的招数就是向用户约稿,增加微信用户参与度。年轻人喜欢玩,喜欢分享,微信约稿让用户活跃度居高不下。另外,移动端本来就适合阅读,而微信公众号的一个特色也在于订阅,有很强的阅读属性。同时为了更有效地激励用户投稿,7天连锁酒店对投稿用户给予5000积分的奖励。

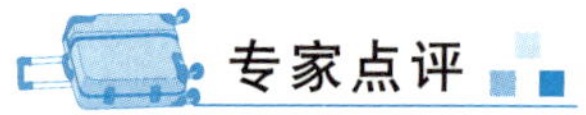

专家点评

多数微信公众号回答用户日常疑问的自动回复是图文消息,而7天连锁酒店则采用纯文字方式回复。这样做有什么秘诀吗?(1)纯文字回复速度快,而图文消息还有一个加载过程;(2)纯文字回复直观,直接把答案说出来,不需要阅读图文再体会其中意思;(3)纯文字回复更适合人与人的交流,拉近酒店与顾客的关系。一键订房微信用户只要关注7天连锁酒店官方微信公众号“7天会”,然后在微信里一键搜索心仪分店,就可完成订房、支付。整个购买流程只需要5秒钟,订房支付一步搞定。品牌的传递在于用户的参与和互动。7天连锁酒店充分发挥互动的作用,无论是约稿增加用户分享的主动性,还是人性化的自动回复减少冗余环节和降低时间成本,都是站在用户角度考虑,哪怕一丁点细微的改进都要想着如何让用户再轻松一些。利用“漂流瓶”活动增大粉丝量。招商银行发起过一次微信“爱心漂流瓶”的活动:微信用户用“漂流瓶”功能捡到招商银行漂流瓶,回复之后招商银行便会通过“小积分,微慈善”平台为自闭症儿童提供帮助。根据观察,在招行展开活动期间，每捡10次漂流瓶便基本上有1次会捡到招行的爱心漂流瓶，此活动的作用在于积累粉丝量，提高招行微信营销的知名度。

案例14　酒店短视频营销案例分析

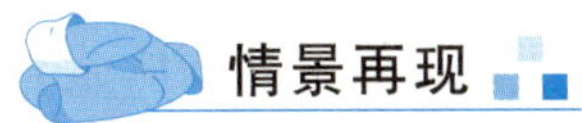

情景再现

东钱湖康得思酒店位于至今已有1200年历史的东钱湖畔，草木葱茏，空气湿润，微风轻柔，为宾客缔造亲切奢华以及地道的度假体验。在精心设计的特色观景房里就能欣赏到东钱湖的美，这一得天独厚的舒适位置就是酒店的天然爆点。2023年夏天，伴随着酒店自动窗帘的缓缓拉开，壮观的东钱湖美景随即映入眼帘，这样的场景视频立马在抖音上火了，短短1个月便让东钱湖康得思酒店成为网红酒店，众多游客慕名而来。

专家点评

突出亮点和特色：酒店利用短视频来展示酒店的独特亮点和特色，如豪华客房、美食餐厅、泳池、SPA中心等。利用精彩的画面和编辑来吸引观众的注意力，并展示酒店的舒适性和高品质。

强调体验和情感：酒店短视频不仅关注酒店的硬件设施，还注重展示客人在酒店的愉快体验和情感。通过展示客人在酒店内放松、享受美食、与朋友聚会等场景，传递出舒适、温馨和快乐的氛围。

故事化叙述：酒店将短视频制作成一个小故事，通过一个或多个场景来展示酒店的设施和服务。例如，一个关于情侣在酒店度蜜月的故事，或者一个关于商务旅行者享受高效工作和休闲娱乐的故事。这样的故事叙述能够增加观众的共鸣和情感连接。

社交媒体平台传播：酒店将短视频发布在各大社交媒体平台，如微博、微信、抖音和Instagram等，以扩大影响力并吸引更多的目标受众。同时，利用热门的话题标签和关键词，增加短视频的曝光量和分享率。

互动和奖励：酒店可以设计一些活动，与观众进行互动，如提问、评论、转发等，鼓励观众参与以增加视频的互动性。同时，酒店还可以设置一些奖励机制，如粉丝福利、优惠折扣等，激励观众在社交媒体平台上分享和宣传酒店。

通过短视频营销，酒店可以展示酒店的优势和特点，有效地吸引目标受众的注意力，并引导观众进行预订或分享。同时，短视频在社交媒体平台的传播，也可以帮助酒店提升品牌知名度，并提升口碑和用户留存率。

案例15 酒店机器人服务案例

情景再现

住客通过房间内的智能服务管家,下达指令:“你好,麻烦送两瓶水。”智能电话那头的语音小助手回答:“好的,送两瓶水到××房。”不到10分钟,房间门铃响起,房客打开房门后,便看见机器人将房客“下单”的矿泉水送到了。机器人在酒店内很受欢迎,特别受家庭客户中小朋友的喜爱,机器人是酒店最忙碌的员工。在酒店和餐厅等服务场景内经常出现如下情况:当房间内的电话铃声响起,住客接起电话时,一个可爱的声音传出:“您好,我是服务机器人,现在已经到您的房门口,请取走您需要的物品。”住客打开房门后便能看到送物机器人,扫码打开舱门后,取物成功;在不少餐厅里,为食客送菜的也是穿梭其间的机器人。

专家点评

近两年,随着“无接触服务”、安全卫生等需求量的增加,引入机器人服务的酒店和餐厅越来越多。一方面,高科技的引入增加了消费吸引力,提升了效率;另一方面,在旅游业、餐饮业服务中,人情味是其中的精髓,在启用机器人服务的同时,酒店、餐厅也不断花心思在提升精细化服务上,增加机器人服务的“温度”。

第三节

精益求精篇

案例1　替客人找回iPad

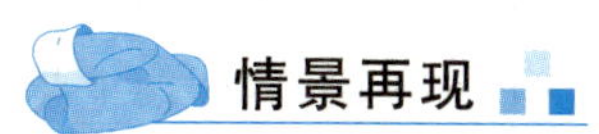

情景再现

2023年3月22日，外宾Derek办理入住时发现自己的iPad遗忘在了高铁上，就尝试性地联系了MOD(Manager On Duty，值班经理)寻求帮助。MOD了解到在到达宁波站后，外宾将自己的iPad遗忘在了开往温岭的高铁上，此时距离下车时间已过去了40分钟。MOD凭借在酒店这些年积累的丰富的外界信息资源及良好的人际关系网，首先通过南门派出所，再跨部门联系到铁路派出所，最终在外宾离店开始下一段旅途前将遗忘的iPad找回。外宾用短短的一句话表示感谢：酒店对他来说就是宁波的一张名片！

专家点评

该案例完美地诠释了酒店的一个服务理念，不是无所不能而是定会竭尽所能，想客人之所想，急客人之所急。

宾客只是抱着试试看的心态寻求帮助，并没有抱太大的希望能够找回。而令宾客意外的是，酒店工作人员非常重视这个看似与酒店并不相关的服务请求，能够设身处地地为宾客着想并解决问题。

心理学和服务破格思维告诉我们，越是本身不在宾客预期内的服务，越能够达到超出宾客预期的效果，越能够产生感动和共鸣。

案例2 “满意+惊喜”式的贴身服务

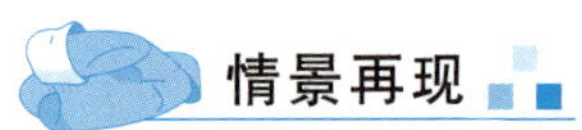

情景再现

2023年4月8日，宾服中心接到携程客人吴先生的电话，客人将会在4月13日开一个房间，届时会有一束花（作为结婚一周年的庆典礼物）送到礼宾部，要求管家帮忙送入房间，给妻子一份意外的惊喜。宾服中心把这个信息传达到了楼层，楼层便开始默默地准备开了：提前安排好房间；采购布置需要的玫瑰花；联系大堂为客人准备周年庆祝的蛋糕作为免费礼物；采购布置房间用的星空灯。

预订的房间是2101，当日楼层主管便开始细心地布置房间，在1.8米的大床上用玫瑰花瓣铺了一组英文字母I love you，在字母下侧铺了一个满满的心形做点缀，房间用上星空灯，变化各种图案和颜色，剩余的玫瑰花用精致的花瓶插好，把庆祝的蛋糕细心地放在茶几上，一切布置得妥妥的。晚上当女主人开门进房时，被眼前的一片景象给呆住了，忍不住激动地欢呼起来：“天哪！怎么会这么漂亮！”很意外老公给她这么大的一份庆祝礼物，将会令她终生难忘。因为这样细心、体贴的服务，该酒店有了一批又一批忠实的客户。

专家点评

该案例很好地诠释了酒店管家细心与周到的服务理念，为宾客提供“满意＋惊喜”式的贴身服务。并且这些服务的提供完全出自酒店员工的自发行为，完全超出了宾客的体验预期。

本案例中，宾客相关信息的获取和传达，以及对于个性化服务的敏锐嗅觉，是成功的关键。中心与楼层做到了及时有效地交互信息，把宾客的第一手信息及时进行传达，让楼层准确地掌握了服务需求。

案例3 赠送打包热饮

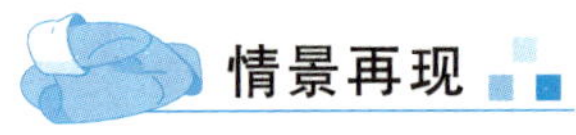

情景再现

近期，环球酒店针对退房宾客实施了一个创新的服务小举措——赠送打包热饮，赢得了宾客们的一致好评。

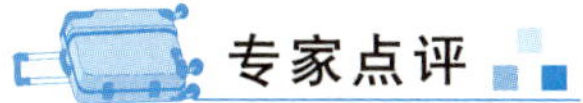

专家点评

寒冬已至，环球酒店针对每一位退房客人，设计了赠送打包热饮服务流程，由酒店GRO(Customer Relationship Officer)对每一位退房宾客进行递送，并设计了暖心送别祝福语，让每一位宾客在寒冬都能够体验到“暖在你手，爱在我心”的服务。目前此举措在宾客中获得了良好的口碑，特别是在OTA上也得到了宾客的赞许。

感动宾客的措施，不在于大，不在于复杂，小而巧且能够普惠到所有宾客的措施，同样能够达到“感化”宾客的目的。环球酒店正是在集团公司此项工作的倡导和启发下，持续推进感动服务举措的“研发”。

赠送离店打包热饮的温情措施，更是与礼宾预热车辆服务、清除车辆积雪积霜服务进行了组合，成为在呵气成霜的寒冬，环球酒店冬季感动措施服务的“组合拳”。

从服务心理学角度分析，宾客离店期间的体验也很重要，因为这是宾客体验经历记忆最近最深的。营销学同样告诉我们：宾客的离开，不是这一次服务旅程的结束，而是下一次回购的开始！

案例4　心悦之旅

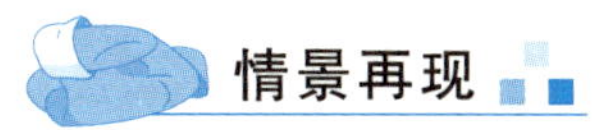

情景再现

国庆假期，新芝宾馆针对以家庭宾客为消费主体的特征，设计了一直在延续开展的“心悦之旅”的附加值服务项目，推出了针对性强和匹配度高的个性化服务，深受假期宾客的喜爱及认可。其具体的做法如下：

前台C/I时，向所有家庭宾客，主动介绍“心悦之旅”。增值服务中“白茶＋茶点”这一项深受宾客认可。

总台配备点评送好礼的玩具(此次主要准备的是咬手指整蛊玩具)，受到小朋友们的喜爱；总台准备各式糖果供家庭宾客入住等候、小孩嬉闹时，安抚小朋友使用。

早餐时间段，工作人员扮演玩偶，到早餐厅与小朋友们互动，现场发放性价比高且当下流行的孩童小玩具；用餐高峰期结束后，利用宾馆本身的地理位置，在宾客用完餐漫步回房时，也不忘抓住他们的目光——在户外草坪开展扮演玩偶跳操活动，并引导家庭宾客驻足合影留念；等等。

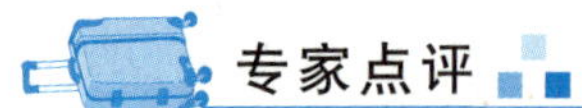

专家点评

(1)假期里,客源特征非常鲜明,应抓住、抓准目标客户的心理需求。

(2)针对家庭宾客,将小孩作为情感切入点,从而提升整个家庭宾客的体验满意度,小孩是整个家庭出游的服务中心。

(3)增设必要的附加值服务,利用的是宾客的"小惠心态"。超出宾客原本价值感知的附加值附属品或服务,更容易让宾客产生性价比高的感觉。

案例5　酒店推荐的亲子房

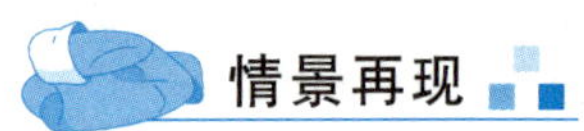

情景再现

早上8点30分,大副给当日预订抵店宾客严女士致电,了解到客人中午12点30分左右抵店,以及宾客希望酒店能有适合亲子活动的娱乐项目。大副依据严女士所订房型进行了重新排房,将预订的2楼高级双床房调换到2楼朝南的亲子房,并通知客房做好通风除味工作和增加一套房内用品。客人抵店后,大副跟进,向客人详细介绍了酒店娱乐项目收费情况及周边环境,并带领他们参观了乒乓球、台球场地及亲子娱乐场地。严女士一家很满意酒店推荐的亲子房,在安保人员的陪同监护下愉快地体验了酒店皮划艇、水上溜溜球等亲子项目。

退房后严女士在携程网上做点评:去景区方便,酒店服务态度非常好,适合朋友聚会,山清水秀空气好,是休假的好地方和出行好去处。次日在携程网上给予五分好评。

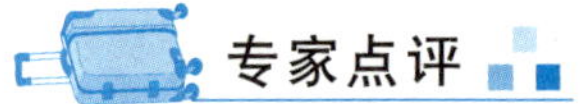

专家点评

(1)通过与宾客沟通获取相对应的"体验关注点",并及时满足宾客的体验预期,提供真正"对症下药"的满意惊喜服务。

(2)今年5月前改造完成的十二个亲子房,获得了很多亲子出游家庭的喜爱。

(3)度假酒店所属地理位置偏僻,酒店周边配套设施不完善,根据这一短板,十一期间酒店推出更多的娱乐休闲项目,打造并倡导在酒店就能一站式享受"吃好、睡好、玩好"的假日时光理念,提升宾客的整体体验感。

(4)酒店响应集团公司下达的工作布置,积极探索并开展"生活服务业"的追求,积极创新各类项目,赢得不同客户群体的喜爱,提升酒店口碑。

案例6　与外宾建立信任纽带

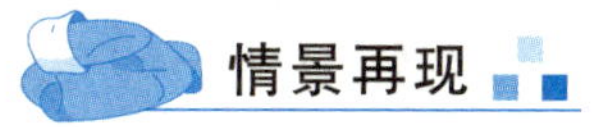

情景再现

3月15日，5009房间一行四名意大利外宾反映房间插卡智能跳电，早餐水果补充不及时，员工服务意识比较淡薄。而且楼层电梯在使用过程中发生了困人的现象，外宾对此事非常不满，本来预订了三天，住了一天就要求退房。

酒店在本身外宾客源不多的情况下，应该不单单是解决这次投诉，最好的处理结果是将客人转化为长期忠诚客户，所以管理人员再次进行了登门拜访，与外宾进行了长时间的交流。客人对酒店投诉后续跟进还是比较满意的，但是酒店本身没有达到他们的体验期望值。在交谈的过程中，也得知他们是第一次在OTA上选择入住酒店，且经常来宁波鄞州做贸易，所以管理人员处理过程中抓住了这些有效消息，不单单安抚宾客和听取宾客的意见，更多的是表达酒店已经将他们当成了VIP客户。他们不仅可以通过管理人员进行订房，而且每次来管理人员都会亲自拜访，听取更多的宾客意见来帮助酒店提升服务水平。最后，酒店与外宾建立了很强的信任纽带。

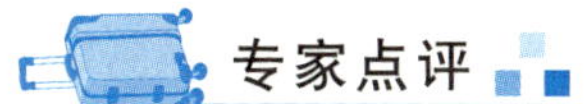

专家点评

整改措施：

（1）当时接到投诉的大堂副理第一时间致歉并安抚宾客，并将客人的房间做了升级处理，宾客未再投诉，情绪得到缓和。

（2）宾客反映的所有问题，包括餐饮、客房、工程，都是酒店存在的且严重影响宾客体验的问题，酒店必须高度重视并予以专项整改。尤其是电梯困人事件，挑战了宾客人身安全底线，酒店保障部对维保合作的电梯外协进行了严肃处理和考核，并进行了彻底排查。

（3）酒店质检部必须增强对于类似投诉处理后的长远考虑意识，处理投诉不能仅仅局限于解决客人提出的问题，最重要的是如何将投诉宾客转化成酒店忠实的客户。

案例7　客人车子车身被刮擦

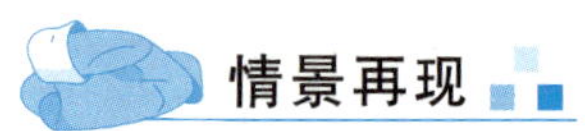

情景再现

奥迪车主陈先生投诉3月29日晚上自己的车子停放在酒店停车场,离开时他发现车的左侧车身被严重刮擦,要求酒店给予合理解释,并向酒店索赔。

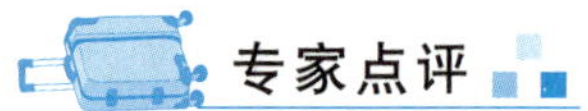

专家点评

经查,陈先生的车子停放的位置不在监控范围内,故无法判断肇事车子。陈先生的车子在进入酒店前是完好的,基本判定车子损伤发生在停放酒店期间。酒店帮助宾客仔细查看监控录像数小时,仍然无法正确判断肇事车子的车牌。将调查结果告知宾客,建议宾客报交警或报保险公司处理,但宾客要求酒店赔偿,酒店予以婉拒。

酒店婉拒宾客的理由:(1)宾客未按要求将车子停放在正常车位;(2)已尽全力协助宾客调查肇事车子,并给出了怀疑车子的车牌;(3)法律上,酒店虽收取停车费,但不承担管理车辆的责任与义务。

整改措施:

酒店处理此类车场刮擦事件时,需第一时间准确判断:(1)事故发生在车子进入酒店前或后;(2)事故是否是酒店造成的;(3)如有肇事车子,努力协助后是否能帮车主找到。如无法找到肇事车子,宾客又无理取闹要求酒店赔偿,酒店需通过对事故的整体分析找出宾客停车漏洞和法律上条款表明拒绝赔偿的立场,并尽量说服宾客自行报保险公司理赔。

酒店停车场管理员对于停车场的车辆状况要巡查登记,对车子表面疑似有明显伤痕的可进行先行登记,留作证据,避免往后有不必要的纠纷发生。

通过事故调查,在明确酒店方负有责任的前提下,积极主动处理,走酒店保险为宾客索赔。

通过事故调查,在明确酒店方不负有责任的大前提下,酒店处理事件的部门需站在酒店立场,维护酒店利益,但同时需要做到尽酒店的义务,尽最大努力帮助宾客调查事故并给出合理化建议。

案例8　孩子想吃冰激凌

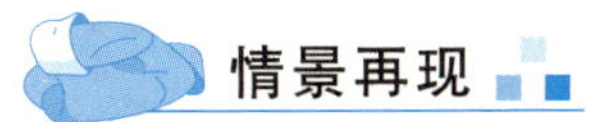

情景再现

6月13日,5010房间姚女士向AM投诉:几分钟前,其儿子在大堂玩耍时看到悦庭的冰激凌很诱人,想吃一个,因当时孩子在哭闹,她希望餐厅先拿冰激凌给她哄小孩子,然后她再买单。而员工坚持一定要先把单买了才能将冰激凌给孩子,造成孩子哭闹越发厉害,宾客因员工如此不讲情理而对酒店服务品质提出了质疑。

专家点评

这是非常典型的员工服务意识薄弱的案例。案例虽小但说明的问题很大。对于宾客所提出的合理诉求,员工不仅没有想尽办法满足,非常轻易地“SAY NO”,而且往往以坚持酒店规定为理由。

(1)关于此类投诉,若宾客为酒店常客,其投诉心理预期并不涉及物质补偿,迫切需要得到的是酒店诚恳的态度,以及对宾客起码的尊重和心灵的慰藉,所以当面诚恳致歉即可。

(2)若宾客又刚好是协议公司的客人,次日销售时再次进行拜访,可以抚平宾客的心灵创伤,进一步修复宾客与酒店的关系。

(3)酒店的品质是否有情、有味、有温度,关键还是在于人和人的思维培训上,品质需要每个员工去塑造。酒店品质与员工及管理层的素质有直接关系,品质既受限于管理制度的本身,但同样有赖于员工的自发性和良好的服务意识,所以酒店要始终坚持将员工服务意识的培训工作放在与基础技能培训同等重要的位置。

(4)在管理上,要多鼓励和引导员工在日常服务过程中,学会“站位思考”或“换位思考”,员工服务意识的养成不是一朝一夕的事情,而是一个过程。

参考文献

[1]黄秀琳,林春容. 酒店服务与管理教学案例集萃[M]. 厦门:厦门大学出版社,2020.

[2]薛兵旺. 酒店督导[M]. 上海:上海交通大学出版社,2011.

[3]王永挺,刘宏兵,盖玉洁. 酒店经营管理案例精粹[M]. 西安:西安电子科技大学出版社,2017.

[4]罗东霞. 酒店运营管理[M]. 北京:中国旅游出版社,2020.

[5]皮常玲,焦念涛,郑向敏. 酒店安全控制与管理[M]. 重庆:重庆大学出版社,2021.

[6]任世宁. 打动人心的100个经营智慧[M]. 北京:东方出版社,2022.

[7]牛自成,宦敏,张江丽. 酒店前厅服务与管理[M]. 合肥:中国科学技术大学出版社,2016.